Psychology Today

現代の心理学

ITO Ryuichi　SENDA Shigehiro　WATANABE Ackihiko
伊藤隆一・千田茂博・渡辺昭彦　著

金子書房

はじめに

　私たちは，いずれも工学部で一般教養の「心理学」の授業を担当しています。また，心理学関連の大学院や学部で専門科目の授業をもち，「カウンセラー」としても活動しています。

　本書は，大学の一般教養「心理学」の授業のテキストとして企画されました。心理学をはじめて学ぶ学生に，心理学の世界を知ってもらうことを目的に，心理学という科学の体系，こころ，行動，情報，脳・神経の活動について，認知論，行動主義，人間性心理学，現象学的心理学，生理学的基礎といった視点を網羅して，できるだけ幅広くわかりやすく解説したものです。

　執筆にあたっては，次のような点に留意しました。

　第一に，理系の学生にも文系の学生にも一般の方々にも理解しやすい，平易なテキストにするよう心がけました。第二に，広い範囲の知見を紹介しようと試みました。認知心理学，神経生理学的心理学といった，心理学の新しい潮流についても筆をとりました。第三に，読んでいて楽しい，読者の興味を引く内容にするよう留意しました。

　これらの点から，本書は学生ばかりでなく，現代の心理学の見取り図がほしい一般読者のニーズにも十分応えられるものです。学生の皆さんにも一般の読者にも，ぜひ，通読してほしいと思っています。

　本書は，全部で12の章で構成されています。各章とも，「本文」のほか，「扉」「コラム」「次のステップへ！」「文献とサイト」からなっています。「扉」は，著者のうちの1名が身近な体験を雑談風に著した導入部です。「コラム」は，興味を引く関連トピックを少し詳しく解説した囲み記事です。「次のステップへ！」は，発展課題や読者に考えてほしいことなどを箇条書きにしたものです。「文献とサイト」には，引用文献，比較的新しい参考文献のほか，必要に応じて関連サイトのURLも載せました。

本書を執筆するにあたって，1年あまり，何回も研究会をもちました。その過程で，どの章の内容にも著者全員がかかわることになって，全体の構成と執筆を共同で進め，本書はできあがりました。したがって，「扉」の署名も，章全体の執筆者という意味ではありません。

　本書の編集・出版にあたっては，金子書房編集部長の真下清氏に大変ご尽力いただきました。改めて，心よりお礼申し上げます。最初の読者となり，有益な批評をくれた，私たちのそれぞれの妻にも感謝の念をささげます。

　2003年3月

　　　　　　　　　　　　　　　　　　　　　　　　　　　　著　者

目　次

はじめに

第1章　現代の心理学 …………………………………… 1

1節　心理学の歴史と概観 ………………………………… 2
　　1．心理学の歴史(2)　　2．心理学の概観(3)
　　3．現代の心理学の趨勢と諸領域(9)

2節　心理学の研究法 ……………………………………… 11
　　1．一般的な研究法の分類(11)　　2．その他の研究法の分類(13)

第2章　生理学的基礎 …………………………………… 15

1節　神　経　系 …………………………………………… 16
　　1．人体標準値(16)　　2．神経系の働き(16)　　3．神経系の分類(16)
　　4．ニューロン（神経細胞）(18)　　5．神経系の情報伝達(19)
　　6．血液脳関門(23)　　7．脳神経(23)

2節　脳 ……………………………………………………… 23
　　1．脳重(24)　　2．脳の血液循環（エネルギー代謝）(25)
　　3．大脳(25)　　4．小脳(29)

3節　言語と言語中枢 ……………………………………… 29

4節　脳の活動を探る ……………………………………… 31

第3章　感覚と知覚 ……………………………………… 35

1節　感　　覚 ……………………………………………… 36

2節　感覚の一般的性質 …………………………………… 36
　　1．適合刺激(36)　　2．感覚の投射(36)　　3．符号化と順応(36)

3節　体　性　感　覚 ……………………………………… 37

　　　　1．皮膚感覚(37)　　2．深部感覚(38)

　4 節　特殊感覚……………………………………………………… 38

　　　　1．嗅覚(38)　　2．味覚(39)　　3．平衡感覚(39)　　4．聴覚(40)
　　　　5．視覚(41)

第4章　動機づけ・欲求・動機・情緒 …………………… 55

　1 節　動機づけ…………………………………………………………… 56
　2 節　動機の分類………………………………………………………… 57

　　　　1．一次的（生理的・生得的・ホメオスタシス性）動機(57)
　　　　2．性動機(57)　　3．内発的動機(57)
　　　　4．二次的（心理的・経験によって獲得された）動機(59)
　　　　5．マズローの欲求階層説(59)　　6．動機づけの認知的理論(61)

　3 節　葛藤と欲求不満 …………………………………………………… 64

　　　　1．葛藤(64)　　2．欲求不満(65)

　4 節　情　　緒…………………………………………………………… 66

　　　　1．情緒の構造(66)　　2．情緒の理論(67)

第5章　学　　習 …………………………………………………… 69

　1 節　学習とは…………………………………………………………… 70
　2 節　行動の分類………………………………………………………… 70

　　　　1．本能行動(70)　　2．無条件反射(71)　　3．条件反射(72)
　　　　4．自発的行動(72)

　3 節　行動主義的学習理論 ……………………………………………… 72

　　　　1．古典的条件づけ(72)　　2．オペラント条件づけ(74)
　　　　3．強化随伴性と強化・罰(75)　　4．シェイピング(76)
　　　　5．強化スケジュールと消去抵抗(76)
　　　　6．行動療法とプログラム学習(78)

　4 節　認知論的学習理論 ………………………………………………… 78

目　次

　　　　1．洞察学習(78)　　2．潜在学習(78)　　3．観察学習(79)
　　5節　効果的な学習の方法 …………………………………………… 80
　　　　1．学習の転移(80)　　2．学習曲線（練習曲線）(82)
　　　　3．全習法と分習法(82)　　4．集中法と分散法(82)

第6章　記　　憶 ………………………………………………………… 85
　　1節　記憶のメカニズム ………………………………………………… 86
　　　　1．記憶の過程(86)　　2．感覚記憶(86)
　　　　3．短期記憶と長期記憶(86)
　　2節　記憶の働き ………………………………………………………… 91
　　　　1．忘却の原因(91)　　2．想起・検索(92)　　3．記憶の変容(92)

第7章　思考と知能 ……………………………………………………… 95
　　1節　思　　考 …………………………………………………………… 96
　　　　1．思考の定義(96)　　2．推論(96)　　3．問題解決(97)
　　2節　知　　能 …………………………………………………………… 100
　　　　1．知能の定義(100)　　2．知能因子(101)

第8章　パーソナリティ ………………………………………………… 107
　　1節　パーソナリティとは何か ………………………………………… 108
　　　　1．パーソナリティの定義(108)　　2．パーソナリティの構成要素(109)
　　　　3．パーソナリティの構造（パーソナリティ・シェマ）(109)
　　　　4．理論分類(110)
　　2節　尺度と統計分析 …………………………………………………… 121
　　3節　心理テスト ………………………………………………………… 122
　　　　1．心理テストとは(122)　　2．テスト・バッテリー(124)
　　　　3．テスト場面(124)　　4．性格テスト(124)　　5．知能テスト(129)

第9章　発　　達 ………………………………………………………… 133

1 節　発 達 と は ……………………………………………… 134
　　1．発達の定義(134)　　2．発達の規定要因(134)

2 節　発達の理論 …………………………………………… 136
　　1．ピアジェの認知的発達理論(136)
　　2．エリクソンの自我の発達理論(138)

3 節　各発達段階の特徴 …………………………………… 138
　　1．乳児期(138)　　2．幼児期(140)　　3．児童期(142)
　　4．青年期(144)　　5．成人期・老年期(145)

第10章　臨床・教育 ……………………………………… 151

1 節　臨床心理学とは ……………………………………… 152

2 節　こころの問題 ………………………………………… 152
　　1．青年期以前の問題(152)　　2．神経症レベルの問題(154)
　　3．精神病レベルの問題(155)　　4．その他の問題(156)

3 節　いろいろな心理療法 ………………………………… 157
　　1．クライエント中心療法(157)　　2．指示的療法(158)
　　3．認知療法(159)　　4．論理情動療法(159)　　5．行動療法(160)
　　6．精神分析(160)　　7．遊戯療法(160)　　8．芸術療法(161)
　　9．危機介入法(161)　　10．森田療法(161)　　11．内観療法(162)
　　12．催眠療法(162)　　13．自律訓練法(162)
　　14．集団（精神）療法(162)　　15．サイコドラマ(162)
　　16．家族療法(162)　　17．グループ・アプローチ(163)
　　18．作業療法・活動療法(163)　　19．運動療法(163)
　　20．社会技能訓練・生活技能訓練(163)

4 節　コミュニティ心理学 ………………………………… 165

5 節　教　　育 ……………………………………………… 165
　　1．プロジェクト法(166)　　2．プログラム学習(166)
　　3．発見学習(167)　　4．有意味受容学習(167)
　　5．完全習得学習(168)　　6．適性処遇交互作用(168)

7．オープン・エデュケーション(169)　　8．CAI(169)

第11章　社　　会 …………………………………………………… 173

1節　対人認知と対人魅力 ………………………………………… 174
　　　1．対人認知(174)　　2．対人魅力(175)

2節　コミュニケーション ………………………………………… 176
　　　1．コミュニケーションとは(176)
　　　2．コミュニケーションによる態度変容(176)
　　　3．非言語的コミュニケーション(177)
　　　4．マス・コミュニケーション(178)

3節　集団の構造と機能 …………………………………………… 179
　　　1．集団の定義(179)　　2．集団のもつ力・状況の力(180)
　　　3．集団の構造(183)

4節　リーダーシップ ……………………………………………… 184
　　　1．リーダーシップの2つの機能(184)
　　　2．リーダーシップの状況論(185)

第12章　産　　業 …………………………………………………… 189

1節　ワーク・モティベーションと目標管理 …………………… 190
　　　1．ホーソン実験(190)
　　　2．ハーズバーグらの動機づけ・衛生理論(192)
　　　3．アルダファのERG理論(193)
　　　4．マクレガーのX理論・Y理論(193)　　5．目標管理(194)

2節　仕事の成功と失敗 …………………………………………… 195
　　　1．タイプA行動パターンと課題の遂行(195)
　　　2．達成動機と課題の遂行(196)　　3．自己概念と原因帰属(197)

3節　管理能力と人事管理 ………………………………………… 198
　　　1．管理能力(198)　　2．人事管理（人事マネジメント）の要点(200)
　　　3．管理能力の発見と開発（アセスメントとディベロップメント）(201)

4節　職場衛生管理 …………………………………………… 202
　1．職場衛生管理の目的(202)　　2．作業環境と作業要因(202)
　3．健康管理と健康の保持増進(205)

人名索引

事項索引

コラム

1　心理学とプライバシー(12)　　2　情動と前頭葉——フィニアス・ゲイジの事故による性格の変貌(30)　　3　ストラットンの逆さ眼鏡の実験(43)　　4　報酬による内発的動機づけの低下(62)　　5　学習性無力感(81)　　6　人の顔の記憶(90)　　7　HAL9000(104)　　8　性格占い作りは意外と大変？(123)　　9　死の心理学(147)　　10　セリエのストレス学説(164)　　11　破壊的カルトからの防衛(181)　　12　葛藤を克服する変革型リーダーシップとリスク・テイキング行動(199)

第1章
現代の心理学

　著者らは学部2年生の時から心理学を専攻しました。はじめに受講した故〇教授の「心理学概論」の授業は難解で，学年末1回の持込不可の試験は多くの学生を悩ませました。われわれの恩師である〇教授は新行動主義心理学の大家で，20歳になるかならないかの学生には「意識の流れ」「行動の機序」といわれても，どうしてもチンプンカンプンなところがありました。当時，文学部の科目の中で，履修するべきではない，合格の難しい科目を「三理一哲」と呼んでいました。「論理学，倫理学，心理学，哲学」のことです。先輩からの伝統の教えでした。それでも，どうにか，われわれは「心理学概論」の試験にパスしました。

　20代の中頃，われわれは皆，〇教授のもとを離れ，生理心理学，教育心理学，人格心理学と自分の道を模索しはじめましたが，今になってようやく，〇教授の教えが深くわれわれの心に刷り込まれていることに思い当たります。このテキストにも，〇教授に教えられた心理学の知識と考え方が色濃く反映されているはずです。

　第1章では，現代の心理学を概観し，心理学の歴史について述べていくことにします。

（扉のことば・伊藤）

1節　心理学の歴史と概観

1. 心理学の歴史

　こころの研究はギリシャ哲学者，アリストテレス（Aristoteles）によって始められたと言ってよい。彼の『霊魂論』は，身体（質料）と霊魂（形相）が分離しがたく一体のものであることを説明し，身体の営みを通して霊魂の働きを明らかにすることを目的として著されたものであった。さらに，彼は，感覚，記憶，眠り，夢など，さまざまなこころの問題を扱っている。こころの座を心臓に求めるような誤りを犯してはいるが，現代の心理学の主要な視点や課題は彼の理論の中にほとんど包含されているといっても過言ではない。

　ヨーロッパの古代，中世においては，こころの問題に関する知見に見るべき成果はほとんどない。こころの問題は宗教的・倫理的観点から取り扱われることが多く，誕生時に神から与えられ死とともに天上にもどされる霊魂を実体のあるものと考え，霊魂の重さが2gあまりと信じられた時代もあった。

　17世紀のヨーロッパは近代科学の勃興期にあたる。物理学では，ガリレオ（Galileo, G.）の落体の実験を皮切りに，ニュートン（Newton, I.）にいたって古典力学的世界観が完成された。「我思う，故に我在り」で有名な哲学者デカルト（Descartes, R.）は物理学の新しい動きに呼応して，精神と物質，こころと身体とを原理的に異なる存在と説き，こころを物理的概念によっては説明できないものと考えた。それ以来，こころは身体から切り離され独立した地位を与えられたが，同時に，こころと身体とがどのような仕方で関係しあうのかという心身問題が新たに提起されることとなった。デカルトはこころの源泉を生得的観念と考えたが，ロック（Locke, J.）をはじめとするイギリス経験論者は，感覚ないし経験をこころの源泉として強調し，ここに現在まで続く人間形成の要因を検討する遺伝・環境（経験）問題が提起されるにいたった。

　19世紀に入ると，身体構造を探究する解剖学だけでなく，身体機能を探究する生理学が実験科学としての地歩を固め，やがて神経系，脳，感覚器官など，心理学に直接関係ある領域・諸器官の研究が始まった。ベルリン大学教授であったミューラー（Müller, J. P.）は，1833年から1840年にかけて，感覚の生理

学，あるいは記憶や思考，感情を含むこころの働きについての包括的な生理学ハンドブックである『ハンドブフ』を著した。

また，1859年，ダーウィン（Darwin, C. R.）によって著された『種の起原』は，進化論として一世を風靡し，その後の個人差研究や動物，比較，発達などの諸領域における研究に発展を促した。

科学的心理学は，19世紀前半に生理学の領域の中で台頭した精神物理学にその萌芽を見ることができる。ウェーバー（Weber, E. H.），フェヒナー（Fechner, G. T.）といった精神物理学者らは，感覚という心理学的テーマを扱い，精神界（感覚）と物理界（刺激）との対応関係を明らかにしようとした。

こうした歴史の中で，心理学は，ヴント（Wundt, W.）によって，実証的な経験主義の立場から，こころを意識としてとらえる科学として誕生した。

心理学の誕生について，国際心理学会は，ドイツのライプツィヒ大学の生理学教授であったヴントが，1879年，自分の生理学研究室に公費で「心理学実験室」を創設したことに始まるとしている。

ヴントの研究室には，ドイツはもとより，多くの国々からたくさんの留学生が集まった。ライプツィヒは，1880年代には心理学研究の国際的中心地となった。ほどなく，留学生たちは母国にもどり，心理学のパイオニアとなって，心理学研究の機運が世界各地に広がっていった。

それより先，19世紀中頃に，やはりドイツで「心理学」という言葉が誕生した。ドイツ語とフランス語でpsychologie，英語でpsychologyという単語は，ギリシャ語に由来するpsyché（魂，霊魂，こころ）とlogos（学問）との合成語といわれている。

psychologyという言葉を「心理学」と訳したのは，明治時代の思想家，西周である。そして，1903年，科学的心理学がわが国にはじめて導入された。東京帝国大学の心理学教授であった元良勇次郎がライプツィヒ大学留学から帰国した松本亦太郎に依頼して，東京帝国大学に心理学実験室を設置したのである。

2. 心理学の概観

ヴントによって誕生した心理学は，その後，ヴントの心理学への批判を通して発展してきた。ここでは，そうした心理学のいくつかの潮流，また最近発展

の著しい神経生理学的心理学や認知心理学などについて，述べてみたい。

a．意識心理学（consciousness psychology）

ヴント（図1-1）は最初生理学者として出発し，実験生理学の父とうたわれていたミューラーに師事していたこともあった。やがて，『生理学的心理学概要』（1873～1874年）を著して，こころの問題を形而上学から切り離し，自分で直接経験される意識内容を対象とし，自己観察，いわゆる「内観」を研究方法とする新しい経験科学をうち立てようと考えた。

彼は生理学で採用されていた実験的手法と「内観」とを組み合わせることによって，特定の刺激を被験者（実験に参加し，実験者の指示のもとに観察・報告をして，データを提供する人）に呈示し，それによって生じた被験者の意識を内観させ，複雑な意識内容を感覚，心情，感情といった単純な諸要素に分解し，また，それらの諸要素の結合関係（連合関係）を探究することによって，意識の構造を明らかにしようとした。

こうして，ヴントは科学的心理学の開祖となり，また，彼の心理学は生理学的心理学，実験心理学，内観心理学，意識心理学，要素心理学，構成主義などと称されるようになった。

b．機能主義心理学（functional psychology）

アメリカ心理学の祖といわれるジェームス（James, W.：図1-2）は，『心理

図1-1　ヴィルヘルム・ヴント　　図1-2　ウィリアム・ジェームス
(Archives of the History of American Psychology Photographic File：
Popplestone & McPherson, 1994)

学原理』(1890年) の中で，ヴントとは異なる心理学を展開している。彼は，内観を重視しながらも，ヴントのように固定的な意識内容について要素主義的な分解や連合を試みようとはせず，むしろ意識を絶えず変化する連続的な流れとしてとらえ，心的活動を環境に適応し生存を維持するために行われる機能と見なした。彼は1897年にハーバード大学の哲学教授に転籍し，心理学から離れたため，厳密には，ジェームスの流れをくむシカゴ大学の心理学研究者のグループ（シカゴ学派）の，生物学的な目的や方向性を含んだ環境への適応行動の研究を機能主義心理学と呼んでいる。

以来1910年代まで，アメリカでは，ヴント流の構成主義心理学とシカゴ学派の機能主義心理学が併存することになる。

c．精神分析学 (psychoanalysis)

1895年，フロイト (Freud, S.) は『ヒステリー研究』を著し，神経症患者の治療を通して，無意識の中に潜んでいる過去の性的な心的外傷体験や抑圧された欲求・動機が神経症の原因であるとの説を唱えた。彼は，ヒステリーは児童期に受け身の立場で性的な外傷体験を受けた結果であり，強迫神経症は児童期に積極的に性的行動を起こした結果であると考えた。ほどなくフロイトは，人間のこころは意識，前意識，無意識の三層からなり，無意識は衝動や欲求が抑圧され意識から分離されたこころの世界で，無意識の性的・本能的エネルギー（リビドー：libido）こそが人間の行動を左右する原動力となるという，精神分析の理論を構築するにいたった。これが有名な「無意識の発見」である。フロイトの無意識理論はヴントらの意識を研究対象とする心理学に対する強いアンチテーゼとなっていった。

しかし，過去の性的な外傷体験を神経症の唯一の原因と考えるフロイトの「汎性欲説」は，1910年頃までに修正を余儀なくされた。少なくとも一部の患者にあっては，患者の想起した性的外傷体験が単なる空想の産物であることが明らかになったのである。

1910年代に，フロイトとともに精神分析学をリードしていたユング (Jung, C. G.) やアドラー (Adler, A.) が，「汎性欲説」に異を唱え，フロイトと決別し，独自の理論を展開しはじめた。フロイト自身も，性的衝動とともに攻撃衝動を重視したり，意識的な自我欲求を認めて，イド，自我，超自我という人格

の構造（心的装置）や自我の統合機能に関心を寄せていくようになる。

　無意識の機能と並行して，自我の統合機能を重視しはじめたフロイトの理論は正統派精神分析としてエリクソン（Erikson, E. H.）らに受け継がれていく。フロイトの本能論や生物学的立場に反対して，社会的・文化的影響の重要性を主張するホーナイ（Horney, K.），フロム（Fromm, E.），サリバン（Sullivan, H. S.）らの新フロイト派（neo-Freudian）も台頭し，マズロー（Maslow, A. H.）やロジャース（Rogers, C. R.）らの人間性心理学や自我心理学，臨床心理学へと流れはつながっていく。

d．ゲシュタルト心理学（gestalt psychology）

　1912年，ウェルトハイマー（Wertheimer, M.）は，フランクフルトの実験室でケーラー（Köhler, W.）やコフカ（Koffka, K.）らの協力を得て，運動視の研究を行い，静止刺激の要素化からは期待しえない，今日の映画に応用されている運動視（仮現運動）を発見した。ゲシュタルト心理学の誕生である。彼らは，心的現象は要素を越えた全体的性質（形態，ゲシュタルト）をもち，要素には分解できない全体的力動性をもつものであると主張した。

　彼らはヴントの構成主義が意識を分析的にとらえることに異を唱え，実験現象学的に現象をありのままに記述し整理することによって，こころを意識と行動を含み環境と相互作用している個体の全体的活動としてとらえることを提唱した。

　彼らの研究領域は，知覚に始まり，学習，記憶，思考から，パーソナリティ，社会行動にまで広がっていった。ケーラーのチンパンジーを用いた問題解決能力や洞察学習の研究，レヴィン（Lewin, K.）の動機づけやパーソナリティ，集団行動を扱う集団力学（group dynamics）の研究などは有名である。

e．行動主義心理学（behaviorism）

　ゲシュタルト心理学の台頭と同じ頃，アメリカでは，ヴントやジェームスの心理学を批判する行動主義が誕生した。提唱者であるワトソン（Watson, J. B.）は1913年に，心理学は客観的で実証的な自然科学であり，主観的経験である意識を研究対象とせず，誰でもが客観的に観察でき，数量化できる行動（behavior）を対象とすべきだと唱えた。そして，パヴロフ（Pavlov, I. P.）の条件反射学の知見をもとに，外部から刺激を与え，個体の反応としての筋お

よび腺の活動にどのような変化が現れるかを観察して，行動の法則を明らかにしようとした。しかし，行動を感覚刺激（stimulus）と生理的反応（response）との単なる連合（S－R連合）と見なすラディカルな機械的・要素的見解に対しては，個体の思考や意思，感情といった内的状態を無視しているという批判が巻き起こり，やがて，トールマン（Tolman, E. C.），ハル（Hull, C. L.），スキナー（Skinner, B. F.）らに代表される新行動主義（neo-behaviorism）に変容していった。

　1930年代以降の新行動主義者たちは，S－Rの関係の間に，媒介変数として個体の内的過程（organism）が介在するとして，S－O－R連合を提唱している。具体的には，トールマンは，与えられた刺激に対して個体がもつ期待や予断，構え，目的指向性などを媒介変数としてあげている。ハルは，習慣の強さや動因を媒介変数として重視した。また，スキナーは，帰納法的方法を採用し，S－R連合によって受動的に起こる行動を重視せず，個体がある状況で自発的に行うオペラント行動とその行動の結果として起こる状況の変化との間の関連性を重視して研究を進めた。

　行動主義は，心理学を自然科学として位置づけ，また，対象を客観的に観察可能な行動に限定することによって，心理学を「行動の科学」へと導く役割を果たした。

f．現象学的心理学（phenomenological psychology）

　今日の現象学的心理学の流れを築いたのは19世紀後半から20世紀前半に活躍したフッサール（Husserl, E.）とビンスワンガー（Binswanger, L.）である。
　現象学的心理学は，心理事象の全体性を重視し，心理学的一般法則を見いだすことよりも個人の主観的経験の個別的理解（了解）を強調する個性記述的なアプローチといえる。個人の意識の流れをありのままに全体的に直観し，その本質を了解して記述する方法である。自然科学的心理学がその方法論になじまないものとして取り上げてこなかった，愛や悩みといった複雑な心理的事象や非実験的な日常状況での心理事象を扱うため，臨床的・実践的色彩が濃い。

g．比較心理学（comparative psychology）

　比較心理学は，系統発生的な立場で動物種による行動の差異を比較し，行動の進化の法則を明らかにして，ついには人間理解に達しようとする心理学の一

分野である。「動物心理学（animal psychology）」とも呼ばれる。

　19世紀後半，ダーウィンの進化論が定着すると，人間と動物の連続性を重視した一部の動物学者らのあいだに，おもに高等動物の道徳的，情操的に珍しい行動を収集し，それを擬人的に解釈する研究が広まった。「逸話法」と呼ばれるこの方法は，動物の知的能力や社会的行動を世人に広める役割も果たしたが，反面，動物の行動研究を通俗化させる要因ともなった。

　20世紀に入ると，動物の行動研究は，自然環境の中での動物の行動を研究する動物行動学（ethology）と，実験室状況での動物の行動を研究する行動主義心理学とが並立することとなった。動物行動学は，ローレンツ（Lorenz, K. Z.）やティンバーゲン（Tinbergen, N.）ら，主としてヨーロッパの研究者によって動物学の一分野として確立された。行動主義心理学では，動物は人間の代わりの被験体にすぎず，研究者の興味は動物自体ではなく，学習や知能，認知といったこころの機能にあった。

　アメリカの心理学者ヤーキース（Yerkes, R. M.）は，動物行動学と行動主義心理学を融合させる試みとして，霊長類の野外研究に取り組みはじめた。こうした動物心理学的研究は，1960年代より動物学者，心理学者，人類学者らの関心をよび，現在にいたっている。日本では，京都大学霊長類研究所の業績が有名である。

　h．人間性心理学（humanistic psychology）

　1960年代のアメリカでは，現象学的心理学やゲシュタルト心理学，アドラーなどの影響のもと，マズローやロジャースらによって，行動主義や精神分析に対する新しい勢力として，人間性心理学が提唱された。彼らは，人間は本来自由であり，積極的に成長していく潜在的な力をもっていると主張し，こうした力を「自己実現動機」と名づけた。そして，人間の未来や健康的側面に目を向け，精神的健康や理想的人格，創造性，愛などについて語り，生きていること（人生）の意味や根元的な価値を追究する理論を構築していった。カウンセリングに用いられるロジャースの来談者中心療法やエリス（Ellis, A.）の論理情動療法もこの系譜にあるものといえる。

　i．認知心理学（cognitive psychology）

　認知心理学は，アメリカのナイサー（Neisser, U.）が1967年『認知心理学』

を著した頃から心理学の表舞台に登場するようになった新しい領域である。認知とは，知覚，学習，記憶，思考，言語などにおいて個体が情報を処理していく過程や機能をさす言葉であるが，認知心理学は単に「認知に関する心理学」を意味しているのではなく，情報処理理論を背景に，環境の認知を含んだ行動やこころの働き全体の枠組みの再構築をめざそうとするものをさしている。現在，認知心理学は，知覚，情動，学習，記憶，思考，言語，社会行動といった心理学の幅広い領域で，コンピュータを用いた情報処理理論をモデルに，人間の認知過程（人間や環境の認知）を解明しようとする新たな潮流を形成するにいたっている。

j. 神経生理学的心理学 (neurophysiological psychology)

近年，脳や神経系の機能やメカニズムに関する研究の発展はめざましく，知覚，情動，記憶，学習，思考といった高次の脳機能に関する多くの知見が蓄積されてきた。脳とこころ，あるいは，脳とこころと行動の関連問題はデカルト以来350年以上にわたる心理学，哲学，生理学の中心命題であるが，従来，高次精神活動として取り扱われてきたこころの機能の問題のいくつかは，高次神経活動として生理学でも追究されるようになってきている。

また，コンピュータを用いた情報処理技術の進歩により，脳の働きを画像によって観察する方法が開発され，人間のこころや行動を神経生理的活動と関連づけて研究する際の有力な手段となっている。

3. 現代の心理学の趨勢と諸領域

現代の心理学は，概して，観察可能な行動を指標にデータを取り，それを分析することによって，行動に関する法則をうち立て，あるいは，こころの機能を推測する学問であり，実証的研究が主流である。それは，実験心理学的手法と生物学的機能主義との融合を意味している。また，第二次世界大戦を契機とする人間の現実の生活を取り扱おうとする応用心理学の台頭は，心理学の取り扱う問題範囲の拡大と多角化を招いた。現代の心理学では，客観的な関係性の説明を主とする法則定立的な手法と，現象学的了解を主とする個性記述的方法とが互いに相容れない差異を保ったまま併存してもいる。確かに，心理学の個々の領域における研究の密度は増し，行動やこころの働きの生理学的基礎の

表 1-1　心理学の領域

原理	①原理・方法　②数理・統計	基礎心理学（一般心理学）
こころの機能	③生理　④感覚・知覚　⑤情動・動機づけ ⑥学習　⑦行動　⑧記憶 ⑨言語・思考　⑩認知	
個体	⑪発達　⑫人格・パーソナリティ	応用心理学
	⑬臨床・障害　⑭犯罪・非行　⑮スポーツ・健康	
社会・文化	⑯社会・文化　⑰教育　⑱産業・交通	

※人間以外の動物を被験体とする動物心理学的研究（比較心理学的研究）も，学習などの領域で行われている。

表 1-2　心理学の隣接諸科学

《自然科学系》		《人文・社会科学系》	
物理学　化学　生物学	人類学	行動科学　哲学	社会学
統計学　情報科学　生理学	生態学		教育学
工学　医学（精神医学）	解剖学	社会福祉学	歴史学
公衆衛生学	遺伝学		経済学
	動物行動学		政治学

究明，認知心理学におけるこころの働きについての枠組みの再構築といった新しい試みや，数理的な研究方法の開発などに，近年の心理学研究のめざましい発展を見ることができる。反面，心理学が研究課題として取り扱える領域はまだこころの一部にとどまり，研究テーマの細分化も著しい。こころの機能に関する統合理論の構築は難しい状況にあり，物理学に照らしていえば，心理学はいまだニュートン以前の状況にあるというのが定説である。

　2000年の（社）日本心理学会第64回大会では，表1-1にあるような18の諸領域に分かれて研究発表が行われている。18の領域は，境界はあいまいだが，「原理」「こころの機能」「個体」「社会・文化」に大別することができる。また，実験心理学的なアプローチを重視して基礎的なこころの機能について追究する基礎心理学（一般心理学）と，人間の現実的な生活の質向上に直接貢献可能な応用心理学に大別することもできる。

第1章　現代の心理学

心理学は学際的（interdisciplinary）な学問である。したがって，隣接諸科学をあげればきりがないほどである。境界はあいまいであるが，おもな隣接諸科学を表1-2にあげてみた。

2節　心理学の研究法

現代の心理学がめざすものは，「行動」や「こころの働き」を探究し，そこに共通性と独自性を見いだすことである。

一般に科学は，①記述（description），②説明（explanation），③予測（prediction），④制御（control）という4つの目標をもっている。心理学では，記述と説明はある程度の水準に達しているように思われるが，予測や制御に関しては，ちょうど地震研究と同様，その歩を踏み出したばかりである。

心理学は，こころという目に見えない対象を実証的に研究しようという学問である。したがって，その研究法は，物理学や生物学の方法を応用した自然科学的なものから，哲学や現象学，社会学，歴史学の方法を応用した人文・社会科学的なものまで，さまざまな方法が用いられている。

1. 一般的な研究法の分類

a．観察法（observation）

科学的研究における最も基本的な研究方法である。観察対象を取り巻く状況を統制せずに，その行動を観察する方法である。最近は，観察や分析のための機器が発展し，かなり詳細な観察も可能になってきている。

b．実験法（experiment）

人為的に統制された条件の中で，現象を観察，記録，測定する，最も厳密な科学的研究法である。人為的統制とは，ある特定の条件（独立変数という）のみを変化させ，他の条件をできるだけ同一にして，問題となる現象（従属変数という）に与える独立変数の影響を吟味する手続きのことをいう。実験法は，独立変数と従属変数の間の「原因と結果の関係（因果関係）」を検討できる唯一の科学的な方法である。

実験は「仮説の設定→データの収集・分析→仮説の検証」という手順で行わ

コラム1

心理学とプライバシー

　心理学では，意図を知らせることによって被験者や来談者のこころに乱れや変化の生じることを防ぐために，必要に迫られて事前に意図を知らせずに実験や調査，検査を実施することがある。また，臨床，産業，教育などの領域では，プライバシーにかかわる情報に触れたり，人権にかかわる介入を行わざるをえない状況に立たされることもある。心理学にたずさわる者にとってプライバシーの問題は避けて通れない重要な課題である。心理学関連の各学会や団体は所属するメンバーが遵守すべき倫理綱領を定めている。

　（社）日本心理学会の倫理綱領では，「責任の自覚」「人権の尊重」「事前・事後の被験者への説明と同意」「出典の明記」「虚偽や誇張的表現の禁止」等とともに，「プライバシーの保護や知り得た情報の管理」を心理学にたずさわる者の重要な責務としてうたっている。

　また，「臨床心理士」の資格を認定している（財）日本臨床心理士資格認定協会の倫理綱領では，「来談者の人権の尊重」「知り得た情報の秘密保持」「来談者や関係者への説明と同意」「来談者や関係者に苦痛や不利益をもたらすことの禁止」「検査やカウンセリングの押しつけの禁止」「来談者と私的な関係をもつことの禁止」が，「自己の能力と技能の研鑽」「自己の能力と技能の限界の認識」「検査用紙・用具をみだりに頒布することの禁止」「他の専門職との相互連携」等と一緒にうたわれている。

　倫理綱領に違反する行為をした場合には，倫理委員会等の審議を経て，学会や協会からの除名や資格剥奪もありうる。そして，不幸なことに，過去にそうした事例があったことも事実である。

　心理学にたずさわる者は，自分の能力や技能を過信したり，また，過剰に期待されたりしないよう，こころすべきである。職業倫理を守ることはもちろん，一般的な良識と道徳に立脚した行動を旨とすることを忘れてはならない。

れる。被験者は，独立変数の操作が加えられる実験群と操作を一切しない統制群にグループ分けされることが多い。最近では，多変量解析技法の発展によって，複数の独立変数を一度に操作したり，複数の変数間の因果関係を同時に求めることができるようにもなってきている。

c．調査法（survey）

意識や生活実態といった人間にかかわる諸現象のうち，測定は可能でも操作が難しい場合に行われる方法である。複数の変数間の「相関関係」を導き出すことができる。調査は，統計理論に従って母集団の中から抽出された標本（調査対象者）を対象に行われる。調査用紙をあらかじめ用意する場合が多い。

具体的な方法としては，訪問調査，留置調査，郵送調査，電話調査，集合調査などがある。また，パネル調査といって，同じ人から何度もデータを取って継時的に現象の推移を観察する方法もある。

d．検査法（assessment by tests）

一般には，心理テストでパーソナリティを測定する方法をいう。知的能力，性格，適性，興味など，パーソナリティの諸特性について系統的・組織的にデータを収集し，個人差を測定しようとする研究方法である。

e．事例研究法（case study）

一事例（一個人），あるいはごく少数の事例を対象に，綿密な観察・記録を行い，一定の目的に沿って系統的に整理・分析し，全体的，総合的に個人を記述・理解しようとする方法である。

2．その他の研究法の分類

a．オルポートの分類

オルポート（Allport, G. W.）は，パーソナリティ研究の方策として2つの方法をあげ，両者の共同作業が人間研究をさらに推進させると考えた。

（1）法則定立的（nomothetic）方法：人という種に共通のこころのシステム（一般法則とかブラックボックスとかいわれることもある）を説明する方法。繰り返しと普遍的法則を重視する自然科学的方法。

（2）個性記述的（idiographic）方法：一人ひとりのこころの差異を検討する方法。個人のこころは一人ひとり異なるたくさんの特徴をもっている。こう

した個人の諸特性に関連する個人独自の内的システムを了解する方法。一回性を重視する歴史学的方法。

ｂ．発達心理学における方法

人間のもつ諸特性の経年的な変化を追究する発達心理学では，横断的研究と縦断的研究が並行的に用いられている。

(1) 横断的研究（cross-sectional study）：各発達段階ごとに多数の被験者群を定め，多方面から調査し，各段階の一般的行動傾向や変化過程を推測する方法。

(2) 縦断的研究（longitudinal study）：いわゆる追跡調査。個人について，できるだけ長期間観察し，諸特性の変化過程や結末を記録・分析する方法。

──次のステップへ！──

☞ 心理学の各系譜の影響と批判の歴史についてまとめてみよう。
☞ 心理学の研究法を第２章以降の実際の研究に当てはめて具体的に考察してみよう。
☞ 心理学が人間の制御を始めたらどのような倫理的問題が生じるか，具体的に考えてみてほしい。

■**文　献**

中島義明ほか（編）　1999　心理学辞典 CD-ROM 版　有斐閣
（財）日本臨床心理士資格認定協会　2001　平成13年度臨床心理士関係例規集　（財）日本臨床心理士資格認定協会
日本心理学会第64回大会準備委員会（京都大学）　2000　日本心理学会第64回大会プログラム　（社）日本心理学会
ポップルストーン, J. A. & マクファーソン, M. W.　大山　正（監訳）　2001　写真で読むアメリカ心理学の歩み　新曜社（Popplestone, J. A. & McPherson, M. W. 1994 *An Illustrated History of American Psychology.* The University of Akron Press.）
柴山茂夫・甲村和三・林　文俊（編）　1998　工学系のための心理学　培風館
末永俊郎（編）　1971　講座心理学１：歴史と動向　東京大学出版会
梅津八三・相良守次・宮城音弥・依田　新（監修）　1981　新版心理学事典　平凡社

■**サイト**

日本心理学会　http://wwwsoc.nii.ac.jp/jpa/

第2章
生理学的基礎

　著者は，こころとか意識とか定義できないようなものをいくら研究しても無意味だと思い込んで，いっとき心理学から離れました。信じられるのは「物だ」と思ったわけです。生物において物の中枢は，いうまでもなく脳です。コンピュータでいえば，中央演算処理装置（CPU）や記憶装置（メモリー），入出力装置（I／O）のすべてを司る脳は至高の存在ということになります。ですから，脳を知ればすべてがわかるに違いない，と。

　が，しかし，脳の研究をすればするほど，わからないことが出てきました。果たして，脳というものだけで人というモノを表現可能なのか，知れば知るほどわからなくなってきたのです。そんなとき，恩師の一人にコトということを考えてごらんといわれました。人というコト，考えるというコト，意識というコト……。そういわれてみると，モノに還元できないコトのいかに多いことか。

　心理学をモノの科学で説明しようとしていた著者にとって，コトを考えることは，新たな心理学への回帰だったのです。

　本章では，人の行動を生み出すもとになるモノとしての脳，トータルなシステムとして機能する生体のコトを述べてみましょう。さまざまな心理的なコトがどのような生理的メカニズムで発生するかという理解の一助としてもらいたいと思います。

（扉のことば・渡辺）

*1*節 神 経 系

個体の行動を統制するのが神経系（nervous system）である。心理学の研究対象である行動を生み出すのは神経系の働きである。

1. 人体標準値

神経系について述べる前に，システムとしての人体の生理学的な数値を見てみよう（図2-1）。外界とのさまざまな相互作用のもとで入力と出力の収支のとれた巧妙なシステムである点に注目してほしい。

2. 神経系の働き

生体は内外の変化に対して身体各部の器官の機能を調節し，定常状態を保とうとする。これをキャノン（Cannon, W. B.）はホメオスタシス（homeostasis）と呼んだ。神経系は変化の情報を伝達・処理・統合するうえで重要な働きを担っている。

3. 神経系の分類

神経系を機能的な役割から，次のように分類する。
(1) 中枢神経系（central nervous system：以下 CNS と略記）
中枢神経系は脳（brain）および脊髄（spinal cord）からなる。
(2) 末梢神経系（peripheral nervous system）
末梢神経系は体性神経系（somatic nervous system）と自律神経系（autonomic nervous system）に，また，遠心性（efferent）神経系と求心性（afferent）神経系に分類される。

① 体性神経系と自律神経系：体性神経系は骨格筋を支配し体の運動を司る運動神経（motor nerve）と，感覚機能を司る感覚神経（sensory nerve）に分類される。自律神経系は呼吸器・循環器・消化器・腺活動などを不随意的に司り，交感神経系（sympathetic nervous system）と副交感神経系（parasympathetic nervous system）に分類される。

第 2 章　生理学的基礎

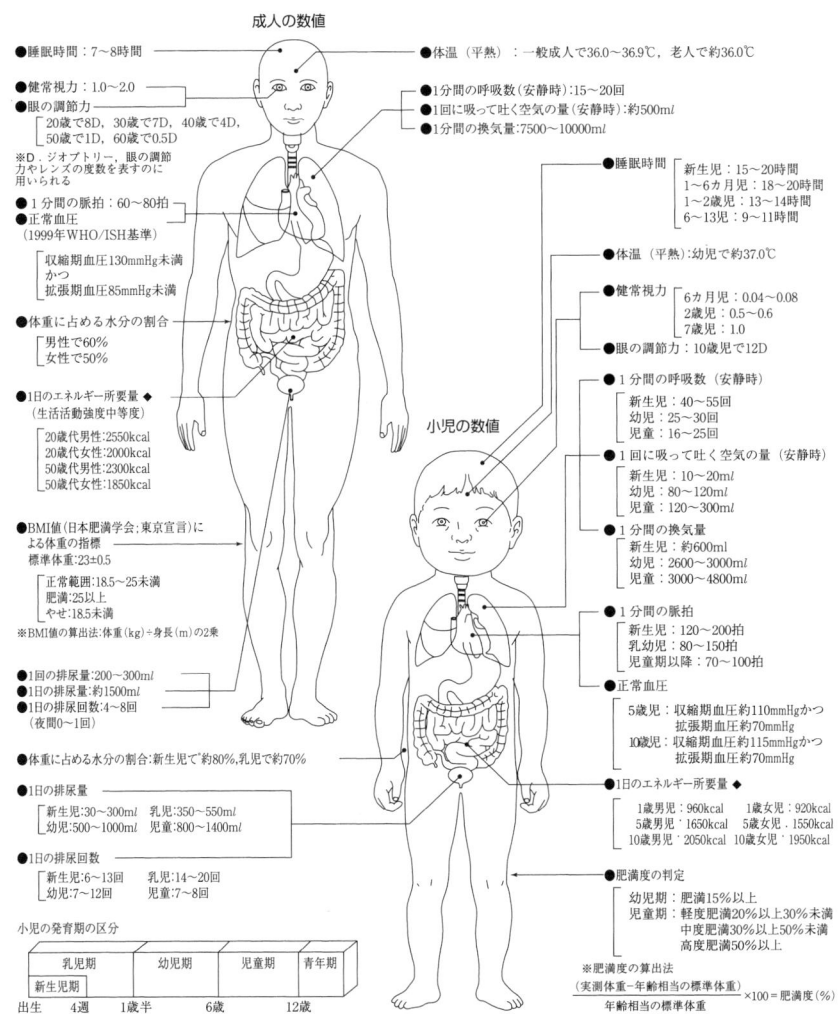

図 2-1　人体標準値（厚生省健康増進栄養課監修「第 5 次改定日本人の栄養所要量」1996：1999年 WHO／ISH 基準：日本肥満学会；東京宣言，1999：大久保，1997より）

表 2-1　末梢神経系

	遠心性神経系(出力)	求心性神経系(入力)
体性神経系	運動神経	感覚神経
自律神経系	交感神経・副交感神経	内臓神経

② 遠心性神経系と求心性神経系：体性神経系・自律神経系ともに，CNSからの出力情報を末梢の器官に伝える遠心性神経と，末梢の感覚受容器からの入力情報をCNSに伝える求心性神経から構成される。

以上をまとめると表2-1のようになる。

4. ニューロン（neuron：神経細胞）

神経組織はニューロンとその支持細胞（グリア〔glia〕細胞）から成り立っている。ニューロンの特徴を述べよう（図2-2）。

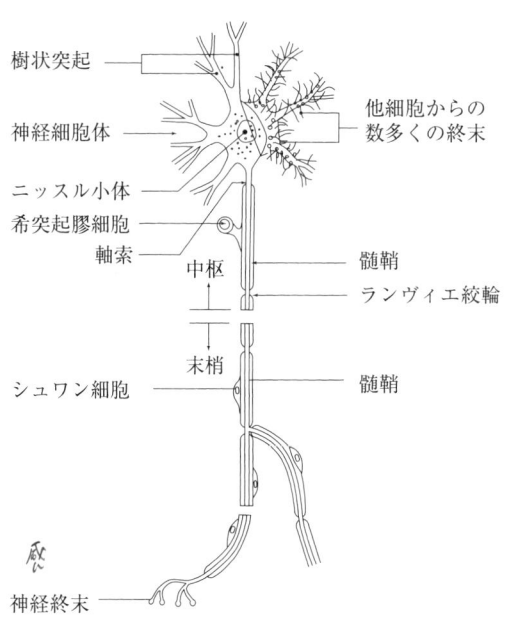

図 2-2　ニューロンの模式図（世界大百科事典 CD-ROM版より）

(1) 神経組織の最小単位。

(2) 一定の刺激に対して興奮しそれを伝達する。

(3) 生後早い時期から原則として分裂増殖しなくなる。

(4) 情報を受け取る機能を有する多数の樹状突起が生える細胞体と情報を他の細胞に伝達する機能をもつ1本の軸索を有する。

(5) ニューロンの軸索は，電気的に絶縁作用をもつ髄鞘で被覆されたものとされていないものがある。前者を有髄線維，後者を無髄線維といい，神経の情報伝達速度は有髄線維の方が速く，特に太い物で80m/秒，細

い物で5m/秒，無髄線維で50cm/秒である。
(6) ニューロンからのびる軸索は支持細胞に取り巻かれている。支持細胞は軸索の支持と栄養補給・物質交換などを担っており，CNSの場合はグリア細胞，末梢神経の場合はグリア細胞の中でもシュワン細胞と呼ばれる。
ヒトの大脳皮質のニューロン数は140億個から200億個であり，チンパンジーで80億個，ウサギで13億個程度である。

5．神経系の情報伝達
a．静止電位

神経細胞は，生体膜の内側と外側との間に膜電位と呼ばれる電位差をもつ。非活動時のニューロンの細胞内は外に対して約－70mVの静止電位を示す。

図2-3に示すように細胞内に多量に存在するタンパク質陰イオンによってK^+が引き寄せられ，膜外との電位差を生じている。一方細胞膜外には，Na^+とCl^-が多く存在し，Na^+は濃度勾配に沿って膜内に流入するが，細胞膜にあるナトリウム・ポンプという機構により能動的に膜外に送り出され電気的に不均衡なバランスを維持している。

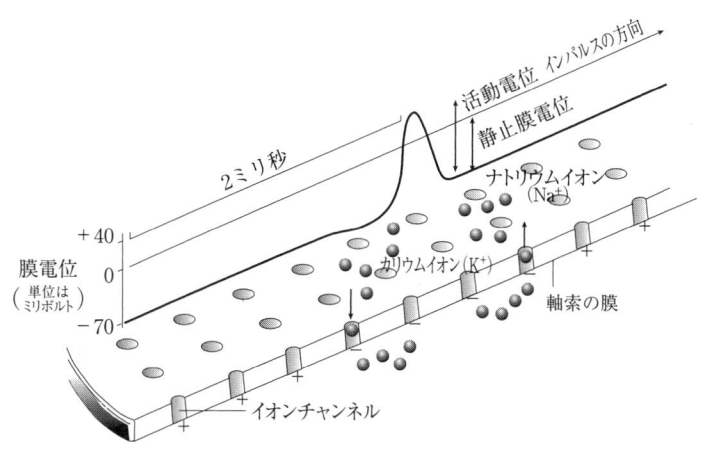

図2-3　ニューロン内外のイオン分布（大島，1998）

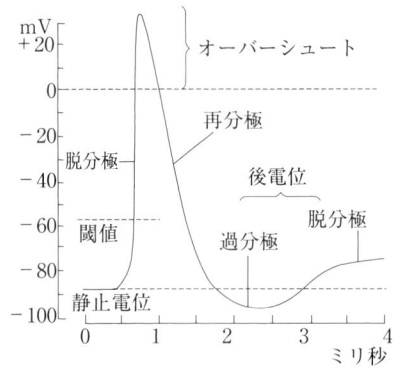

図 2-4　活動電位時間経過（佐藤ほか，1991）

b．活動電位（active potential/impulse/spike）

ニューロンに，ある一定の値（閾値）を越えた刺激が加わると，膜電位が静止電位からプラス方向に脱分極し活動電位（インパルス，スパイク）が生じる。厳密にいうと心理学では，インパルスの生起確率が2分の1となる刺激値を閾値と決める。

図2-4に見られる活動電位のプラス部分をオーバーシュートと呼び，頂点の値で＋30〜＋50mVとなる。インパルスは「全か無の法則（all or nothing law）」に従って生じ，刺激強度が閾値以上であれば，強度にかかわらず発生する。インパルス電位の上昇期には連続する刺激に対して反応は生じない。この時期を絶対不応期と呼ぶ。

c．興奮の伝導

インパルスが発生すると，細胞膜の一部に小さな孔が開き，細胞外のNa$^+$が内部に流れ込み，隣接部との間に電位差を生じる。流入したNa$^+$はナトリウム・ポンプによって速やかに能動的に細胞外へと汲み出され，同時にK$^+$が細胞外から内部に流れ込む。その結果，隣接部の細胞膜には外向きの電流が流れ，膜電位は脱分極されて新たな活動電位を生じることとなる。

インパルスの伝導には次の3原則がある。

(1) 絶縁性伝導：1本の神経線維が興奮しても，隣接する他の神経線維に興奮は起こらない。
(2) 不減衰伝導：神経の直径などの形状が一様な場合は，興奮の大きさは減衰せずに一定の大きさで伝導する。
(3) 両側性伝導：神経線維の一部を刺激して生じた興奮は両側性に伝導する。ただし，生体内では通常細胞体から軸索遠位端方向への順行性伝導である。

d．跳躍伝導（saltatory conduction）

有髄神経の軸索はシュワン細胞に由来する電気絶縁性の髄鞘に覆われている。

髄鞘は数mmおきに欠落してランヴィエ絞輪という非絶縁部を形成している。髄鞘は電気抵抗が高く容量が小さいため高周波数域でのインピーダンスが大きい。軸索はランヴィエ絞輪部でのみ外液と接し、インパルスは1つの絞輪から次の絞輪へと見かけ上跳躍して伝導

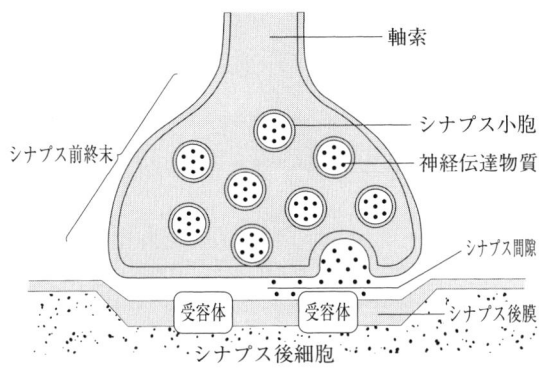

図2-5 化学シナプスの構造（佐藤ほか，1991）

していくため、伝導速度は跳躍をしない場合に比べてきわめて高くなる。この伝導方式を跳躍伝導と呼ぶ。脊椎動物で発達した興奮伝導を効率よく行う仕組みといえる。

   e．シナプス（synapse）

(1) 化学シナプス：1つの細胞で生じたインパルスは軸索の末端で他の細胞に伝わる。電気回路であれば、導線と端子間は接合され電気信号はそのまま伝わるが、生体内では化学シナプス（chemical synapse）と呼ばれる特殊な仕組みで伝達される。シナプスによる情報伝達では、シナプス間隙と呼ばれる不連続面がある。インパルスが軸索終末まで伝わると、末端のシナプス前終末にあるシナプス小胞内の神経伝達物質（neurotransmitter）が、20～50nmのシナプス間隙に放出される（図2-5）。放出された神経伝達物質が、伝達の受け手側のシナプス後膜にある受容体（receptor）に特異的に受け取られることで、次位の神経細胞は興奮したり抑制されたりする。

(2) シナプス伝達：シナプス伝達の特徴は次のとおりである。

① 一方向性伝達：シナプスでの伝達は一方向性である。

② シナプス遅延：興奮がシナプスを通過するのに要する時間は、最小約0.5ミリ秒である。

③ 易疲労性：高頻度の反復する刺激があると、神経伝達物質の消費（枯渇）、再生に時間が必要となり、この間シナプスは反応することができなくなる。これをシナプスの易疲労性と呼ぶ。

④ 酸素不足・薬物の影響：酸素不足，薬物による神経伝達物質の取り込み阻害，レセプターのブロックなどに対して，シナプスは機能的に影響を受ける。

⑤ 反復刺激後増強：シナプスは頻繁に使用されるほど，伝達の確実性を増す。

⑥ シナプス伝導は全か無の法則に従わない。

(3) 神経伝達物質とレセプター：CNSの神経伝達物質として知られているのは，アセチルコリン，アミノ酪酸（γ-アミノ酪酸，グリシン，グルタミン酸，L-アスパラギン酸），モノアミン（セロトニン，ヒスタミン），カテコールアミン（ノルアドレナリン，アドレナリン，ドーパミン），ペプチド（バソプレッシン，エンドルフィン）などである。

シナプス間隙に放出された神経伝達物質は，シナプス後膜に局在するレセプターと結合し，終末電位を発生させて，これが次位の神経細胞のインパルスとなり伝導することとなる。

神経伝達物質は，種類によって興奮性や抑制性に働き，ニューロンの性質を特徴づける。

(4) シナプスの役割：シナプスは情報を伝える中継所の役割を果たすだけではない。シナプスの性質によって興奮的に働いたり，抑制的に働いたりする。

また，図2-6に示すように，シナプス前ニューロンの軸索が分枝して複数のシナプスを形成したり（発散），複数のニューロンのシナプスが1つのニューロンにシナプスを形成する場合（収束）がある。

全か無の法則に従うニューロンと興奮・抑制や発散・収束の機構をもつシナプスの組み合わせにより，

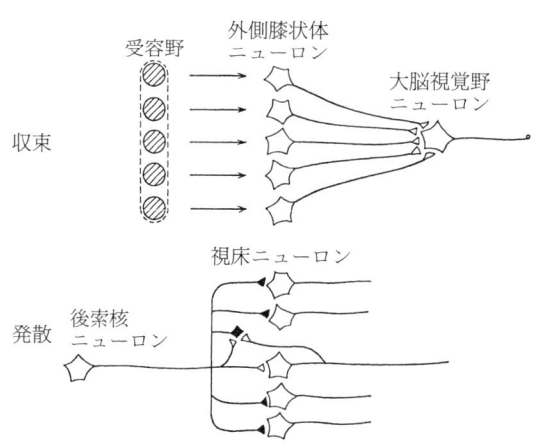

図 2-6　収束と発散（時実，1976）

さまざまなゲートとして働く論理回路が形成可能であることが理解できよう。シナプスの組み合わせにより，神経系では情報の統合と選択が行われているわけである。1つのニューロンに数万のシナプス結合のある例が確認されている。

基本的にニューロンの機能は二値論理素子であるが，その出力値は，シナプスにおける多くのニューロンからの入力の荷重係数（結合荷重）との積和（空間的積和）となり，非線形閾値素子といえる。

さらに，多種の神経伝達物質も各々が興奮・抑制に特異的に働き，多数のニューロンが並列分散処理をすることで，高次神経活動である情報処理を成し遂げているといえよう。

6. 血液脳関門 (BBB：Blood Brain Barrier)

脳の毛細血管は物質の透過性に対して選択性がある。CNSと組織間の物質の移動速度は他の組織に比べて低い。つまり，色素・毒素・ウイルスなどが入り込めないような，脳を守る仕組みができており，この機構を血液脳関門という。

7. 脳神経 (cranial nerve)

CNSに出入りする末梢神経のうち，脳に出入りするものを脳神経といい，ヒトを含めた多くのほ乳類では以下の12対がある。

- Ⅰ：嗅神経（olfactory nerve）　　Ⅱ：視神経（optic nerve）
- Ⅲ：動眼神経（oculomotor nerve）　Ⅳ：滑車神経（trochlear nerve）
- Ⅴ：三叉神経（trigeminal nerve）　Ⅵ：外転神経（abducens nerve）
- Ⅶ：顔面神経（facial nerve）　　Ⅷ：内耳神経（vestibulocochlear nerve）
- Ⅸ：舌咽神経（glossopharyngeal nerve）　Ⅹ：迷走神経（vagus nerve）
- Ⅺ：副神経（accessory nerve）　　Ⅻ：舌下神経（hypoglossal nerve）

2節　脳

「精神作用は脳による現実の世界を反映した情報処理活動である」ともいわれている。立場はどうあれ，心理学の研究対象であるさまざまな現象に脳が関

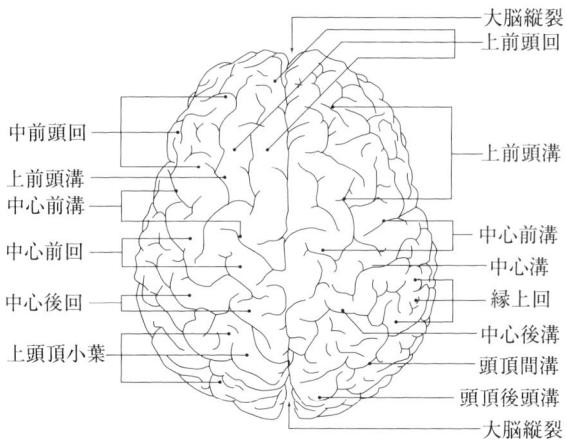

図 2-7　ヒトの脳の形態（上面）
（世界大百科事典 CD-ROM 版より）

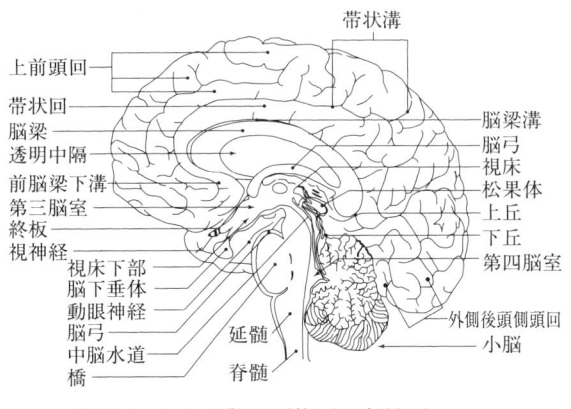

図 2-8　ヒトの脳の形態（正中断面）
（世界大百科事典 CD-ROM 版より）

与していることは確かである。

図2-7，図2-8にヒトの脳・脊髄の解剖学的区分を示す。他種との比較のために，図2-9に恐竜（ティラノサウルス・レックス），鳥類（ガチョウ），原始的ほ乳類（トガリネズミ），ヒトの脳の模式図を示す。

1. 脳　重

ヒトの脳の重さは，体重の2.2〜2.5％にあたる。成長とともに脳重は，樹状突起とグリア細胞の増加で重くなる。重量組成は，組織（血管など）が20％，グリア細胞が40％，神経細胞が40％である。部位別には大脳が800ｇ，脳幹が220ｇ，小脳が130ｇである。男女差はほとんどない。新生児は体重の約10％で370〜400ｇである。

　脳のニューロンは，生後１年間で誕生直後の３倍に増え成人の４分の３が完成する。３歳くらいまでランダムにシナプス結合がなされ，その後徐々に整理されて不要な結合が消失する。ほぼ16歳で脳としては完成し，老化にともなってニューロン数は減少していく。40歳以降10年で５％が減少するといわれる。

2. 脳の血液循環（エネルギー代謝）

脳の固形成分は，脂質51〜54％，タンパク質38〜40％，残りはアミノ酸などの有機物質と無機塩類である。脳のエネルギー源は酸素とブドウ糖（グルコース）であり，体全体の20％にあたる約500kcalを一日に消費している。これはグルコース120ｇに換算され，酸素ガスで120リットルにあたる。脳はこれらのエネルギー源をほとんど貯蔵できないため，血液がこれらを供給する。つまり，1分間あたり約0.75リットルの血液を使用し，これは心拍出量の15％にあたる。したがって，脳は低酸素状態に極端に弱く，脳血流が止まると数分以内に回復不能な障害をきたすし，血糖値が低くなると昏睡状態となる。

3. 大脳 (cerebrum)

高次神経活動は大脳の働きに帰せられることが多い。最近の脳科学，認知科学の知見はその一端をかいま見させるものの，次の言葉の含蓄は深い。

「脳が十分に複雑ならあまりに複雑なため理解できない，理解できるほど単純なら単純さの故に理解できない」。

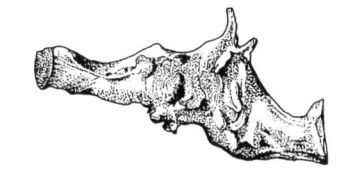

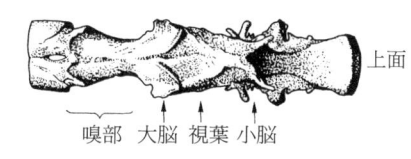

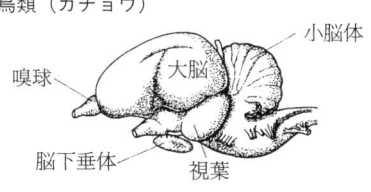

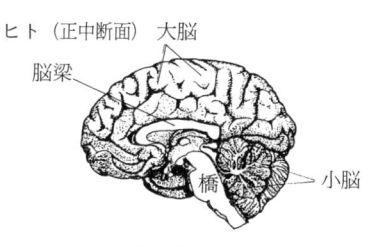

図 2-9　種の違いによる脳の形態
（小長谷，1997を改変）

広義の大脳は，終脳 (end-brain：telencephalon)・間脳 (interbrain)・中脳 (midbrain) を含むが，通常は大脳半球 (cerebral hemisphere) をさす。ヒトの大脳半球は左右相称で，溝・回に富んだ灰白質（大脳皮質）に表面を覆

われる。

a．交叉支配の法則

脳と体の神経支配は左右が逆転している。つまり，大脳の左半球は右半身を支配し，右半球は左半身を支配している。例外もある（図3-4参照）。

b．右脳と左脳：脳梁

大脳は左右の半球に分かれるが，通常左半球の方が右半球より若干大きい。半球間の機能差は必ずしも明確ではないものの，左半球は言語機能（話す，書く，論理的思考，計算）に関与し，右半球は視覚情報の全体的把握，空間内の操作機能，絵画の全体的構成，未知のメッセージの認知，表情の読み取り，言語の抑揚（感情表現）などに関与することが知られている。

左右半球間には脳梁と呼ばれる約2億本の神経線維の連絡があり，情報の交換がなされる。

c．大脳皮質 (cerebral cortex) と機能局在

大脳皮質は，発生学的に新しい新皮質と古い辺縁系に分けられる。

大脳の表面を1.5〜4.5mmの厚さで覆う灰白色の部分を大脳新皮質と呼ぶ。表面積は20歳代で約1600cm²に達する。大脳新皮質は以下のような部位に分けられ，各々の部位が特定の機能を担っている（図2-10）。

(1) 運動野：大まかな随意運動を司る部位。繊細で機敏な運動をする筋肉と関係する部分（顔面，手先など）。相対的に占有する面積は広い。
(2) 感覚野
① 視覚野：目からの情報を色，形，奥行き，動きといった要素に分解して認識し，より高次の連合野に受け渡す部位。
② 嗅覚野：匂いを認識する部位。
③ 聴覚野：音を認識する部位。言語認識との関連が深い。
④ 体性感覚野：触覚，痛覚，圧覚，温度感覚などの体性感覚を認識する部位で，ペンフィールド（Penfield, W. G.）は，部位と感覚の対応の地図を作った（図2-11）。

味覚に関しての領野は特定されていない。また，運動野，感覚野の役割は生得的に決定されている。

(3) 連合野：連合野の働きは生後の成長過程で獲得される。主たる役割は大

第2章　生理学的基礎

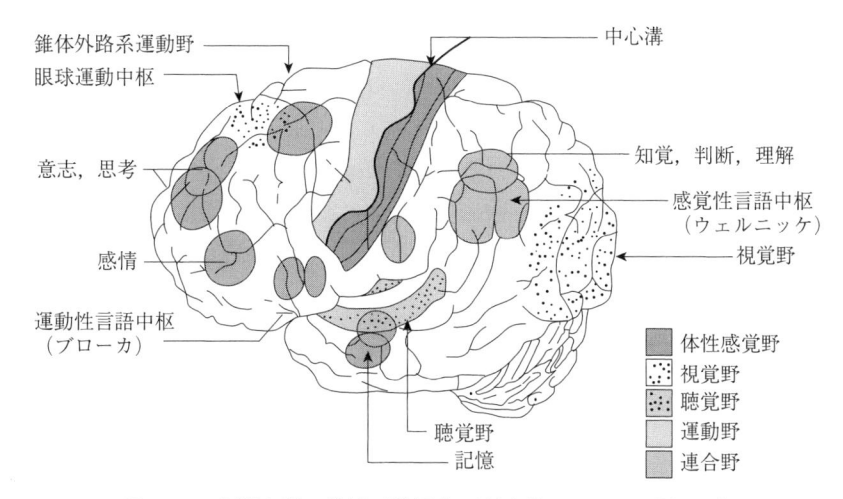

図 2-10　大脳皮質の機能（世界大百科事典 CD-ROM 版より）

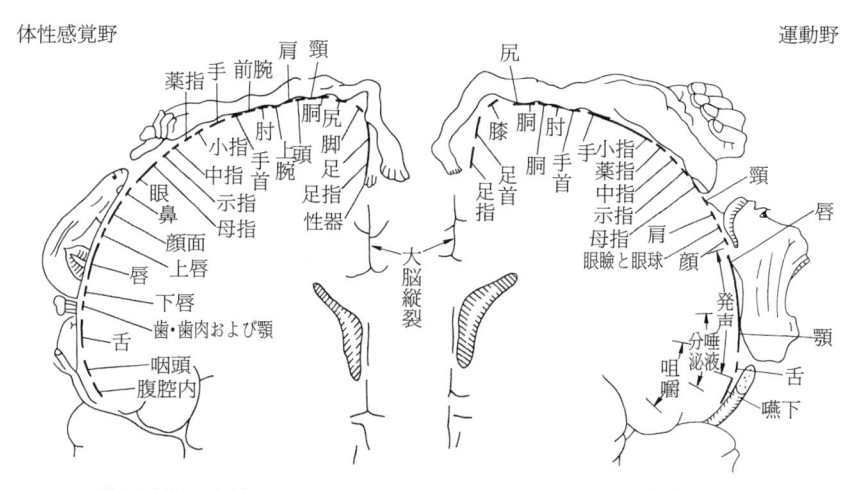

図 2-11　体性感覚の身体再現図（Penfield & Rasmussen, 1952：佐藤ほか, 1991より）

脳各部との情報のやりとりである。
① 　運動連合野：運動プログラムの指令を運動野に対して出す。
② 　頭頂連合野：視覚野からの空間的認知情報を受け取り，空間内の位置，遠近，物体間の距離，向きや視覚情報の構成をする。体性感覚野からの情報をもとに，物の大きさや距離，自分の体の位置や大きさ，これらの認識と視覚情報を関係づける。手足や体の運動のコントロールにも関与する。
③ 　側頭連合野：形や顔，図形などの意味の認知。視覚野からの色情報を受け取る。話し言葉，書き言葉を理解するウェルニッケ感覚性言語中枢（Wernicke's sensory speech center）がある。
④ 　後頭連合野：視覚野の情報を分析・統合して，見ている物を認識する。
⑤ 　前頭連合野（前頭前野）：ヒトの大脳皮質の30％を占め（サル：11.5％，ネコ：3.5％），思考，学習，推論，注意，意欲，情操などを司る。感情の最終調節（喜怒哀楽），物事を起こった順序に組み立てる，一連の空間移動の中で先を考える計画的な能力，計画の変更・調整，抑制，創造などを行っている。書字機能などに関与するブローカ運動性言語中枢（Broca's motor speech center）がある。前頭連合野と脳の他の部分との神経連絡を断つロボトミーと呼ばれる乱暴な手術が1930～1960年代に，統合失調症者，激しい不安，凶暴性を示す人などに対して行われていた。手術を受けると無気力になり，扱いやすい人物になったという。

ｄ．大脳辺縁系（limbic system）

大脳辺縁系は，大脳新皮質のすぐ内側に位置し，空腹による不快感，恐怖，怒りなどと関係しており，情動の中枢といえる。

おもな部位を紹介しよう。

(1) 　扁桃核：本能的な快・不快の感情をもたらす。感情を引き起こす感覚情報に反応する神経細胞がある。
(2) 　帯状回：本能的な価値判断をまとめ，行動へ移る動機づけをコントロールし，行動への意欲を生成する。
(3) 　海馬：短期記憶（STM）と関係が深い。

ｅ．大脳基底核

大脳辺縁系の下方に位置する大脳基底核はいくつかの神経細胞のかたまり

（神経核）である，尾状核，視床下核，黒質，淡蒼球，被殻などからなる。おもな役割は，運動に必要な筋肉群を組み合わせて調和させ，姿勢を安定させたり，運動の開始や停止を統制することである。また，小脳と共同で，自転車の乗り方や泳ぎ方などの「技の記憶」にも関与している。

f．視床（thalamus）

感覚情報の中継と管制を行う部位で，大脳皮質で処理された情報を身体各部へと振り分けることも行う。情報の流れは双方向性である。

g．視床下部（hypothalamus）

脳のほぼ中央に位置する生命の中枢といえる部位で，身体の恒常性の維持を司り，自律神経系に対する指令はここから発せられて，延髄や脊髄にある神経核に伝えられる。食欲や性欲，内臓の働き，血圧，体温，水分調節の中枢もここにある。

h．脳下垂体（pituitary body）

視床下部の下に位置する0.6ｇほどのダイズ大のかたまりが脳下垂体である。前半部の腺下垂体，後半部の神経下垂体に大別される。前者は，全身の恒常性を保つホルモン（成長ホルモン，性腺刺激ホルモン，副腎皮質刺激ホルモン）を血中に分泌し，後者は体内の水分調節をするホルモン（バソプレッシン）などを神経内分泌している。

4．小脳（cerebellum）

小脳は大脳の後下部（橋・延髄の後面）に位置する，重量約130ｇ，表面積が大脳の約75％ほどある器官である。おもな働きをあげよう。
(1) 平衡感覚の中枢で，姿勢・運動の制御に関与する。
(2) 全身の筋肉運動と筋緊張，関節深部感覚による運動の調整に関与する。
(3) 水泳や自転車の運転などの「技の記憶」，書字などの筋運動記憶に中心的役割を果たしている。

3節　言語と言語中枢

言語はわれわれのコミュニケーションにおいて重要な役割を果たしている。

コラム2

情動と前頭葉──フィニアス・ゲイジの事故による性格の変貌

1848年夏，ラトランド・アンド・バーリントン鉄道の工事監督であった25歳のフィニアス・ゲイジ（Phineas Gage）は，鉄道敷設にあたって岩の爆破作業を監督していた。ところが，事故が起こって，直径3cm，長さ1mの鉄の棒がゲイジの顔面を襲った。棒はゲイジの左頬から右前頭部を突き抜けた。12km離れた病院に運ばれたゲイジは幸い生命をとりとめた。しかし，事故後のゲイジの性格は事故前に比べると激変した。

事故前には，慎み深く，責任感が強く，エネルギッシュ，バランスのとれた性格で，仕事熱心，努力を惜しまず，同僚の信頼も篤かった。事故後の彼は，時に不敬な態度をとり，強情で気まぐれ，怒りっぽく，欲望にふけり，言動に制限を加えたり忠告を受けると激怒し，わいせつな言葉を口走り，規則，倫理に無頓着となった。もちろん，以前の職は失い，見せ物にでたり，酒場に入り浸ったりで，1861年5月てんかん発作で38歳の生命を終えた。主治医は「知性と獣性の平衡が破壊されていた」と語った。

1994年アイオワ大学のダマジオ（Damasio, A. R.）らは保存されていたゲイジの頭蓋骨からデータを読み取り3次元CGでゲイジの損傷の様子を推定した（図2-12）。これによると，ゲイジの受けた損傷部位は両側の前頭葉（眼窩前頭皮質）と特定された。大脳皮質前頭葉は情動を司り，ヒトを人たらしめている部位である。ゲイジの性格の変貌は，まさに情動の統制が前頭葉皮質にあることの証拠となる，教科書どおりの変化であったといえよう。

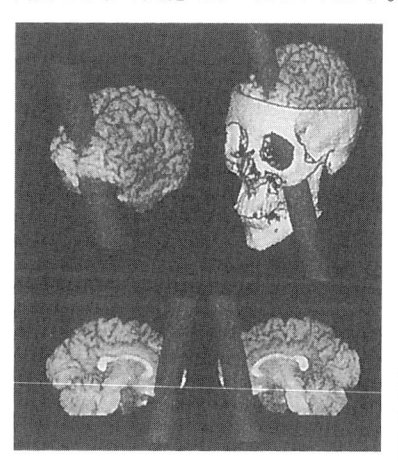

図2-12 ゲイジの頭骨から推定した脳と損傷部位（Damasio, 1994：神庭, 2000より）

脳のどの部位が言語を司っているのであろうか。大脳生理学的意味での言語の研究は，もっぱら脳に損傷を受けて言葉を失った失語症（aphasia）の人の研究から進展した。

(1) 下前頭回の弁蓋部と三角部をブローカ運動性言語中枢と呼ぶ。大脳のこの部位を損傷すると，運動性失語症を生ずる。言語の了解は可能であるが，自発言語が不能となり，発語があってもたどたどしく，電文調で，復唱も障害される。

(2) 左側上側頭回後部をウェルニッケ感覚性言語中枢と呼び，損傷により感覚性失語症を生ずる。言語の了解ができなくなるが，言葉はしゃべれる。しかし，その内容はでたらめで何を言っているのかわからない。多弁だが，空虚な言語内容である。復唱も障害される。

(3) 左側頭頂葉角回の損傷により視覚性失語症が起こることから，視覚性言語中枢（visual speech center）の存在も確認されている。言葉はしゃべれるし理解もできるが，書字を認識できなくなる。

一般に言語中枢は，右利きの人の場合左半球に存在する。しかし，左利きの人の場合は右半球にあるとは限らないようである。

言語能力は10歳くらいまでなら，他の半球が代償可能であることがウェルニッケ失語症などで確認されている。

4節　脳の活動を探る

ここでは，脳内の活動を覗く医療工学的手段の1つである画像解析の方法を紹介しよう。

(1) 脳波（EEG：electroencephalogram）：頭蓋に電極をつけて皮質の電気活動を測定する方法。睡眠，てんかん発作，昏睡などの機能不全時の大雑把な脳活動を見るには手軽だが，皮質の部位の特定，活動時間などを詳しく調べるには不向きである。

(2) CT（computed tomography）：コンピュータ断層撮影法は，数ミリおきに水平断面のX線写真を撮影し，画像処理をして，立体像，縦断像を見る方法である。ダイナミックな活動の解析には向かない。

(3) PET（positron emission tomography）：陽電子放射断層撮影法は，脳の各部の酸素とブドウ糖の消費を追跡する。^{15}Oなどの陽電子を放出する標識をつけた酸素またはブドウ糖（2-デオキシグルコース）を被検査者に注入し，γ線放射線センサーをとりつけた円形のスキャナーを頭部のまわりに配置する。センサーは脳のどの部位で最も多くの放射性酸素とブドウ糖が取り込まれたかをキャッチし，画像処理してモニターに映し出す。脳内のエネルギー代謝の最も盛んな部位が表される。PETと同様な核医学的方法として，SPECT（single photon emission computed tomography：単光子放射型コンピュータ断層撮影法）があげられる。いずれもミリ秒単位の現象の測定には向かない。

(4) f-MRI（functional magnetic resonance imaging）：機能的核磁気共鳴画像法。原子核は磁場にさらされると，一定方向に回転する。磁気パルスがなくなると原子核はもとの状態にもどり，電磁波の形でエネルギーを放出する。組織により電磁波の周波数が異なることを利用して組織の構造やさまざまな元素（Fe, Na, Pなど）の状態を画像化するのがMRIである。近年進歩したf-MRIは組織の代謝活動の動態を，血液中のヘモグロビンから発せられる電気的エネルギーの信号を拾って測定する。放射性物質は必要としないが大規模な装置となる。PET同様ミリ秒単位の現象の測定には向かない。

(5) MEG（magnetic encephalography）：PET，f-MRIが血流の増大，エネルギー代謝を間接的に観測するのに対して，MEG（脳磁気図記録法）は，脳細胞そのものの活動を追跡する。ニューロンの電気的信号で生成される磁場を測定し，ミリ秒単位の短い時間の活動と部位の特定ができる。反面脳深部では信号が減衰してしまう。

　画像処理により，脳の活動を美学的に観ることは可能になった。しかし，「一定の部位が一定度活発化するというだけでは，何が，どのように，なぜ，起こっているのかという疑問を解き明かすための，新しい理論のヒントは湧いてこない。私たちにわかるのは，脳のある部位が活発になるということだけで，そこに隠されているものの概要は，脳画像処理技術では明かされない」（グリーンフィールド〔Greenfield, S.〕）という指摘を忘れてはならない。

第2章 生理学的基礎

―次のステップへ！―

☞ 人体を，熱力学，情報処理，化学物質などの出納システムとして考えてみよう。

☞ シナプス伝導で，軸索内での伝導はイオンによる電気的なものであったが，シナプスでの伝導は化学物質の受け渡しという物理的なものである点に意味があることに注意しよう。

☞ 神経伝達物質には多くの種類がある。CNSの神経伝達物質の過不足によりさまざまな病気が起こることに，注目してほしい。（例）パーキンソン病：ドーパミンの代謝異常。

☞ 原始的ほ乳類，鳥類，は虫類の脳の形態的差異に注目しよう。各々の生物の行動レパートリーと生活環境，生態学的位置に思いを馳せてほしい。

■文 献

カーター，R. 養老孟司（監修） 藤井留美（訳） 1999 ビジュアル版 脳と心の地形図――思考・感情・意識の深淵に向かって 原書房（Carter, R. 1998 *Mapping the Mind*. University of California Press.）

クリミンス，C. E. 藤井留美（訳） 2001 パパの脳が壊れちゃった 原書房（Crimmins, C. E. 2000 *Where Is the Mango Princess?* Alfred Knopf Inc.）

Damasio, A. R. 1994 *Descartes'Error*. A Grosset/Putnum Book.

Fativsky, D. E. & Weishampel, D. B. 1996 *The Evolution and Extinction of the dinosaurs*. Cambridge University Press.

グリーンフィールド，S. 新井康允（監訳） 中野恵津子（訳） 2001 脳の探究――感情・記憶・思考・欲望のしくみ 無名舎（Greenfield, S. 2000 *Brain Story*. BBC Consumer Publishing.）

日立デジタル平凡社（編） 1998 世界大百科事典 CD-ROM 版 平凡社

岩田 誠 1998 図解雑学 脳のしくみ ナツメ社

神庭重信 2000 こころと体の対話 文藝春秋

小長谷正明 1997 脳と神経，気になる謎 講談社

河野邦雄・伊藤隆造・堺 章 1991 解剖学 医歯薬出版

久保田競 1993 NHK人体II：脳と心1 心が生まれた惑星［進化］ 日本放送出版協会

Leonard, C. T. 1998 *The Neuroscience of Human Movement*. Mosby-Year Book.

美宅成樹 2002 分子生物学入門 岩波新書

大久保昭行（監修） 1997 健康の地図帳 講談社

大島 清（編） 1998 ここまでわかった脳と心 集英社

Penfield, W. & Rasmussen, T. 1952 *The Cerebral Cortex of Man*. The Macmillan Co.
佐藤優子・佐藤昭夫・山口雄三　1991　生理学　医歯薬出版
時実利彦　1976　脳と神経系　岩波書店
山鳥　重　2002　「わかる」とはどういうことか──認識の脳科学　筑摩書房

■**サイト**
脳画像の見られるサイト　http://www.brainplace.com/bp/default.asp

第3章
感覚と知覚

　人間は周囲の情報を感知するために，身体の表面を中心に多種多様なセンサーをもっています。われわれが感知できる刺激は環境に存在するさまざまな情報のほんの一部ではありますが，他の動物や機械センサーと比べても，総合的には高い得点を得られるものです。さらに，その情報を符号化したり，積分したりして意味づけ，また，各種情報を統合して情報体系を作り上げる能力は，人間を人間たらしめる優れた能力といえます。

　こうした働きが障害されると，程度の差はあれ，生活に影響を及ぼします。

　人間の集める全情報のうち70％ほどが網膜からの視覚情報です。

　著者は，中学生の時に網膜剥離に罹患し，片目の視力が著しく低下し，ほとんど単眼視の生活を30年以上続けてきました。

　著者の視覚的世界はどのようなものでしょう。大きさや形の認知は両眼視の人とあまり変わりがないようです。最も残念なことは，生涯，３Ｄ映像がうまく見られないことです。また，正面にある物体の距離感がつかみにくいことがあります。したがって，球技は苦手です。電車やバスの吊革をつかむのに失敗することもあります。自分の単眼視を意識する現象は毎日必ず起こります。

　第３章では，解剖学的，生理学的仕組みと対応させながら，人間のもつ感覚（sensation）と知覚（perception）の働きについて説明していきます。

（扉のことば・伊藤）

1節　感　覚

われわれは種々のエネルギーにみたされた世界に住んでいる。生体は終始内外からのさまざまなエネルギーを刺激として受け取り、取捨選択し、生存に有利なように、情報処理系に取り込んでいる。物理的世界の刺激は、入力装置である感覚器官から大脳へと送られ、一連の情報処理過程を経て知覚体験として認識される。この意味でわれわれは、物理的世界ではなく、感覚をもとにした経験の世界（心理的世界、知覚された世界）に住んでいることになる。

2節　感覚の一般的性質

1. 適合刺激 (optimal stimulus)

生体には環境の変化をとらえるための感覚受容器（感覚器官、受容器）があり、ある特定の種類の刺激に対して反応する。ある感覚受容器に最適な刺激を適合刺激（適刺激）といい、エネルギー特異性がある。

2. 感覚の投射 (projection)

特定の刺激エネルギーにより感覚受容器（または求心性神経線維の末端）の膜の透過性が増大し、起動電流が発生する。電位が一定の大きさに達するとインパルスが生じ、求心性神経線維を伝わって、大脳皮質体性感覚野に到達する。感覚は大脳皮質で生じているが、主観的体験としては、刺激を受けた部位に感覚を生じる。このことを感覚の投射という。

3. 符号化 (encoding) と順応 (habituation)

感覚受容器からのインパルスは頻度と時間的パターンが符号としての意味をもつ。求心性の情報は多数の神経線維において CNS（中枢神経系）に並列に送り込まれて処理されるため、ニューロン集団の空間的配置が符号として重要な意味をもっている。一般に刺激の強さが一定だと感覚の強さは次第に弱まる。これを順応という。

3節 体性感覚

1. 皮膚感覚
a. 触覚（圧覚）

　触ったり，触られたりの感覚をさし，軽く押された圧覚，皮膚の変形，刺激のスピード，方向が感知される。皮膚全体（1.8m²）の触覚の受容器（触点：以下同様の表記とする）として，順応の早い順に，パチニ小体（振動検出），マイスナー小体・毛包受容器（圧刺激の動きが止まると応じなくなる速度検出），メルケル盤・ルフィニ終末（圧刺激に対し持続して強度検出）がある。触圧点数はおよそ25個/cm²である。

　刺激の伝導路は，受容器－求心性感覚線維－脊髄後索路および脊髄視床路（腹側）－視床－体性感覚野である。求心性神経は，おもに太くて伝導速度の速い有髄神経のAβ線維である。

b. 温冷覚

(1) 温覚：固有の受容器はなく，自由神経終末がセンサーの役を果たす。適合刺激としての温度は40℃である。温点は1〜3個/cm²。

(2) 冷覚：温覚と同様であるが，適合刺激としての温度は25℃である。冷点は10〜25個/cm²。

　いずれも10℃以下，45℃以上で感覚は痛みに変化する。60℃以上で細胞破壊の激痛を生ずる。温・冷覚ともに順応があるが，33℃前後を無感温度と呼び温覚も冷覚も生じない。

　刺激の伝導路は，自由神経終末－求心性感覚線維－脊髄視床路（外側）－視床－体性感覚野である。求心性神経は，細い有髄のAδ線維と無髄のC線維である。

c. 痛覚

　痛みは体性性，内臓性に大別されるが，前者はさらに皮膚由来の表在性と，筋・関節・結合組織由来の深部性の痛みに区分される。

　痛覚を起こす受容器は，機能的に，機械的侵害刺激にのみ反応する高閾値機械受容器（メカノレセプター）と機械的・化学的・温度などの多種の侵害刺激

に反応するポリモーダル受容器が見いだされているが、いずれも自由神経終末である。前者は鋭く速い痛みとして知覚され、有髄のAδ線維で伝達される。後者は鈍く遅い痛みとして知覚され、c線維で伝達される。痛点数は100～200個/cm^2。

刺激の伝導路は、自由神経終末－求心性感覚線維－脊髄視床路（外側）および脊髄網様体路－視床－体性感覚野である。

痛みには順応がなく、刺激が去るまで続く。

特記すべきこととして、痛覚には2つの抑制系が存在する。

①脳幹から脊髄に下行し、脊髄後角での痛覚情報を抑制する経路。②エンドルフィン、エンケファリンなどの内因性モルヒネ様物質を神経伝達物質とするニューロンおよびそのレセプターの存在であり、①の下行性抑制系を賦活したり、脊髄後角の痛み情報のシナプス伝達をブロックすると考えられる。

2. 深部感覚

a. 運動感覚

四肢や身体各部の位置がわかる位置感、関節の伸張具合がわかる運動感、物体の硬さがわかる抵抗感、物体の重さがわかる重量感などを運動感覚という。関節、腱、筋肉や皮膚に存在するメカノレセプターの作用により、手足の運動などは閉眼でも感じることができる。

b. 内臓感覚

内臓の受容器の情報は、自律神経の反射機能に関与する。意識にのぼる内臓感覚は、空腹感、渇き、尿意、便意、性感など、特定の部位に投射されにくい臓器感覚と腹痛などの内臓痛をいう。心理的要因の関与も大きく、特別の臓器病変がない過敏性腸症候群の腹痛は好例といえる。

4節 特殊感覚

1. 嗅覚

嗅覚の刺激は空気中に漂っている化学物質の分子であり、嗅細胞によって電気信号に変換される。匂いのもととなる分子は約140万種類あり、ヒトの嗅細

胞は500～1000種類であり，これらの組み合わせによって3000～10000種類の匂いが弁別できる。ヒトの嗅覚感度はイヌの100万分の1といわれる。

情報の流れは，鼻孔－鼻腔－嗅上皮－嗅細胞（ヒト：2000万～5000万，イヌ：1億）－嗅神経－嗅球（匂いごとに特定の嗅糸細胞へ）－扁桃核－視床と視床下部－嗅覚野（メカニズムの詳細は不明）である。

匂いの記憶は，視覚情報から得た記憶に比べると数分後の弁別は悪いが，数カ月後の把持は良い。匂いを他の匂いの中から特定するのは難しいが，視覚情報よりも長く記憶に残る。嗅覚の記憶は右の側頭葉に存在するらしい。

2. 味　覚

味覚の刺激は水溶液中の化学物質の分子であり，味細胞によって電気信号に変換される。元来，味も匂いも系統発生的に同じ由来だったものが，生物の上陸により，化学物質に対する感覚が嗅覚と味覚に分かれたようである。

情報の流れは，味蕾（舌，口蓋，咽頭，咽喉：約8000個）－味細胞－顔面・舌咽神経中の味覚神経－延髄－橋－視床－味覚野（詳細は不明。他の連合野と照合するらしい）である。

味覚には，甘味，塩味，酸味，苦みが認められる。たとえば，酸味は腐敗，苦味は有毒物質など，後になるほど生体にとって有害なことが多い。したがって感度も後になるほど良い。味覚本来の意味は生存のためであり，おいしさのためではない。

味覚感度は以下のようになる。

　　甘味：0.4～0.7％（サトウ）　　塩味：0.06％（食塩）
　　酸味：0.004％（塩酸）　　　　苦味：0.0003％（キニーネ）

最近ヒトの第五の味覚として旨味が確認された。これは，イノシン酸（カツオブシ），グルタミン酸（コンブ）などのアミノ酸の味である。

3. 平衡感覚

平衡感覚は，重力の変化，直線運動，回転運動の速度変化など，身体に加わる加速度を感知する感覚のことで，われわれはこれを手がかりとして適切な姿勢をとり身体を安定させる。内耳の三半規管にある耳石が有毛細胞上を動き，

上下方向は球形嚢，水平方向は卵形嚢と呼ぶ部分で加速度を検出する。

刺激は加速度であり，前庭の感覚細胞で電気信号に変換される。

情報の流れは，前庭－前庭神経－聴神経－脳幹（小脳，脊髄，視床を介して一部が大脳皮質へ）である。

4. 聴　　覚

刺激は大気の音圧のエネルギーで，蝸牛の感覚細胞で電気信号に変換される。

情報の流れは，耳介－耳道－鼓膜－耳小骨－蝸牛－延髄－橋－視床－聴覚野である。音声の場合はさらに言語野へ行き言語として認識される。

いくつかの種の可聴閾，発声可能域（（　）内）を表すと次のようになる（単位はヘルツ：Hz）。

　　ヒト：20〜20000（80〜1100）　コウモリ：1000〜120000（20000〜100000）
　　イルカ：150〜150000（7000〜120000）　イヌ：15〜50000（450〜1100）

聴覚系の処理過程は不明な点も多いが，音の高さによって大脳皮質一次聴覚野の反応する細胞の位置が異なり，周波数局在があることはわかっている。

楽音は心理療法に使用されることもあり，人にとって快適な場合が多い。種々の楽器と周波数の関係を図3-1に示す。

a．マスキング効果（masking effect）

2つ以上の音が同時に存在し，聞こえるはずの音が別の音によって遮蔽され

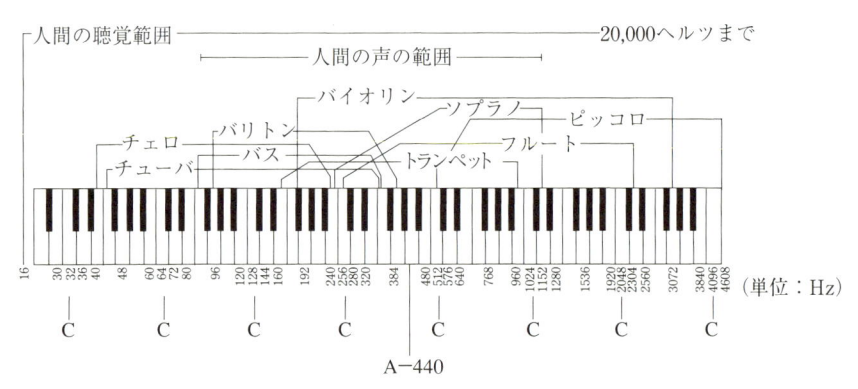

図3-1　いろいろな楽器と周波数の関係（岡本ほか，1983）

てしまう現象を**マスキング効果**という。妨害あるいは遮蔽する音をマスカー（masker），妨害される方の音をマスキー（maskee）と呼ぶ。マスキング効果は内耳の蝸牛の基底膜における振動の共振や聴覚神経の抑制効果によるものである。

話し声に強い咳ばらいの音がかぶさった時に，話し声に対するマスキングが生ずることがある。この時咳払いによって話の一部は伝達されないはずなのに，話し声がつながって聞こえることが多い。この現象を**聴覚補完**という。

b．カクテルパーティ現象

パーティ会場のように多くの人の声が同時に聞こえてくる騒然とした場面であっても，特定の人と会話をし，内容を理解することができる。話題に熱中していても，たとえば自分の名前が他の人の話から聞こえてきたら自然にそちらの話の方へ注意が向いて，特に話し声が大きくなくても，話されている内容が理解できる。

このような特定の情報に選択的な注意を向け，他の情報を無視することができるという現象は，カクテルパーティ現象と呼ばれる。

c．聴覚の錯覚

シェパード（Shepard, R. N.）は，ある種の複合音列を繰り返して呈示するとき，相当長いあいだトーン・ハイト（音色的高さ）がほとんど変わらないまま，音の高さが上昇しつづけたり，下降しつづけたりするように聴こえる無限音階を報告した（サイト参照）。

5．視　　覚

視覚はヒトの感覚情報の70〜80％を担っている。刺激は電磁波のスペクトルのうち可視光線と呼ばれる380〜760nm（ナノメートル：紫〜赤）の範囲であり，網膜の視細胞で電気信号に変換される（図3-2）。

情報の流れは水晶体－網膜－視神経－視神経交叉－視床－外側膝状体（LGB）－視放線－視覚野である。

網膜には光受容器として桿体（rod）と錐体（cone）という2種類の視細胞が存在する。網膜周辺部に多く存在する桿体には，光感応物質ロドプシンがあり，感度の高い光受容器として機能して明暗認識にかかわる。網膜中心部に多

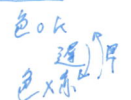

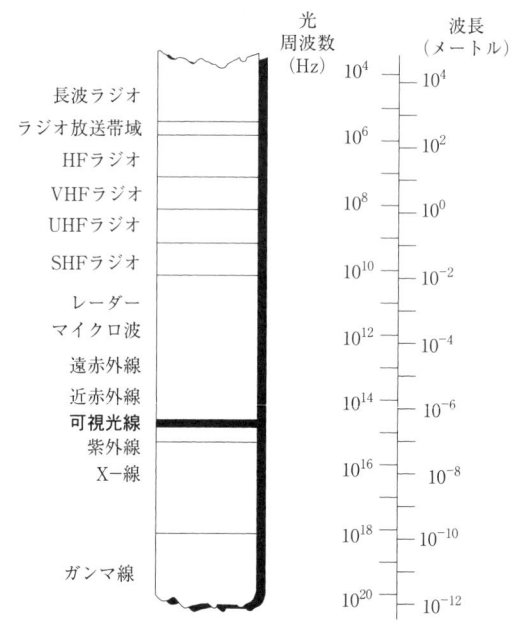

図 3-2 電磁波スペクトルと可視領域（グレゴリー，近藤ほか訳，2001）

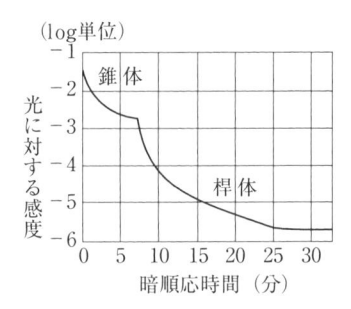

図 3-3 暗順応曲線（グレゴリー，近藤ほか訳，2001）

く分布し色認識にかかわる錐体には，3種類のわずかに構造が異なるオプシンという物質があり，赤・青・緑に対して反応する。

ヒトの視覚系は10^{-4}～10^{+5}ルックスほどの範囲の中で機能している。明所では錐体が明順応を，暗所では桿体が暗順応することで10^9ものオーダーの明るさの違いに対処している。錐体の方が桿体に比べて順応が早い。図3-3に暗順応曲線を示す。

眼球は何かを凝視しているときでも，約3Hzの周期で動いている。サッケード運動と呼ばれる。網膜像が動かないように眼球を固定してしまうと，見えていた像は10～12秒で消失する。網膜の感応物質消費のサイクルのため，そして，「カメラ・ブレ」のような現象を防止するために備わった機能と思われる。

大脳皮質の一次視覚野では，視覚入力情報が「動き」，「形」，「色」という主たる性質の特徴別に分けられ，並行に専門に処理される。より高次のレベルでは，視覚情報を同定するために，分析された特徴を連合し，記憶などと照合してまとめあげている。

a．立体視

一目で見渡せる範囲を視野という。ヒトでは160°，ハトで340°である。この

コラム3

ストラットンの逆さ眼鏡の実験

　われわれが世界を見るときを考えてみよう。外界の事象は凸レンズである水晶体を通って網膜上に左右逆転倒立して像を結ぶはずである。それならば、われわれはなぜ、世界を逆さまに認識しないのであろうか？

　ルネッサンスの天才、レオナルド・ダ・ヴィンチはすでにこの疑問に気づいていたが、眼球の中で反転が行われると誤った解釈をしていた。また、ケプラーの法則を発見した天文学者のヨハネス・ケプラーも、光学的見地からこの疑問を提出していたが、解決には至らなかった。フランスの哲学者デカルト（Descartes, R.）は、網膜像は逆転していても、大脳皮質に投影されるときにはもう一度逆転がなされていると述べた。

　ストラットン（Stratton, G. M.）は、実験的に像を正立させるレンズ式逆転眼鏡を自ら8日間右目に着用して逆転視に変化が起こるかどうかを調べた（左目は眼帯で遮閉）。はじめのうちは、物をつかんだり、歩き回ったりするという日常生活動作さえ、ままならなかったという。やがて、視覚と触覚が一致して感じられるようになり、外界も正立して見えるようになってきたという。眼鏡着用前と全く同じ知覚内容ではないが正立視が起こると報告した。また、メガネを外しても、世界が逆になったままという逆転視の残効（after effect）は認められなかった。

　工学的に考えると、逆転した網膜像をもう一度反転させるハード的な回路を視覚情報処理システムのどこかで、組み込んでおくのが最も効率的である。しかし、ストラットンの実験結果は、視覚と触覚による空間の把握は、経験的に変容しうることを示し、視覚情報処理システムは、非常に柔軟性に富んだソフト的な処理を行っていることを示唆したといえよう。

　ところで、上下という概念は、地球の重力方向に対する相対的な感覚である。したがって、絶対的な正立・逆転という概念は存在しないことになる。もし、無重量状態の宇宙空間で進化した生物がいたとすると、彼らの視覚システムはどのようなものになるのであろうか。

うち，立体視できる範囲はヒトで120°，ハトで25°である。立体視は遠近と大きくかかわるが，①水晶体の厚みの調節，②両眼の視差，③両眼の輻輳によって生じる。

　b．視神経交叉

網膜から出た視神経線維は，頭蓋内の視神経交叉といわれる部位で交叉する。ほ乳類では交点において，左右の網膜の内側半分から発した線維だけが交叉する。外側半分は交叉せずに折れ曲がり，反対側の内側半分の線維と一束になって，同側の中枢に入る。左右の中枢には全体像の半分ずつが入力し，合成された像として知覚され，立体視に寄与することになる（図3-4）。

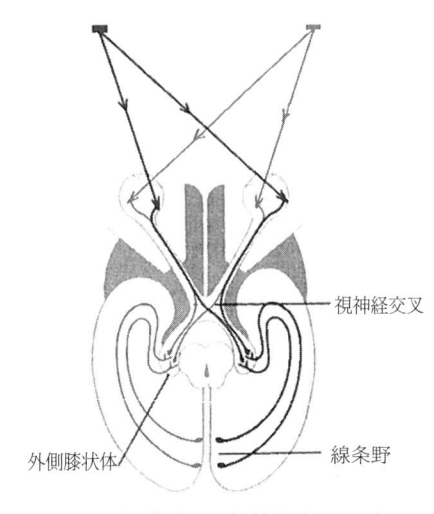

図3-4　視覚系路と視神経交叉（グレゴリー，近藤ほか訳，2001）

　c．知覚の恒常性（perceptual constancy）

外界にある対象を遠刺激，網膜上に投影された刺激を近刺激と呼ぶと，われわれは近刺激やその他の情報をもとに遠刺激を知覚しようとしている。この時，遠刺激自体に変化がなくても，刺激呈示状況が異なると同じ近刺激が知覚されるとは限らない。安定した知覚世界をもち，事物の同一性の認知を行うことを知覚の恒常性という。恒常性は，外界の対象の客観性を把持することで保たれるが，特定の条件下では破壊されることもある。

恒常性は次のように分類される。

(1) 大きさ：10m先にいた人物が5m先に移動した場合，網膜像は2倍の大きさになるが，人物が2倍になったとは知覚しない。

(2) 形：網膜上の像の形は物体を見る角度によって変化する。しかし，見かけはそれほど変化しないで，まっすぐ見た時の形が保たれる。

(3) 明るさ・色：白い紙は，日差しの中でも日陰の中でも白く見える。色彩のある物体は色照明下でも固有の色が保たれる。

(4) 位置：静止した物体を頭や目を動かして見ると，網膜像は移動するにも

かかわらず，物体は静止して見える。電車に乗っていて反対側の電車を見つめていると，見ている電車が動くことで自分の乗っている電車が動き出したような錯覚を生じることもある。

d．錯視（optic illusion, visual illusion）

刺激対象が特別の形状や配置にある時，実際とは違った形や大きさ，性質のものに見えてしまう現象を錯視という。3次元で構成される生活空間が2次元の網膜に投影され，大脳皮質で処理される過程で，物体のもつある性質が他の性質によって影響されるために生じると解される。知識があっても誰にでもほぼ等しく起こり，順応がない。以下のように分類される。

(1) 不注意錯覚：注意の向け方が不十分なとき別の知覚要素が補ってしまう。文脈の中に埋もれてしまう，「見落とし」など。

(2) 感動錯覚：知覚要素が錯覚に吸収されてしまう，強い感動，不安，恐怖による錯覚。「夜道の木立を人と見まがう」など。

(3) パレイドリア：いったんそう見えてしまうと意志に反して現れつづける変形した知覚である。「雲が人の顔に見える」など。

(4) 月の錯視：月や太陽は中天にあるより地平線にある方が大きく見える。

(5) 明るさ，色の対比の錯覚：白，黄，緑のものは"放散による錯視"により，黒，赤，青のものより大きく見える。類似のものが近くにある方がより彩度や明度が似て見える"同化"，補色どうしが近接するとより鮮やかに見える"対比"がある。

(6) 運動錯視：
   ① 誘導運動：「月に群雲（雲間の月）」のように，動いているものが静止し，静止しているものが動いているように見える。
   ② 仮現運動：刺激が空間内の別の位置に連続的に呈示されると，その刺激がはじめの位置から動いたような運動を感じる。映画やテレビの原理はこの錯視の応用である。

(7) 幾何学的錯視：物の大きさ（長さ，広さ），方向，角度，形などの平面図形の性質が周囲の線や形などの関係のもとで実際とは違って見えるものである（図3-5）。

(8) 多義図形：1つの図形が2種類以上に見える図形（図3-6）。

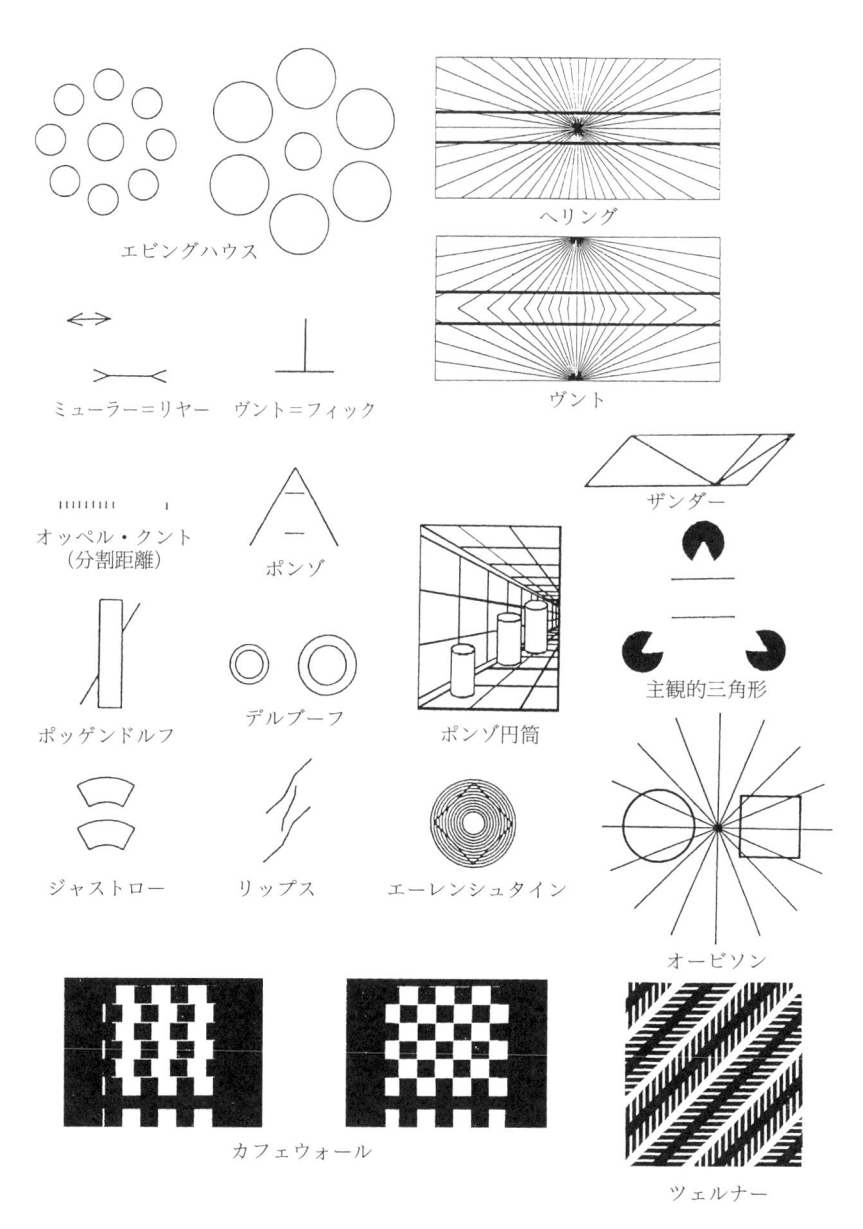

図 3-5 錯視図形・幾何学的錯視
(後藤, 1997:グレゴリー, 近藤ほか訳, 2001:Promedia, 1998:大城, 2000:梅津ほか, 1981)

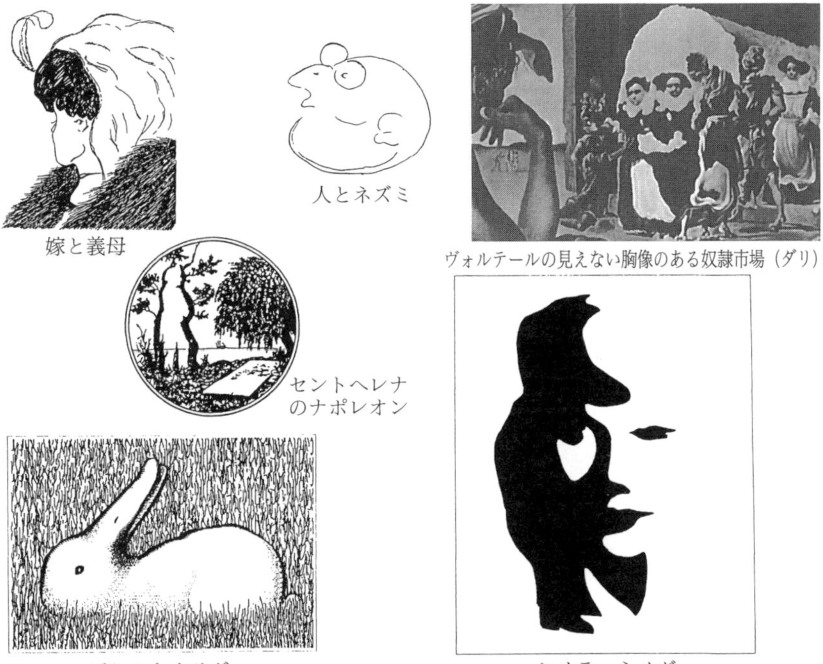

第3章　感覚と知覚

図 3-6　錯視図形・多義図形
(Justrow, 1900：大城，2000：太田垣，1988：シェパード，鈴木・芳賀訳，1993)

(9) 反転図形：じっと見つめていると，遠近が逆転したり，立体の頂点が入れ替わったりする図形（図 3-7）。
(10) 矛盾図形：現実にはそのような立体は存在しないが，図として表される図形や絵（図 3-8）。

　e．**視空間**（visual space）

　誰しも，星空のもとに立って空を眺めた経験があるだろう。実際の天体は観察者から等距離にあるわけではないにもかかわらず，われわれは星があたかもドーム状の丸天井に張り付いているかのように感じる。上方に対する下方の過大視，横線に対する縦線の過大視，天頂方向に対する水平線方向にある対象の過大視など，対象のある空間的位置や方向に依存して，対象の大きさや形が異なって知覚されることを知覚の異方性という。われわれが生活する世界はユークリッド空間と呼ばれる（例：平行線は交わらない）。しかし，自己を中心に

47

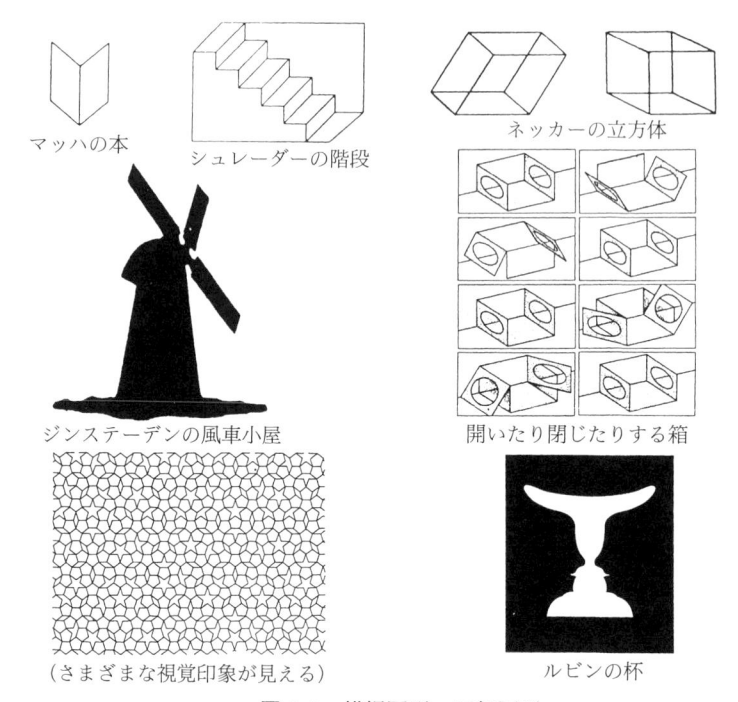

図 3-7 錯視図形・反転図形
(シェパード,鈴木・芳賀訳,1993:大城,2000:太田垣,1988:梅津ほか,1981)

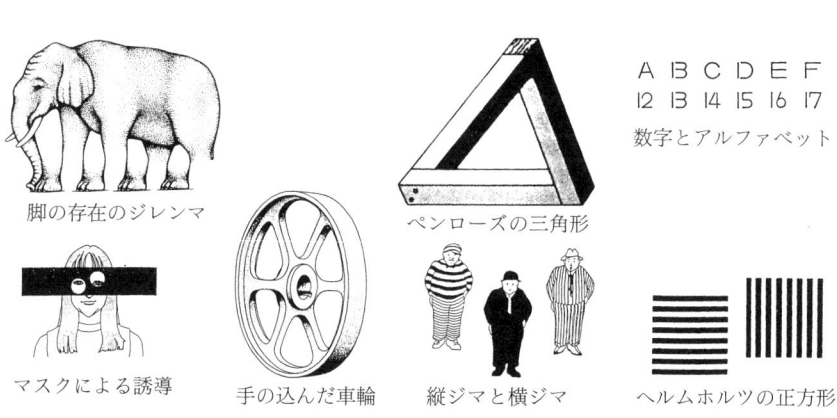

図 3-8 錯視図形・矛盾図形その他
(浅井ほか,1977:グレゴリー,近藤ほか訳,2001:今井,1984:大城,2000:シェパード,鈴木・芳賀訳,1993:梅津ほか,1981)

して知覚する視空間は，現実のユークリッド空間とは異なり，数学的にリーマン幾何学で記述される非ユークリッド空間である（例：地平線に延びる線路は交わって見える）。

f．パターン認識（pattern recognition）

パターンとは，幾何学的な要素の空間的配置，音声，点滅する光や音の変化などの時系列的秩序などをさす。生存のためには，外界の事物と記憶との照合や内的動機との整合が必要である。ヒトやコンピュータがあるパターンを認識する過程は，システム内の内部表現と入力情報のマッチングを取る過程と考えられる。

リンゼイとノーマン（Lindsay, P. H. & Norman, D. A.）は，パターンの内部表現形式のモデルをあげた。

(1) 鋳型表現モデル：システム内部に入力情報との照合が行われるための鋳型（テンプレート）が存在するというもの。有限個のテンプレートであらゆるパターンとの照合ができるか疑わしい。

(2) 特徴分析モデル：入力情報パターンをいくつかの特徴に分解し，他から区別できるような特徴だけを照合するというもの。同じ特徴をもつ違った形状の対象を弁別するのは困難である。

(3) 構造記述モデル（スキーマ）：特徴リストの結合や関係性を全体・部分の階層性をもたせて記述したもの。少ない特徴で多くの集合を表現できるので現実的である。

ヒトが実際にどのようなパターン認識をしているかは不明な点も多く，情報工学的なアプローチと応用が研究され進められている。

視覚情報処理系の例をいくつかあげてみよう。

(1) 相貌認識系

メーラビアン（Mehrabian, A.）によると，人が他者を認識する状況で手がかりとなる特徴は，

　　知覚される態度＝（言葉×0.07）＋（音声×0.38）＋（顔貌×0.53）

と表現される。他人を認識するための手がかりとして，顔貌が50％以上を占めていることがわかる。顔という基本構造がよく似たパターンの差異を瞬時に同定するために，大脳皮質側頭葉（TE野および上側頭溝内皮質）に顔のパター

ンに特異的に反応する細胞群が見いだされている。これを相貌認識系という。相貌認識系は生後2週間くらいから機能しはじめ，20歳くらいで完成する。目，鼻，口の順に感度が高く，顔全体では正立像の方が倒立像よりも認識されやすい。

(2) 表意文字と表音文字の認識

言語中枢は右利きの人の場合左半球にある（第2章3節「言語と言語中枢」参照）。左半球の後頭葉・側頭葉・頭頂葉の接点を角回という。この部分に異常があると会話に不自由はないのだが，書字・読字ができないことがあると，表音文字であるアルファベットを使用する人で報告された。日本語において，漢字は表意文字，仮名は表音文字である。日本人では，仮名は書字・読字可能なのに，漢字は不可能という例があげられた。いくつかの研究の結果，表意文字と表音文字の書字・読字の回路が明らかにされた。

読字において，仮名は視覚野→左角回→ウェルニッケ領野で，漢字は視覚野→左側頭葉後下部→ウェルニッケ領野で認識される。一方，書字では，仮名がウェルニッケ領野→左角回→体性感覚野で，漢字がウェルニッケ領野→左側頭葉後下部→視覚野→左角回→体性感覚野で認識される。

いずれの場合も，文字情報・言語情報・記憶情報のパターンマッチングと統合が行われていると思われる。

(3) 右脳と左脳のパターン認識の違い

図3-9①を見て，この絵を別の紙に写してみてほしい。どのようになっただろうか。そこで，あらためて，図3-9②と図3-9③を見ていただきたい。②は左半球に損傷のある人が描く典型的な絵である。輪郭は比較的正確だが細部が

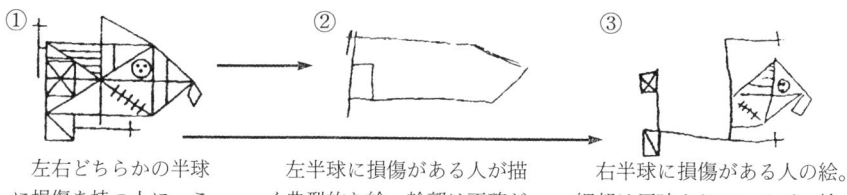

①	②	③
左右どちらかの半球に損傷を持つ人に，この絵を模写してもらう。	左半球に損傷がある人が描く典型的な絵。輪郭は正確だが細部は無視されている。	右半球に損傷がある人の絵。細部は反映されているが，輪郭はめちゃくちゃである。

図 3-9　右脳と左脳の図形認識（カーター，藤井訳，1999）

第3章　感覚と知覚

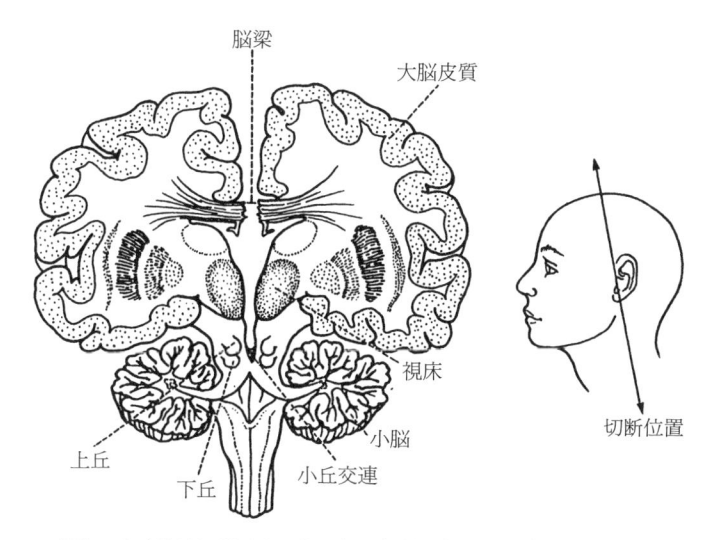

前脳の交連線維切断手術に伴う脳の離断の範囲（冠状面で見た図）。
図3-10　脳梁と脳梁切断（Sperry, 1964：山崎, 1997より）

描かれていない。正常な右半球が認知した絵ということから，右半球は全体把握が得意なことがわかる。一方，③は右半球に損傷がある人の描く典型的な絵である。細部は描かれているものの輪郭は描かれていない。正常な左半球が認知した絵ということで，左半球では細部が認知されることがわかる。

(4) 脳梁切断の視知覚に関する実験

物の認識における視覚情報処理システム，分離脳，言語野の関連を示す興味深い実験例をあげよう。スペリー（Sperry, R. W.）は，脳梁を切断した右利きの女性のてんかん患者を被験者として実験を行った（図3-10）。

被験者に中央部に黒点を打ったスクリーンを凝視してもらう。脳梁が切断されているため，片視野の情報は反対側の半球にしかいかない。黒点の右側にカップの絵を12分の1秒呈示。「何が見えたか」と尋ねられると彼女は「カップ」と答えた。次いで，左側にスプーンの絵を呈示。彼女は「何も見えない」と答えた。

続いて被験者は机の下に左手を入れて，そこに並んでいるカップ，ナイフ，鉛筆，ペン，くしなどの品物の中から今見たものを探し出すように要求された。

被験者はスプーンを選び,「鉛筆」と答えた。

　奇妙に思えるこの結果を,スペリーは次のように解釈した。「右利きの人の言語活動は左脳で行われている。彼女は最初に左脳に送り込まれたカップの画像を認識して,その名前を言うことができた。次に右脳に送られたスプーンの画像が何か,彼女は説明できなかった。右脳は言語をもたない。"何も見えない"という回答は左脳が発したものだ。スプーンの画像は左脳へは届いていないからだ。左手を使って品物をつかむように言われたとき,その仕事をこなしたのは左手を司っている右脳だった。だから,彼女はスプーンを選ぶことができたが,"何ですか"と尋ねられて,答えることはできない。左脳は論理的解決をはかろうと試みた。普通なら左手の感触は右脳に送られ,脳梁を経由して左脳に伝えられるが,分離脳の彼女にはそれができない。左手の感触を推理するしかないのだ。左脳は推理が得意である。机の下の品物をいろいろと予測して,"細長いありそうなものとして鉛筆だろう"と見当をつけ,『鉛筆』と答えたのである」（カーター,藤井訳,1999より引用略記）。

　スペリーの実験結果は,脳梁の障害で左右半球間の情報交換ができなくなることを説明づけてくれる。感覚野で受けた知覚は連合野で言語野や記憶の機構の関与のもとに解釈され認識されるし,左右の半球間での情報交換が重要な役割を担っていることも示唆する。

次のステップへ！

☞ 鼻孔の地上からの高さと直立二足歩行：原始ほ乳類は跛行性で,生存のための情報は主として嗅覚に頼っていた。一方ヒトは直立二足歩行を獲得し,嗅覚への依存度が減少した。その結果,どのような情報に頼るようになったか考察してみよう。

☞ 色覚の発達と生活時間帯：高等霊長類は,昼行性である。活動時間帯と網膜視細胞の関係を,夜行性動物と比較して考えてみてほしい。

☞ フクロウの耳は正面から見ると高さが違っている。独自の聴覚による空間認知のためである。彼らの聴空間を考察してみよう。

■文　献

上里一郎（監修）　2001　心理学基礎事典（現代のエスプリ別冊）　至文堂

浅井邦二・稲松信雄・上田敏晶・織田正美・木村　裕・本明　寛　1977　図説心理学入門　実務教育出版

カーター，R.　養老孟司（監修）　藤井留美（訳）　1999　ビジュアル版 脳と心の地形図——思考・感情・意識の深淵に向かって　原書房（Carter, R. 1998 *Mapping the Mind*. University of California Press.）

後藤倬男　1997　幾何学的錯視現象　西川泰夫（編）　認知科学（現代のエスプリ別冊）　至文堂　pp.99-112

グレゴリー，R.　近藤倫明・中溝幸夫・三浦佳世（訳）　2001　脳と視覚——グレゴリーの視覚心理学　ブレーン出版（Gregory, R. 1998 *Eye and Brain : The Psychology of Seeing*, 5th ed. Oxford University Press.）

今井省吾　1984　錯視図形——見え方の心理学　サイエンス社

Justrow, J.　1900　Fact and fable. In *Psychology*. Houshton-Mifflin.

リンゼイ，P. H. &ノーマン，D. A.　中溝幸夫・箱田裕司・近藤倫明（訳）　1983〜1985　情報処理心理学入門1〜3　サイエンス社（Lindsay, P. H. & Norman, D. A. 1977 *Human Information Processing : An Introduction to Psychology*, 2nd ed. International Thomson Publishing.）

真島英信　1986　生理学　改訂18版　文光堂

Mehrabian, A.　1976　*Public Place and Private Place : The Psychology of Work, Play, and Living Environments*. Basic Books.

岡本栄一・西村秀雄・福屋武人・本間道子・森上史朗　1983　こころの世界——図説心理学入門　新曜社

大城敬良　2000　逆さメガネの心理学　河出書房新社

太田垣瑞一郎（編著）　1988　現代心理学　八千代出版

Promedia　1998　南山堂医学事典 CD-ROM版 version1.9　南山堂

シェパード，R. N.　鈴木光太郎・芳賀康朗（訳）　1993　視覚のトリック——だまし絵が語る〈見る〉しくみ　新曜社（Shepard, R. N. 1990 *Mind Sight*. W. H. Freeman & Company.）

時実利彦　1976　脳と神経系　岩波書店

梅津八三・相良守次・宮城音弥・依田　新（監修）　1981　新版心理学事典　平凡社

山崎久美子　1997　意識の神経心理学　西川泰夫（編）　認知科学（現代のエスプリ別冊）　至文堂　pp.113-122

■サイト

聴覚心理学のサイト　http://www.kyushu-id.ac.jp/~ynhome/JPN/
無限音階のサイト　http://www.hirax.net/dekirukana/onkai/
錯視のサイト　http://www.ritsumei.ac.jp/~akitaoka/

第4章
動機づけ・欲求・動機・情緒

　最近大学では5月病という言葉が聞かれなくなりました。それは5月病がなくなったからではなく，学生たちがやる気が見えない状態が当たり前になったからのようです。何かを学びたいという意欲をもたない大学生が増えているということなのでしょうか。大学に何かを学びたいという意識をもたずに入学してはいけないというつもりはありません。しかし，「自分が何をしたいのかわからない」「何もやりたいことが見つからない」といった言葉をよく口にするのはどうしてでしょうか。彼らには内発的な欲求も動機づけも本当になくなってしまったのでしょうか。著者はむしろ，自己認知の問題ではないかと考えています。自分に対する自信が育っていないために，誰もが本来内面にもっている欲求に気づかなくなってしまっているのではないでしょうか。

　この章では，人間が行動する原点となっている欲求や動機づけ，そして情緒の問題を取り上げます。

（扉のことば・千田）

1節 動機づけ

　われわれはなぜ行動するのか。その問いに答えようとするのが、動機づけの研究である。われわれが行動しようとするときには、その前提として、われわれの内部に、生理的・心理的不均衡が生じている。不均衡は生理的・心理的緊張状態（要求・欲求：need）を作り出す。われわれの内部では、恒常性維持機構（homeostasis：ホメオスタシス）として、そうした緊張状態を解消させようと、個体を特定の目標（goal）に向かって駆り立てる力（動機：motive, drive）が機能しはじめる。一方目標も、個体を近づけたり、遠ざけたりする力をもつ（誘因：incentive）。普通、個体が行う緊張解消のための手段は、行動という形になって発現する。行動の結果が成功であれば、不均衡状態は解消し、要求は低減する。行動の結果が不成功であると、欲求不満（フラストレーション：frustration）状態となり、さまざまな防衛機制や、不適応行動が生じる源泉にもなりうる。こうした体系を、「動機づけ（motivation）」と呼ぶ。つまり、動機づけとは動機が活動している状態をさしているが、一般には動機の操作も含めた広い意味と考えてよい。すなわち、やる気とか意欲といったような意味で用いられることも多い。また、要求と動機は、厳密には、上記のように定義されるが、日常的には同じような意味で用いられることも多い。

　われわれが適応的な行動を行う際には、普通、ある目標に向かって、適度な「自我関与（self-involvement：自分にとって、その目標がどれほど重要かということ）」と、適度な「要求水準（aspiration level：自分がどれだけ達成できればよいかという、期待水準）」と、適度の「不安」をもってのぞむ。それらがあまりにも高すぎると、不成功に終わる可能性が高くなり、慢性的な欲求不満を生んでしまう。一方、あまりに低すぎると、緊張もなく、無気力・無関心の生活を送ることになる。

2節　動機の分類

1. 一次的（生理的・生得的・ホメオスタシス性）動機

生理的な過不足状態（空腹・渇き・疲労など）が内部に生じると，個体は，生理的なバランス状態を取りもどそうと，恒常性維持機構を働かせる。これが働くと，個体は均衡を取りもどし，緊張を解消させる方向に，行動を起こす。これらの動機は，生理的，生得的なものである。

マレー（Murray, H. A.）による分類は以下のとおりである（一部改変）。
①吸気（酸素），②水，③食物，④感性（知覚），⑤性，⑥授乳，⑦呼気（炭酸ガス），⑧排尿，⑨排便，⑩毒性回避，⑪暑熱回避，⑫寒冷回避，⑬傷害回避，⑭睡眠。

人工的に特定の栄養素だけを取り去ったエサを動物に与え続けると，そののち，その栄養素を選択的に多く摂取することもカフェテリア実験などから知られている。こうした動機を特殊飢餓（specific hunger）と呼んでいる。

2. 性動機

生殖行動・育児行動は，下等動物ほど生得的であり，性ホルモンによって支配されている。しかし高等動物では，性ホルモンの影響力は弱く，むしろ学習による社会的・心理的影響が強くなることが，隔離されて育てられたニホンザル・アカゲザルなどの性行動・育児行動の観察から確認されている。

3. 内発的動機（intrinsic motive）

一般に，動機は，行動の結果が成功（目的に達する）であることによって低減するのであるが，内発的動機は，行動すること自体が緊張を解消するような動機である。そのメカニズムはよくわかってはいないが，一次的な動機であると考えられている。

a．感性動機（sensory motive）

個体は常に環境からの適度な刺激を求めている。過度の刺激はストレスとなり，心身を傷める。逆に，刺激がほとんど与えられないと刺激を得ようとする

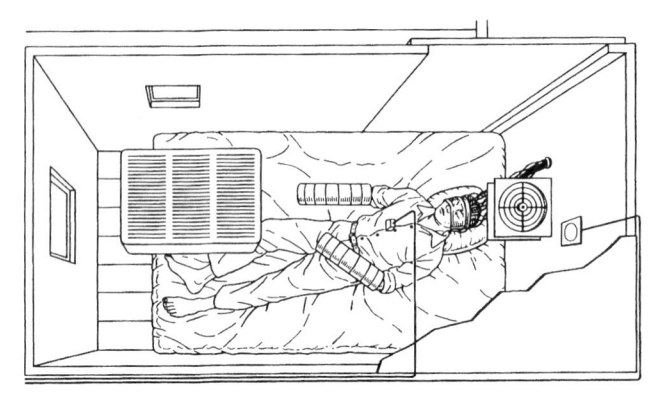

図 4-1 感覚遮断の実験（Heron, 1957：金城，1990より）

強い動機をもつことが，図4-1のような感覚遮断（sensory deprivation）の実験から確かめられている。また，個室の入院患者が集団ベッドの患者よりも回復が遅いというデータからも裏付けられている。

b．好奇（curiosity）動機・活動（activity）動機・操作（manipulatory）動機

適度に目新しいものを見たい，触りたいという動機も，基本的な動機らしい。サルは，窓が開けられ，外が見られるということを報酬として学習することができる。また，ヒトの乳児は，単純な図形よりも，複雑な図形をより長く注視するといった好奇心を示す。

同様に，体を動かしたり，物をいじってみたいという操作動機もある。ハーロウ（Harlow, H. F.）は，図4-2のようなパズルを与えると，サルはこれを解いても報酬は与えられないにもかかわらず，パズルを解くことに12日間も熱中することを発見した。ただ，興味深いことに，サルにパズルを解くと報酬を与えた場合には，はじめは同じように解いているが，報酬が与えられなくなってしまうとパズルを解くことをやめてしまった。もともとあった操作動機が消えてしまったと考えられる。

c．柔らかいものへの接触動機

母子のきずなは，はじめ，授乳によって形成されるというより，柔らかいものへの接触動機によって形成されるらしいことが，ハーロウの生まれたばかりのアカゲザルを用いた「代理母」研究によって明らかにされている。図4-3のように，布の代理母からミルクをもらった子ザルだけでなく，針金の代理母か

第4章　動機づけ・欲求・動機・情緒

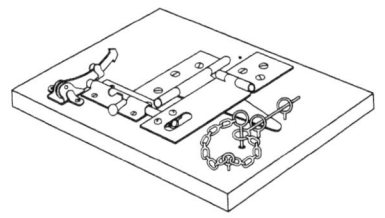

図4-2　ハーロウの操作動機の実験
　　　（Harlow, 1950：今田ほか，
　　　1991より）

らミルクをもらった子ザルも柔らかい布の代理母に愛着を示すことがわかった。

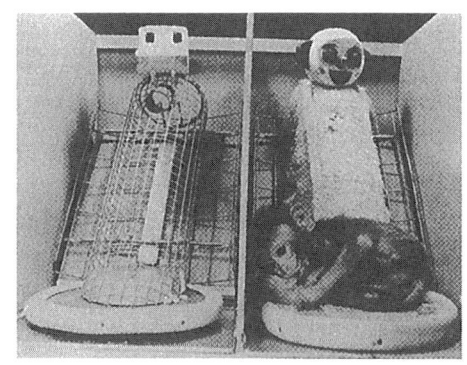

図4-3　ハーロウの代理母の実験（Harlow & Mears, 1979：桜井，2001より）

4. 二次的（心理的・経験によって獲得された）動機

　生得的なものとされる一次的動機に対して二次的動機は後天的に学習されたものである。動機や欲求が学習されることは，お金に対する動機を考えてみれば納得がいくであろう。二次的動機は，社会生活の中で，家族関係・友人関係といった，多くの人間関係を通して獲得される社会的動機が中心になるが，どのような動機を獲得するかは当然個人によって異なってくると考えられる。ベラック（Bellak, L.）や戸川行男による社会的動機のリストは表4-1のとおりである。

5. マズローの欲求階層説

　マズロー（Maslow, A. H.）は人間の基本的欲求（動機）を5つのカテゴリーに分類し，その階層性を唱えた。最も低次の生理的欲求（physiological needs）から，安全と安定の欲求（safety-security needs），所属と愛の欲求（belongingness-love needs），承認の欲求（esteem needs），そして最も高次の自己実現の欲求（self-actualization needs）まで段階的に位置づけられ，より低次の欲求から顕在化し，それがある程度満たされることにより，次の欲求が顕在化してくると論じている。マズローは自己実現の欲求を成長欲求と呼んだ。他の低次の欲求が，欠乏欲求といって，欠乏しているものが満たされれば

表4-1　社会的動機のリスト（槇田・伊藤，1999）

《外的事象を対象としたもの》

1. 成就（達成）　困難を克服し，重要なことがらを遂行し，高い水準に到達しようとする動機
2. 獲得　社会的獲得：金銭・財産・資産のために働くこと。ほしがること
　　　　反社会的獲得：盗み・搾取・奪取・偽造など
3. 確保　ものを握って放すまいという動機。ケチケチし，秘密にし，他人に渡すまいとする動機
4. 飲食　渇き・空腹の体験。飲食物をもとめ，味わうこと。そのために働くこと
5. 官能　感覚的，審美的快感を求めようとする動機
　　　　享楽的：安楽・安逸・ぜいたく・美食・快感を求める動機
　　　　審美的：音楽・美術・文学などの美的快感への動機。芸術的創作の楽しみを求めることも含まれる
6. 理知　知識・知恵を求める動機。知識欲（成就欲ではなく）から，勉学・読書・思索・反省・研究すること
7. 認知　知りたがること。見たがること。詮索し，探求し，探偵のように行動すること。覗き見すること
8. 構成　順序だて，組織化し，組み立て，創作する動機
9. 秩序　物事をきちんと整理・整頓し，清潔を保とうとする動機。規則正しく整然とさせること
10. 変化　変化・旅行・冒険の動機。絶えず変化を求め，新しい見聞を求め，動き回り，また，探検や冒険を求める
11. 遊び　スポーツ・ゲーム・遊戯など，あらゆる形の遊びの動機。技能の獲得とか勝利を目的としない遊びのための遊びを求める動機
12. 興奮　賭事・投機・火遊び・不倫などを求める動機
13. 無活動　休息，睡眠，静かにのんびりすること，横たわること，何もしないこと
14. 失敗の挽回　失敗・不名誉・傷つけられた自尊心などを挽回しようとする動機。挫折から立ち上がり，困難を克服し，恐怖に打ち勝って自分の弱さや劣性を克服しようとする動機

《対人的動機》

15. 親和　友情・同情の動機。他人と結びつけられようとする動機
　　　　友誼的親和：友達として，なかよしになる動機
　　　　社会的親和：社交的・親切・めんどう見・同情・人類愛などに関する動機
　　　　家族的親和：家族に対する親和の動機
　　　　性的親和：恋愛・結婚対象に対する親和の動機
16. 性　性的親和よりももっと明白な肉体的性行為の動機。性欲
17. 養育　助けを必要とするものを哀れみ，慰め，かつその人の欲求を満たしてやろうとする動機
18. 救助　他人に助けてもらいたい，同情してもらいたい，保護してもらいたいという動機。「養育動機」の反対
19. 被認知　人に認めてもらいたい，見てもらいたい，ほめてもらいたい，高く評価して

もらいたいという動機
20．伝達　教えること，知らせること，ニュースを提供すること，説明すること，解説すること，講義すること
21．支配　他人に力を及ぼし，統治し，命令し，監督し，指導し，強制し，拘束し，説得するなどをいう。高圧的態度，傲慢な態度なども含まれる
22．拒否　他を軽蔑し，排除する動機。他人に背を向け，他人の要求を退ける。他人に対して無関心な態度をとる
23．攻撃　情緒的攻撃：怒り・憎しみ・争い・中傷・悪口
　　　　物的・社会的攻撃：罰する，叱る，小言をいう。自分や愛する者のために戦う
　　　　物的・反社会的攻撃：犯罪としての，暴行・残虐行為
　　　　破壊的攻撃：殺人・破壊・焼却など

《圧力排除の動機》

24．自主独立　自由を獲得すること。強制と拘束を排除すること。権威・慣習の否定や無視
　　　　自由：強制や拘束から自由になること。義務からの逃避
　　　　抵抗：強制への抵抗。要求されたことを拒否し，履行しない
　　　　反社会的：道徳的義務や法を無視する。犯罪・非行
25．防衛　攻撃・非難・批評などから自己を防御する動機。非行・失敗・屈辱などを，隠し，正当化し，弁解すること
26．非難回避　他人の非難を受けまいとして，臆病に，当り障りのないように，融和的に行動しようとする動機
27．恐怖回避　恐怖・苦痛・危険・疾病・不慮の災害・死などを回避しようとする動機
28．屈辱回避　他人の軽蔑・あざけり，自分の屈辱的失敗・敗北を回避しようとする。拒否を恐れて求婚を回避し，落第の屈辱を恐れて受験を回避することなど
29．隠遁　世を避けて，孤独な生活を送ろうとする動機
30．敬服　優れたものを賞賛し，尊敬し，それに服従する動機
　　　　服従：進んでリーダーに従うこと
　　　　尊敬：尊敬の気持ちを行動に表現すること
31．屈従　外的圧力に服従すること。運命を受け入れ，非難や自己の劣性・失敗などを，無抵抗に諦め，認め，受け入れること

行動が終結するのに対して，自己実現の欲求に動機づけられた行動には終わりがなく，成長を続けていくことができると考えている（図12-2参照）。

6．動機づけの認知的理論

　動機づけには外発的動機づけと内発的動機づけがある。外発的動機づけとは，ある行動が報酬や目標など何か別のものを得るための手段となっているような動機づけである。たとえば，お小遣いをもらうために勉強するといったことである。それに対して内発的動機づけは，すでに述べたように，行動をすること

コラム4

報酬による内発的動機づけの低下

　ハーロウは，操作動機の実験で，サルにパズルが解けるとエサが与えられるようにした場合，外的報酬によって，内発的動機づけが低下させられたと考えた。人間の場合にも，外的報酬が内発的動機づけを低下させる場合があることを実証したのが以下に述べるレッパー（Lepper, M. R.）らの実験である。

　彼らは，絵を描くことに内発的に動機づけられている子どもたちに報酬を与えてその行動がどう変わるのかを調べた。何をしても自由な時に絵を描くことを好む子どもたちとは，絵を描くという行動に内発的に動機づけられている子であると考えられる。そこで，まず，保育園で自由遊びの時間に絵を描くことが多い子どもたちを選び出し，報酬予期群，予期せぬ報酬群，報酬なし群の3つのグループに分けた。実験前に絵を描いている時間の割合は，各グループともほぼ同じであった。子どもたちは一人ずつ部屋で，マジックマーカーを使って絵を描くように頼まれた。報酬予期群は絵を描いてくれたらほうびをあげるといわれ，描き終わった時にリボンで飾られた賞状をもらった。予期せぬ報酬群は，事前には報酬のことは何もいわれなかったが，描き終わった時に同じ報酬をもらった。報酬なし群の子どもたちは絵を描いただけで報酬はなかった。

　実験から約1週間後，3つのグループの子どもたちは，実験前と同じように自由遊びの時に絵を描いている時間を観察された。予期せぬ報酬群と報酬なし群は実験前と変わらず，絵を描いていた。しかし，報酬予期群だけは絵を描いている時間が有意に減少していた。つまり，内発的動機づけが低下したのであった。興味深いのは予期せぬ報酬群で，報酬はもらっているのに，内発的動機づけが低下していないのである。人間の場合，外的報酬が必ず内発的動機づけを低下させるわけではなく，そこにはさらに複雑なプロセスが関与していると考えられている。

自体が目的になっている動機づけである。勉強したいから，勉強が面白いから勉強するといったことである。

　内発的動機づけの説明原理としては，勉強が面白いからといった好奇心によるものもあるが，「われわれが環境に対して効果的に働きかける能力」といった意味のホワイト（White, R. W.）のコンピテンス（competence：有能感）という概念や，バンデュラ（Bandura, A.）の自己効力感（self-efficacy）（第5章「学習」を参照）などのように，従来とは少し異なった概念が提示されるようになってきた。われわれは本来，環境に対して影響を与えたいと考えており，その自信を感じていることが内発的動機づけの原動力となっているというのである。近年，個人が自己と環境との関係をどう認知するかによって，その後の行動の動機づけに影響を与えることがわかってきた。また，外的な報酬が与えられると内発的な動機づけが弱められる場合があることもわかってきた（コラム4を参照）。こうしたことから認知，特に自己認知と動機づけの関連性に関心が向けられるようになってきている。いくつかの理論を紹介しよう。

a．ロッターの統制の所在

　ロッター（Rotter, J. B.）は統制の所在（locus of control）という概念を提示した。成功，失敗といった行動の結果を左右するのは自分自身だと認知している内的統制感（internal control）の強い人もあれば，自分以外の外的な何かによって結果がコントロールされていると感じる外的統制感（external control）の強い人もいる。内的統制感が強いほど，動機づけも強くなるとロッターはいう。

b．ド・シャームの指し手・コマ理論

　ド・シャーム（deCharms, R.）は指し手（origin）意識とコマ（pawn）意識という概念を提唱した。彼はロッターのいう行動の結果ではなく，行動の始発性に注目した。自己原因性の有無，つまり自らの意思で行動を起こしているか（指し手），何ものかに動かされる操り人形のように行動しているか（コマ），という自己認知の相違が動機づけと関連していると考え，指し手意識が高いほど，人は内発的に動機づけられるとする。

c．デシの認知的評価理論

　デシ（Deci, E. L.）は，自己決定感（self-determination）と有能感という

2つの次元で自己認知をとらえようとした。自己決定感と有能感がともに高いほど人は内発的に動機づけられることになる。有能感は高いが自己決定感は低いという場合は，外発的に動機づけられた行動になりやすい。有能感も自己決定感もともに低い場合は動機づけがない，つまりやる気がない状態になるとする。

3節 葛藤と欲求不満

1. 葛藤

われわれは，好ましいもの（正の誘因をもつ）に接近するように動機づけられる。また，嫌悪的なもの（負の誘因をもつ）を避けるように動機づけられる。

われわれの行動は，普通ただ1つの動機によって支配されているわけではない。たとえば，異性に近づく行動の裏には，性的興味のほかに，自己顕示欲を満足させたい，助けてあげたいとか助けてほしいといったいろいろの動機がからみあっていると考えられる。

複数の動機・誘因が両立せずに存在する欲求不満状況を「葛藤（conflict：コンフリクト）」という。

　a．接近－接近コンフリクト（approach-approach conflict）

複数の正の誘因をもつ目標が同時に存在するケースである。この形のコンフリクトでは，どちらか一方を選択し，他方を断念することによって，解決は比較的早い。たとえば，「野球もしたいし，テレビも見たい」「アイスクリームかジュースを買ってあげる。でも，2つ一緒はお腹が冷えるからダメ」といったものがある。

　b．回避－回避コンフリクト（avoidance-avoidance conflict）

複数の負の誘因をもつ目標が同時に存在するケースである。どちらも回避したいものなので，解決は，速やかになされなければならないにもかかわらず，なかなか決断ができず，時間がかかる。たとえば，「前門の虎，後門の狼」「手伝いもいや，さぼってしかられるのもいや」などがある。

　c．接近－回避コンフリクト（approach-avoidance conflict）

同一の目標が，正・負両方の誘因を同時にもっているケースである。やはり，

なかなか解決ができない。たとえば，「タバコは吸いたいが，癌がこわい」「ケーキは食べたいが，肥満がこわい」などがある。

d．二重接近－回避コンフリクト（double approach-avoidance conflict）
選択すべき2つ以上の目標が，各々正・負両方の誘因を同時にもっているケースである。一方を断念しさえすれば解決は早いのであるが，その断念がなかなかできない。たとえば，「学業とスポーツ。二足のわらじをはいて，両方とも好成績をおさめたい」「つらいが報酬の良い仕事と，楽だけれども報酬の悪い仕事と，どちらを選択するか迷う」といったものがある。

2．欲求不満

欲求が充足されないことによって生じる不快な心的状態を，「欲求不満」という。

欲求不満の原因には，物理的障害（電車のドアがしまった），社会的障害（試験の点数が悪かった），個人の能力不足，心身の障害，葛藤などが考えられる。欲求不満に陥っても，不適応行動を起こすことなく，合理的に自分の行動を管理できる能力のことを，フラストレーション耐性（frustration tolerance）という。これは，個体差が大きい。欲求不満をまがりなりにも解決するための行動には，以下のような防衛機制的なものも考えられる。

(1) 退却行動：要求水準の引き下げ，自我関与度の引き下げなどがある。退却行動が行くところまでいくと，アパシー（apathy：無欲動）の状態になる。

(2) 迂回行動：目標達成への手段を工夫して障害を乗り越えるケースである。たとえば，回り道をするとか，ドアが開いていないときに呼び鈴を鳴らすといった行動である。

(3) 代償行動：代わりの目標をさがして，部分的に欲求の充足をはかる。たとえば，外で遊べないので家の中で別な遊びをするといったものである。

(4) 攻撃行動：本来は，障害を打破するための積極的な行動を意味する。しかし，現実には，攻撃に対する抑止が厳しいために，別な対象（家族・ペット）に八つ当りしたり，もっと迂遠な手段（皮肉・中傷・悪口・投書など）を取ることが多い。

(5) 退行行動：年齢にふさわしくない未分化，未成熟，短絡的な行動様式が

現れる。たとえば，会社で不快なことが続くと酒を飲んで大騒ぎをするとか，弟妹が生まれると，急に幼児語を使ったり，抱いてもらおうとしたり，夜尿をぶり返したりするといった行動である。

(6) 固着行動：解決不能な状況におかれると，やみくもに同じ行動を繰り返す，異常固着の現象が見られることがある。無駄だとわかっていても，先の見通しもなく，無意味に同じ行動を繰り返す場合がこれである。難しい知恵の輪を解く間や，負け続けのトランプゲームなどで見られる。

4節 情　緒

情緒（emotion）は，喜怒哀楽と表現されるようにわれわれにとって身近なものであるが，心理学の中で研究が遅れている領域でもある。また，情緒と関連する用語も，感情，気分，情動，情操などいろいろあるが，それらの区別は必ずしも明確ではない。

1. 情緒の構造

プラチック（Plutchik, R.）は人間の複雑な情緒を8つの基本感情の混合と強度によって説明できるとしている。その基本感情とは，期待（anticipation），怒り（anger），喜び（joy），満足（acceptance），驚き（surprise），恐怖（fear），悲しみ（sorrow），嫌悪（disgust）である。また，シュロスバーグ（Schlosberg, H.）は表情写真を用いた研究から快と不快，注意と拒否，そして緊張と睡眠という3次元の円錐形構造モデル（図4-4）を提示している。

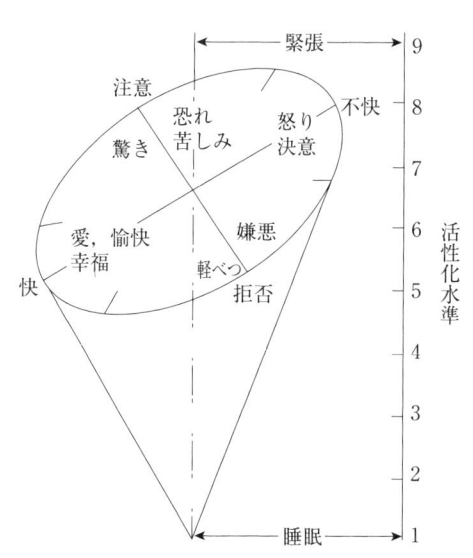

図 4-4　シュロスバーグの円錐形構造モデル
　　（Schlosberg, 1954：太田垣, 1988より）

2. 情緒の理論
a．ジェームス＝ランゲの末梢起源説 (James-Lange theory)

　アメリカの心理学者ジェームス（James, W.）とデンマークの生理学者ランゲ（Lange, C.）はそれぞれ別に同じような学説を提示したので，ジェームス＝ランゲの末梢起源説と呼ばれている。彼らの説は，個人を興奮させるような出来事を体験するとまず身体的変化が生じ，その変化が情緒的体験を生じさせるというものである。たとえば，交通事故を見て，心臓がドキドキする。これが恐怖という情緒的体験を生じさせるというのである。つまり，普通，われわれは「悲しいから泣く」と考えるが，この説では「泣くから悲しくなる」のだというのである。

b．キャノン＝バードの中枢起源説 (Cannon-Bard theory)

　ジェームス＝ランゲの末梢起源説に対しては，その後いろいろな反論がなされた。キャノン（Cannon, W. B.）は薬物などで人為的に内臓器官の変化を作り出しても，情緒的体験が生じないことなどをあげて末梢起源説に反論し，視床下部が情緒の中枢であり，情緒的体験が身体的変化を生じさせるとした。また，バード（Bard, P.）は，視床下部の活性化のメカニズムを研究してキャノンの主張を補充した。よって，キャノン＝バードの中枢起源説と呼ばれている。

c．アーノルドの認知的モデル

　アーノルド（Arnold, M. B.）は，知覚が常に情緒的反応を生じさせるのではなく，その状況を評価する何らかの認知プロセスが必要であるとし，知覚－評価－情動－表出－行動という連鎖モデルを提示した。アーノルドは，情緒的体験も身体的変化も，それに先立つ出来事の認知・評価の結果であって，一方が他方の原因ということではないと考えた。つまり，まず出来事の知覚があり，それに対する評価が生じる。たとえば，オリの中のトラを見た場合と，森の中のトラを見た場合とでは，同じトラの知覚であっても反応が異なってくるが，それはこの評価の過程での違いである。つまり，オリの中のトラは何の脅威も感じさせないが，森の中のトラは危険を感じさせる。この評価に基づいて怖いという情動（情緒的体験）や身体的変化が生じ，それに引き続いて行動が生じるというのである。

―― 次のステップへ！ ――
☞ レッパーの実験で，予期せぬ報酬群はなぜ内発的動機づけが低下しなかったのだろうか，考えてみよう。
☞ あなた自身の学習意欲や労働意欲の源泉について考察してみよう。

■文　献

Arnold, M. B.　1960　*Emotion and Personality*. Columbia University Press.

ド・シャーム, R.　佐伯　胖（訳）　1980　やる気を育てる教室――内発的動機づけ理論の実践　金子書房（deCharms, R.　1976　*Enhancing Motivation-Change in the Classroom*. Irvington Publishers, Inc.）

デシ, E. L.　石田梅男（訳）　1985　自己決定の心理学　誠信書房（Deci, E. L. 1980　*The Psychology of Self-Determination*. D. C. Health & Company.）

Harlow, H. F.　1950　Leaning and satiation of response in intrinsically motivated complex puzzle performance by monkeys. *Journal of Comparative and Physiological Psychology,* **43**, 289-294.

Harlow, H. F. & Mears, C.　1979　*The Human Model : Primate Perspectives*. Wilson & Sons.

速水敏彦・橘　良治・西田　保・宇田　光・丹羽洋子　1995　動機づけの発達心理学　有斐閣

Heron, W.　1957　The pathology of boredom. *Scientific American,* **196**, 1.

今田　寛・宮田　洋・賀集　寛（編）　1991　心理学の基礎　改訂版　培風館

鹿毛雅治　1994　内発的動機づけ研究の展望　教育心理学研究，**42**, 345-359

金城辰夫（編）　1990　図説現代心理学入門　培風館

Lepper, M. R., Greene, D. & Nisbett, R. E.　1973　Undermining children's intrinsic interest with extrinsic reward : A test of the "overjustification" hypothesis. *Journal of Personality and Social Psychology,* **28**, 129-137.

槇田　仁・伊藤隆一　1999　絵画空想法（PRT）手引　金子書房

太田垣瑞一郎（編著）　1988　現代心理学　八千代出版

桜井茂男　1997　学習意欲の心理学：自ら学ぶ子どもを育てる　誠信書房

桜井茂男（編）　2001　心理学ワールド入門　福村出版

Schlosberg, H.　1954　Three dimensions of emotion. *Psychological Review,* **61**, 81-88.

White, R. W.　1959　Motivation reconsidered : The concept of competence. *Psychological Review,* **66**, 297-333.

第5章
学　習

　著者の家では，15年にわたってセキセイインコをコンパニオン・アニマルにしてきました。妻の実家にいた11歳のリンガを預かったのを皮切りに，バク，イリヤ・カミカ夫婦とその息子のミリア，ボニートと，5世代にわたって一緒に過ごしてきました。セキセイインコの寿命は10歳以上といわれていますが，不幸なことにリンガ以外はあまり長生きをせず，妻と私はペット・ロス症候群に悩まされもしました。

　彼らと妻とのコミュニケーションは私との関係をはるかにしのぐものでしたが，20代にハトを被験体とした動物心理学を志した者として，著者は彼らの自発的な学習能力を最大限に発揮させるようなつきあいをこころがけました。今思い出すのはボニートとの関係です。オウム病の恐れがあり勧められることではありませんが，こちらが手乗りのボニートに「チュー」といいながら唇を近づけると，彼も「チュー」といいながらわれわれの指から腕を歩き登り，くちばしを唇に押しつけてくるようになりました。彼はわれわれ夫婦とのコミュニケーションの方法を学習しました。同時に，非言語的に示される彼のさまざまな要求がわれわれに理解できるようになってきました。要求がかなうと指にとまった足が暖かくなり，彼が満足しリラックスしていることがわかりました。それを感じてわれわれも充実感を感じてリラックスしました。まさにボニートとわれわれ夫婦の間の学習の連鎖でした。

　第5章では，行動を学習する方法である「古典的条件づけ」「オペラント条件づけ」について解説したあと，より複雑な社会的学習，認知学習の動向について言及したいと思います。

（扉のことば・伊藤）

1節　学習とは

　ここで扱う問題は行動の変容である。学習（learning）という用語は，心理学では，普段の日常生活で使われている「勉強する」という意味よりもかなり広い意味で用いられ，「経験による比較的永続性のある行動の変容」と定義される。つまり，成熟による変化とか，疲労，薬物による一時的な行動変化など学習によらない行動の変容もあるが，行動が変化する場合のかなりの部分は学習に含まれる。われわれが日常的に行っている行動の多くは学習されたものである。それでは，どんな経験によってわれわれの行動は変化していくのか，その変化の本質は何であるのか，考えてみよう。

　これまで心理学では刺激と反応のつながりの形成を強調する行動主義的な学習理論と，行動のもとにある認知構造の変容を重視する認知論的な学習理論の2つが考えられてきた。そこで，行動の形成過程による分類についてまとめ，その後でそれぞれの学習理論について述べていきたい。

2節　行動の分類

　行動はその機能，形成過程，形態など，どの側面を基準にするかでさまざまな分類がなされるが，代表的な分類は，行動を形成過程で分けるやり方である。

1．本能行動

　①学習経験に依存せず，②内外の環境刺激によって自動的に誘発され，③身体全体が連動して動く個体の複雑で統合的な行動を本能行動という。本能行動は遺伝子にプログラムされた情報を基盤とし，種に共通に見られる行動であるが，その完成には学習・経験の影響も否定できないところがある。代表的なものをあげると，母性行動，巣作り，求愛行動などである。

　より単純な生得的行動としては，走性（taxis）がある。走性とは特定刺激に対する全身的定位反応のことをいい，対象となる刺激によって，走光性とか走温性などといわれる。ヒトでは走性は確認されていない。

ローレンツ（Lorenz, K. Z.）らの動物行動学の研究により，刺激と本能的行動の固定的な関係が明らかになってきた。あらかじめ組み込まれている生得的解発機構（innate releasing mechanism：IRM）は，動物の内的状態が整っている時に，解発刺激（releasing stimulus）が呈示されると必ず決められた反応をしてしまうというものである。

　また，生育初期に与えられた経験が後年の身体発育，生理的作用，知覚，学習，動機づけ，情緒などに不可逆性の影響を及ぼす時，その経験を初期経験，あるいは初期学習という。ローレンツの研究した離巣性のトリのインプリンティング（imprinting：刻印づけ）などの例がある。

2. 無条件反射

　①学習経験に依存せず，②内外の環境刺激によって自動的に誘発され，③身体各部に起こる，末梢的な行動を無条件反射（unconditioned reflex）という。無条件反射も，本能行動と同様，遺伝子にプログラムされた情報を基盤とし，種に共通に見られる行動である。以下の例などがそれにあたる。
(1) 膝蓋腱反射：膝蓋腱を打つことにより大腿四頭筋が収縮する反射。
(2) 眼瞼反射：眼球に軽い刺激を与えると，眼瞼（まぶた）が閉じる反射。
(3) 唾液反射：口腔内に物を入れると自動的に唾液が分泌される反射。
(4) 瞳孔反射：網膜への光刺激で生じる瞳孔の収縮反射。

　また，以下のように，新生児期に見られ，1歳までには消失する特殊な無条件反射（原始反射）もある。成人に出現した場合には病的な反射となる。
(1) バビンスキー反射：足底の外縁をこすると，第一足指（親指）が反り返り，他の指が扇のように拡がる反射。
(2) ダーウィン反射：別名，把握反射。手のひらに小指側（尺側）から触れると，指を曲げて握る反射。
(3) モロー反射：別名，抱きつき反射。身体を後方に倒したり，大きな音を聞かせたりなど，急激な刺激を与えると，上肢が伸展し，抱きつくような屈曲運動が生じる反射。

3. 条件反射

①獲得に学習・経験を必要とし，②内外の環境刺激によって自動的に誘発され，③身体各部に起こる，末梢的な行動を条件反射（conditioned reflex）という。個人がどんな条件反射を獲得するかは，それぞれの学習・経験に依存している。また，条件反射の形成には，無条件反射の存在が前提となる。条件反射を学習する方法は古典的条件づけ（classical conditioning）といわれ，約100年前にパヴロフ（Pavlov, I. P.）が原理化している。古典的条件づけの原理については，後で述べる。

条件反射は学習・経験に依存している行動であり，ヒトという種に共通な行動をあげることはできないが，梅干しをよく食べる日本人ならば，梅干しを見ただけで，あるいは梅干しのイメージをこころに浮かべただけで，唾液が分泌されることがあるだろう。これが，条件反射の例である。

4. 自発的行動

①原則的に学習・経験を必要とし，②身体各部に起こる，③随意的に，行動することもしないことも意思決定できる行動を自発的行動（オペラント行動）という。自発的行動は学習・経験に依存している行動であり，種に共通な行動をあげることはできないが，顔を洗う，字を書く，計算をする，人生について考える，といった日常行動の多くは自発的行動である。

自分の意思でコントロールできるという随意性が自発的行動のポイントではあるが，同じ経験を繰り返していると，自発的行動も一見自動的に行われるように見えることがある。朝出かける時に自動的に「行ってきます」と言う場合などがそれに当たる。しかしこれは言わないでいることもできるのであるから，条件反射とはいえない。これを自発的行動の習慣化という。自発的行動を学習する方法はオペラント条件づけといわれる。これについては，後で述べる。

3節　行動主義的学習理論

1. 古典的条件づけ

ロシアの生理学者パヴロフはイヌの唾液分泌の研究をしていて，偶然に奇妙

な事実を発見した。人の足音など，本来何の関連もなさそうな刺激でイヌが唾液を分泌することがあるというものである。ここからパヴロフは条件反射学説を作り上げた。イヌにエサを与えると唾液を分泌するが，これは先にも述べたように無条件反射である。このときのエサを無条件刺激（unconditioned stimulus：US）といい，それに対する唾液分泌を無条件反応（unconditioned response：UR）という。この無条件刺激と一緒に，メトロノームの音など本来唾液分泌とは何の関係もない中性の刺激を対呈示することを繰り返すことにより，メトロノームの音を聞いただけでもイヌは唾液を分泌するようになる（図5-1）。これが条件反射である。この時のメトロノームを条件刺激（conditioned stimulus：CS），唾液分泌を条件反応（conditioned response：CR）という。次に，条件反射が形成されたイヌに対して，メトロノームの音を呈示するだけで，エサを与えない事態を繰り返すと次第に唾液分泌は減少し，ついには全く分泌しなくなる。この過程を消去（extinction）という。

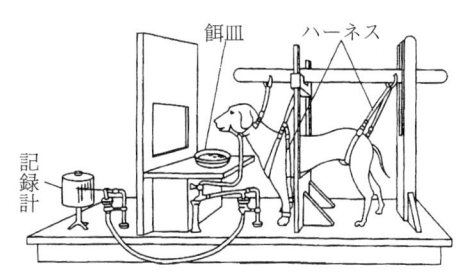

図 5-1　パヴロフの条件反射の実験装置（Yerkies & Morgulis, 1909：本明，2002より）

　パヴロフは，このような条件反射を，大脳における神経系の興奮過程と制止過程で説明しようとした。興奮過程がプラスの過程，制止過程がマイナスの過程と考えるとわかりやすい。CSがCRを誘発するようになったということは興奮過程が活性化されたといえる。しかし，消去の手続きで，CSを呈示してもCRが生じなくなったということは興奮過程が消失したことを意味しない。その証拠は，自発的回復（spontaneous recovery）という現象である。消去された後にしばらく時間をおいて再びCSを呈示すると，CRを生じるのである。つまり消去とは，CRの出現を抑えるマイナスの過程，つまり別の制止過程が形成されたと考えることができる。パヴロフはこの制止過程を内制止と呼んだ。CRが生じるかどうかはプラスの過程とマイナスの過程のバランスで決まるということである。

　このパヴロフの条件反射は，学習の原型の1つと考えられ，古典的条件づけ

と呼ばれるようになった。

　行動主義を創始したワトソン（Watson, J. B.）は，この原理を用いて恐怖条件づけの研究を行った。彼は幼児に白ネズミを呈示し，幼児が近づこうとした時に金属片を叩いて大きな音を出した。幼児は驚いて泣き出した。この白ネズミと金属片の音との対呈示を繰り返すことにより，白ネズミを見ただけで泣き出すという条件づけを行ったのである。

　古典的条件づけは，もともとつながりのある刺激と反応に対して，無関係の刺激を対呈示することにより条件づけが成立し，対呈示されなくなると条件づけが消去される。先ほどの実験の幼児は白ネズミだけでなく，白ウサギなどの類似したものにも同じように泣き出した。こうした類似した刺激に対しても条件反応が広がることを般化（generalization）という。また，白ネズミには金属片の音がともなうが，他の類似した刺激には音はともなわないということを繰り返していくと，幼児は白ネズミにだけ恐怖反応を示すようになる。これを分化（differentiation）という。

2. オペラント条件づけ

　条件づけのもう1つの原型として，ソーンダイク（Thorndike, E. L.）が試行錯誤学習（trial and error learning）と呼んだものがある。ソーンダイクは問題箱と名づけた箱の中にネコを入れた（図5-2）。箱の出口の扉は，中にある踏み板を踏むことによって開くように仕組まれている。ネコは箱に入れられると，脱出しようとして壁を引っかいたり，よじ登ったりといろいろな行動をするが，扉は開かない。たまたま踏み板を踏むと扉が開き，脱出できるというわけである。この試行を何度も繰り返していると，次第に脱出にかかる時間が短くなっていき，ついには箱に入れられるとすぐに踏み板を踏んで外に出てくるようになる。このような行動の変容は試行錯誤学習と呼ばれ，古典的条件づけと並ぶ条件づけの原型と考えられるようになった。ソーンダイクはこの条件づけの過程を，ある行動を自発したときに好ましい結果がもたらされるとその行動は強められるという「効果の法則（law of effect）」によって説明した。

　その後，スキナー（Skinner, B. F.）は，ソーンダイクの研究をさらに洗練させ，彼がオペラント条件づけ（operant conditioning）と呼んだ理論体系を

完成させた。オペラントとは，古典的条件づけのように刺激に誘発（elicit）されて反応するのではなく，自発（emit）された行動という意味で用いられている。

スキナーは，彼が考案したスキナーボックス（図5-3）というハトやネズミ用の実験装置を用いて，キイをつつくといったオペラント行動に対してエサが強化刺激（強化子）として出てくることを繰り返す実験を行い，オペラント行動の自発頻度が変化することをオペラント条件づけと呼んだ。なお，古典的条件づけのことをスキナーはレスポンデント条件づけ（respondent conditioning）と名づけ，この2つの条件づけを学習の原型と考えたのである。

3. 強化随伴性と強化・罰

自発されたオペラント行動にある出来事がともなうことにより，その行動の自発頻度が高まることを強化（reinforcement）という。結果的にオペラント行動は環境からの強化によってコントロールされると考えられる。強化刺激には，呈示されることにより，直前の行動の自発頻度を高める正の強化刺激と，除去されることにより，直前の行動の自発頻度を

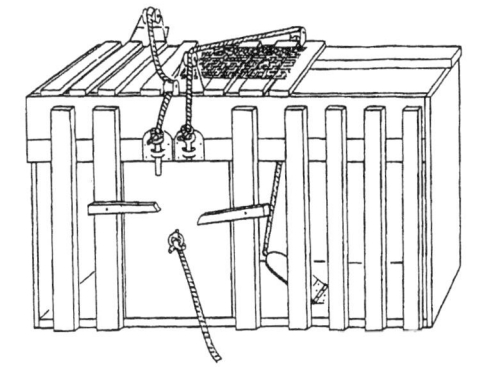

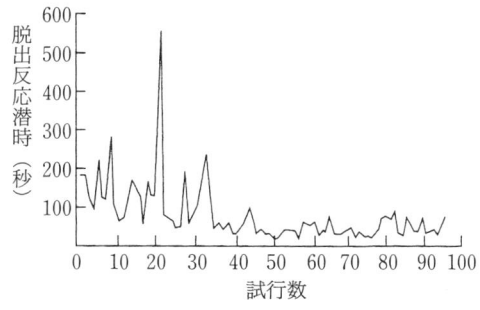

図5-2　ソーンダイクの問題箱（Thorndike, 1911：本明，2002より）

図5-3　スキナーボックス（佐藤，1976）

表 5-1　オペラント条件づけの強化と罰

	呈示	除去
正の強化刺激	正の強化	罰
負の強化刺激	罰	負の強化

高める負の強化刺激（嫌悪刺激）がある。また，あるオペラント行動に対して負の強化刺激を呈示する，もしくは正の強化刺激を除去することを罰（punishment）と呼ぶ。強化と罰の関係は表5-1のようである。

　スキナーの主張でもう１つ重要な点は弁別刺激（discriminative stimulus）の存在である。現実の場面では何らかの刺激が存在する状況でオペラント行動を自発することによって強化される。たとえば，スキナーボックスに入れられたハトがキイをつつくと強化されるならば，その状況全体が弁別刺激になっていると考えられるし，キイが背後から青い光を照射されて光っている時のみ，キイをつつくと強化されるならば，青く光っているキイが弁別刺激となるのである。ある条件のもとで自発されるオペラント行動が選択的に強化されて行動変容することを強化随伴性（contingency of reinforcement）という。

4. シェイピング

　自発される行動はオペラント条件づけが可能であるが，ほとんど自発されない行動は強化をともなわせること自体が難しい。しかし，その場合にも自発されている行動の強化から始めて，強化する基準を目標となっている行動に少しずつ近づけていくことにより，ほとんど自発しない行動であってもオペラント条件づけができるようになる。こうした操作をシェイピング（shaping）と呼ぶ。動物に芸を仕込むといった場合には，この原理が応用されている。

5. 強化スケジュールと消去抵抗

　オペラント条件づけにおける強化の仕方はいろいろあり，必ずしもオペラント行動が自発されるたびに強化刺激を与えなくても，その行動は消去されないで維持できる。オペラント行動の自発のたびに強化刺激を与えることを連続強化（continuous reinforcement）という。これに対して，強化刺激がともなったりともなわなかったりする操作を部分強化（partial reinforcement）または間歇強化（intermittent reinforcement）という。

基本的な部分強化のスケジュールとしては，次の4つのものがある。

(1) 固定時間間隔強化（fixed interval：FI）は，反応数にかかわらず，一定時間経過後の最初の反応に対して強化するスケジュールである。たとえば，固定時間間隔強化2分とは，一度強化した後，2分経過した後のはじめての反応に対して強化するものである。月給を考えてみるとよい。

(2) 変動時間間隔強化（variable interval：VI）は，反応数にかかわらず，不定の時間経過後の最初の反応に対して強化するスケジュールである。変動時間間隔強化2分というのは，強化と強化の間の時間間隔はランダムに変動するが，平均すると2分経過した後，はじめての反応を強化するものである。お話し中のことが多い相手に電話するという行動を想像してみるとよい。

(3) 固定比率強化（fixed ratio：FR）は，一定の反応数に対して，規則的に強化するスケジュールである。固定比率強化10ということは，10回の反応ごとに一度強化するという形である。出来高払いの仕事をしていると思えばよい。

(4) 変動比率強化（variable ratio：VR）は，反応数に対して，不規則的に強化するスケジュールである。変動比率強化10ということは，平均して10回に一度強化するという形である。ギャンブルを想像してみればわかりやすい。

各スケジュールにおける反応のパターンは図5-4のようになる。スケジュールに特有の反応パターンが現れることに注目してほしい。部分強化は連続強化に対して消去抵抗（一度学習された行動がなかなか消去されにくいこと）が強いことが知られているが，そのなかでもVRが最も消去抵抗が強い。ギャンブルがなかなかやめられないことも当然かもしれない。

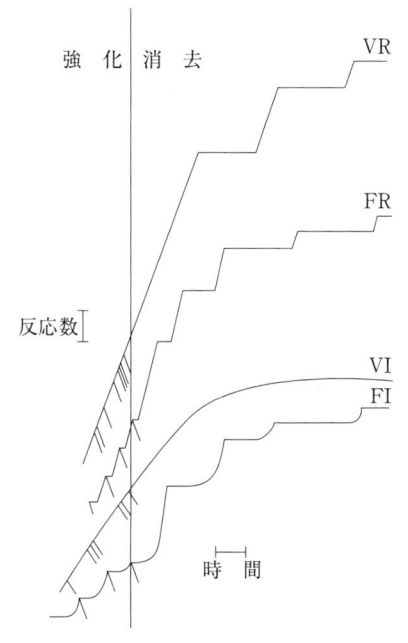

図 5-4 各スケジュールの反応パターン（レイノルズ，浅野訳，1978）

少し変わったスケジュールに，FT (fixed time) といわれるものがある。このスケジュールでは，反応とは無関係に，一定時間おきに強化する。するとたまたまその時にしていた行動の自発頻度が高くなることがある。ぐるぐる回る，頭を動かすといった偶発的な行動に対して強化刺激が与えられる確率が高くなるのである。ジンクスや雨乞いなど，本来随伴性をもたない迷信行動が維持される原因とも考えられている。

6. 行動療法とプログラム学習

オペラント条件づけは，動物の調教など，いろいろな場面に応用されている。人に対する応用としては，心理療法の1つで，問題行動を不適切な学習ととらえ，別の行動を再学習させる行動療法（behavior therapy）や，プログラム学習（programed learning）という学習の指導方法があげられる（第10章「臨床・教育」参照）。

4節　認知論的学習理論

1. 洞察学習

ゲシュタルト心理学者のケーラー（Köhler, W.）はチンパンジーがいろいろな問題解決の場面でどのような行動をするかを観察した。オリの天井からバナナがつるされているが，ジャンプしても何をしてもとることができない。オリの中にはさりげなくいくつかの箱がおいてある。チンパンジーはある時ふっと立ち止まってしばらくじっとした後，急にひらめいたかのように箱をバナナの下に持ってきて積み重ね，それに登ってバナナを手にいれたのである。これはチンパンジーに，この状況に対する認知構造の再構造化が生じたものとケーラーは考え，洞察学習（insight learning）と名づけた。

2. 潜在学習

トールマン（Tolman, E. C.）はネズミを用いた迷路学習の課題で，はじめからゴールにエサがある報酬群（R群），エサのない無報酬群（NR群），途中からゴールにエサがある無報酬－報酬群（NR-R群）を比較して，報酬群よ

りも無報酬－報酬群の方が急速に迷路の学習が進むという結果を示した（図5-5）。トールマンは迷路の学習と遂行とを区別して，報酬がなくても，遂行には現れていないが，迷路の学習自体は進んでいると考え，それを潜在学習（latent learning）と名づけた。

3. 観察学習

一般に，個体は，直接体験して学習していくのが学習の基本的形態である。人間以外は，ほとんどこの形で学習している。しかし，人間にはもっと別の形の学習がある。学習者自身が直接行動し学習しなくても，

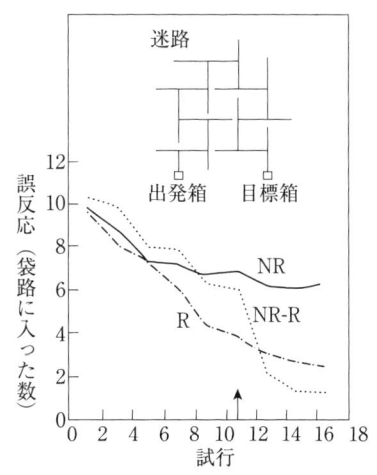

図 5-5 潜在学習の実験（Tolman & Honzic, 1930：佐藤，1983より）

他者の行動を観察することによって，学習が成立することがある。こうした学習をバンデュラ（Bandura, A.）は観察学習（observational learning）とかモデリング（modeling）と呼んでいる。

また，学習者が直接強化や罰を受けなくても，観察しているモデルが受ける強化（代理強化）や罰（代理罰）によって，学習者の行動が変容することが確かめられている。たとえば，バンデュラは，モデルが人形に対して乱暴な行為をするところを子どもたちに観察させ，その後モデルの行動を模倣するかどうかを調べた。特に代理強化，代理罰の効果について検討した結果，モデルが強化も罰も受けなかった場合と，モデルが強化を受けた場合（代理強化）には，子どもたちはモデルを模倣した。しかし，モデルが罰を受けた場合には，子どもたちの模倣行動は抑制されたのである。

こうした学習が可能になるためにはモデルの行動や代理強化などを観察して取り入れるプロセス，つまり認知プロセスが必要である。バンデュラはそのプロセスを次の4つの過程で考えている。

(1) 注意過程：モデルの行動に対して注意を向けて観察すること。
(2) 保持過程：観察したことを記憶に記銘し，保持すること。

(3) 運動再生過程：記憶しているモデルの行動を再生し，実行すること。
(4) 動機づけ過程：モデルの行動の有効性を判断し，先の3つの過程を動機づけること。

このように，観察学習は伝統的な行動主義とは異なり，認知的要因も融合させた学習理論である。バンデュラの考えは，さらに認知的要因を重視する方向へ変化していき，社会的学習理論から社会的認知理論へと発展していった。

こうした理論の中核となっている概念が「自己効力感（self-efficacy）」である。自己効力感とは自分の行動が状況に何らかの効果を及ぼすことができるかどうかについての認知である。バンデュラは予測を結果予測と効力予測に分けてとらえている。結果予測とは，ある行動をすることによってこのような結果が得られるだろうという予測である。一方，効力予測，すなわち自己効力感とは，自分がどの程度の行動ができるかという予測であり，できる自信であるといえる。バンデュラは，行動の変容にとって，結果予測や過去の経験よりも効力予測の方がより重要であると指摘している。

5節　効果的な学習の方法

1. 学習の転移 (transfer of learning)

以前に学習したものが，別の文脈での学習に影響を与えることを「学習の転移」という。ただ，こうした経験が必ずしも促進的に働くとは限らない。先の経験が促進的に働く場合を正の転移（positive transfer），逆に妨害的に働く場合を負の転移（negative transfer）と呼ぶ。

教育的な視点からは，正の転移をいかに大きくできるかということに関心が向けられ，いろいろな理論が主張されてきた。

正の転移が生じる条件としては次のようなものが考えられる。
(1) 前の学習と後の学習の間の「同一要素」に気づくこと。2つの学習の内容，方法などの共通した同一要素の量によって転移が規定される。
(2) 前の学習と後の学習の間にある構造の共通性に気づくこと。2つの学習間の要素というよりも課題の構造の共通性を発見することが重要。
(3) 前の学習において「一般化」すること。先行学習の中でルールや原理を

コラム5

学習性無力感

　セリグマン（Seligman, M. E. P.）らのイヌを使った実験では、ハンモックにつるされて、ときどき与えられる電気ショックに対してどうすることもできないという体験を繰り返したイヌが、次の日、中央が棚で仕切られた実験用のオリに入れられた。片側の床には電気ショックが流せるようになっていた。電気ショックが与えられた時、イヌは棚を飛び越えて隣の部屋に移動することによって電気ショックから逃れられる条件の下であるにもかかわらず、じっとうずくまって電気ショックを受け続けたのである。セリグマンらはイヌが「電気ショックに対してどうすることもできない」と認知して、無力感を学習したと考え、「学習性無力感（learned helplessness）」と名づけた。しかしこれには、電気ショックによる反応抑制が生じているだけではないかという反論がなされた。

　そこで、今度は3群法（triadic design）による実験を行った。2匹のイヌを電気ショックを与える配線でつなげ、同じように電気ショックが与えられるようにした。ただし、一方のイヌにだけある行動（たとえばボタン押し）をすれば、電気ショックを止めることができるようにした。つまり、2匹のイヌは同じように電気ショックを受けるが、その電気ショックに対して対処できるのは1匹だけであった。3匹目のイヌは全く電気ショックを受けなかった。

　次の日、棚を飛び越えれば電気ショックから逃れられる場面で、前日全く電気ショックを受けなかったイヌや電気ショックに対して対処できたイヌは棚を飛び越すことを学習できたが、前日に電気ショックに対処することができなかったイヌは、ここでもじっとうずくまってしまい、棚を飛び越えることはなかった。つまり、電気ショックそのものではなく、それに対して対処することができるかできないかが、決定要因であった。

　自分ではどうすることもできないという対処不可能性を認知した場合には、無力感を学習してしまい、客観的には対処可能な場面においても無理だとあきらめてしまうことが起きるのである。

理解することが重要。
(4) 前の学習において「学習の構え（learning set）」を学習すること。いかに学ぶかという「学習の仕方」を学ぶことという意味で「学習の構え」を重視する。

これ以外にも，前の学習の練習量や2つの学習間の時間間隔などの要因も影響すると考えられる。

2. 学習曲線（練習曲線：practice curve）

技能の習得には練習が不可欠であるが，このプロセスは一般に3つの段階に分けることができる。
(1) 初期：練習しはじめたばかりで，はじめは間違いや失敗も多く，うまくいかないが徐々に上達しはじめ，あるレベルまで到達する。
(2) 中期：あるレベルまで到達し，まわりからもうまくなったと評価されるが，そこからなかなか上達せず，停滞する段階であり，プラトー（plateau：高原）状態と呼ばれる時期である。
(3) 後期：プラトーを抜け出し，さらに上達していく段階で，「こつ」をつかんだといった感覚があてはまるような質的な変化の見られる時期である。

3. 全習法（whole method）と分習法（part method）

一連の学習課題を習得する時に，課題のはじめから終わりまでを通して学習し，それを反復することを全習法といい，いくつかの部分に分けてそれぞれの部分ごとに反復練習していくことを分習法という。どちらの方法にも一長一短があり，学習者の力や課題の種類によっても異なってくる。

4. 集中法（massed method）と分散法（distributed method）

集中法とは休憩なしに連続して練習する方法であり，分散法は途中で休憩を入れながら練習する方法である。時間があまりない場合には集中法を用いるしかないが，一般的には分散法の方がより効果的であるといわれている。

第5章 学　習

―次のステップへ！―
☞ 行動主義と認知論の相違点はどこか，現在ではその関係がどうなっているか考察してほしい。
☞ 自らの体験の中から，古典的条件づけ，オペラント条件づけ，観察学習と思われる具体例をあげてみよう。

■文　献

Bandura, A.　1977　Self-efficacy: Toward a unifying theory of behavioral change. *Psychological Review,* **84**, 191-215.
今田　寛　1996　学習の心理学　培風館
本明　寛（監修）　2002　最新・心理学序説　金子書房
小川　隆（監修）　1989　行動心理ハンドブック　培風館
レイノルズ, G. S.　浅野俊夫（訳）　1978　オペラント心理学入門　サイエンス社（Reynolds, G. S.　1975　*A Primer of Operant Conditioning.* Scott, Foresman & Company.）
佐藤方哉　1976　行動理論への招待　大修館書店
佐藤方哉（編）　1983　現代基礎心理学6：学習II　東京大学出版会
セリグマン, M. E. P.　平井　久・木村　駿（監訳）　1985　うつ病の行動学――学習性絶望感とは何か　誠信書房（Seligman, M.E.P.　1975　*Helplessness : On Depression, Development, and Death.* W. H. Freeman & Company.）
Thorndike, E. L.　1911　*Animal Intelligence : Experimental Studies.* Macmillan.
Tolman, E. C. & Honzic, C. H.　1930　Introduction and removal of reward and maze performance in rats. *University of California Publications in Psychology,* **4**, 257-275.
Yerkies, R. M. & Morgulis, S.　1909　The method of Pavlov in animal psychology. *Psychological Bulletin,* **6**, 257-273.

第6章
記　憶

　超人的記憶力は，われわれにとって果たせぬ夢の1つかもしれません。
　和歌山県高野山に金剛峯寺を建立し密教を真言宗として日本に広めた弘法大師・空海は，遣唐使に随行して唐に渡る前に，四国室戸岬の洞窟で，秘法「虚空蔵求聞持法」の修行を行ったといわれています。無量の智恵と功徳を有する虚空蔵菩薩の真言を1日1万回，100日間で100万回唱え続けることで，無限の記憶力と無限の智恵を身につけることがその目的であったと言い伝えられています。
　それから千百数十年後，今から3年ほど前に，ある知人が志をもち，と同時に多少の山っ気を出して，3年の歳月と，3個のカウンターを使いこわして，虚空蔵求聞持法を修しました。修行の後，彼はどう変化したのでしょう？……私には，彼に大いにこころの浄化は見られるものの，超人的記憶力も無限の智恵も身にはつかなかったように思われます。
　一説には，われわれが一生のうちに蓄える情報の量は電話帳10冊分にも達するといわれています。われわれは内外からのさまざまな刺激にさらされ，過去の経験によって蓄えられた記憶をもとに，環境に対し適切な対応をして生活しています。情報はどのようなメカニズムによって覚えられ，蓄えられ，また，思い出されるのでしょうか。本章では，記憶のメカニズムと仕組みについて探ってみたいと思います。

（扉のことば・渡辺）

―――――― *1*節　記憶のメカニズム ――――――

1. 記憶の過程

身体の内外の環境情報を覚え，貯蔵し，必要に応じて思い出すこころの働きを記憶（memory）という。

①覚える働きは，符号化（encoding），記銘（memorization），②貯蔵する働きは，貯蔵（storage），把持または保持（retention），③思い出す働きは，検索（retrieval），想起（remembering），再生（recall）・再認（recognition）といわれている。記憶した対象を思い出し，何らかの形で再現することを再生といい，対象や事象を以前に経験したそれと同一のものと認識することを再認という。

記憶の働きは，他のこころの機能や行動と密接な関連性をもっている。記憶の過程を，アトキンソンとシフリン（Atkinson, R. C. & Shiffrin, R. M.）のモデルにならって図6-1に示す。以下，これに沿った形で，記憶のメカニズムを説明していきたい。

2. 感覚記憶

身体の内外の情報（物理刺激）は，まず，感覚記憶（sensory memory）とか感覚貯蔵庫といわれる装置に取り入れられる。感覚記憶は知覚の働きにおける感覚器官（感覚受容器）と同一のものである。感覚記憶には時々刻々膨大な量の情報が入力されるが，それらの情報は一瞬だけそこにとどまり，注意（attention）を向けられた一部の情報のみが選択的に大脳に伝達され，残りの情報は消失する。これを忘却（forgetting）という。貯蔵される時間は視覚情報で1秒の数分の1以内，聴覚情報で数秒以内といわれている。

3. 短期記憶と長期記憶

大脳に送られた情報は短期記憶（short term memory：STM）とか短期貯蔵庫と呼ばれる記憶装置に取り入れられる。短期記憶は容量の小さな，また何もしなければ20秒ほどで情報が失われてしまう保持時間の短い記憶装置である。

第6章 記　憶

```
                    行動
                     ↑
        ┌─大脳────────┼──────────────────────────┐
        │            │    ┌リ┐                  │
        │         ┌──┴──┐ │ハ│  ┌─────┐         │
        │         │短期記憶│ │ー│  │長期記憶│         │
        │         │     │ │サ│  │     │         │
        │  ┌──┐ │容量小(7±2)│ │ル│  │容量大(無限)│ ┌把┐┌変┐
情報→│感覚│→│把持短期(20秒)│──記銘→│把持長期(一生)│←│持││容│
        │  │記憶│ │音韻的  │     │意味的   │ │  ││  │
        │  └──┘ │意識的  │←──想起──│前意識的  │ └─┘└─┘
        │    │    └─────┘          └─────┘         │
        │  注意                                    │
        │  記銘                                    │
        └────┼────────┼──────────────┼────────────┘
           ↓       ↓             ↓
         忘却     忘却           忘却
```

図 6-1　記憶のメカニズム

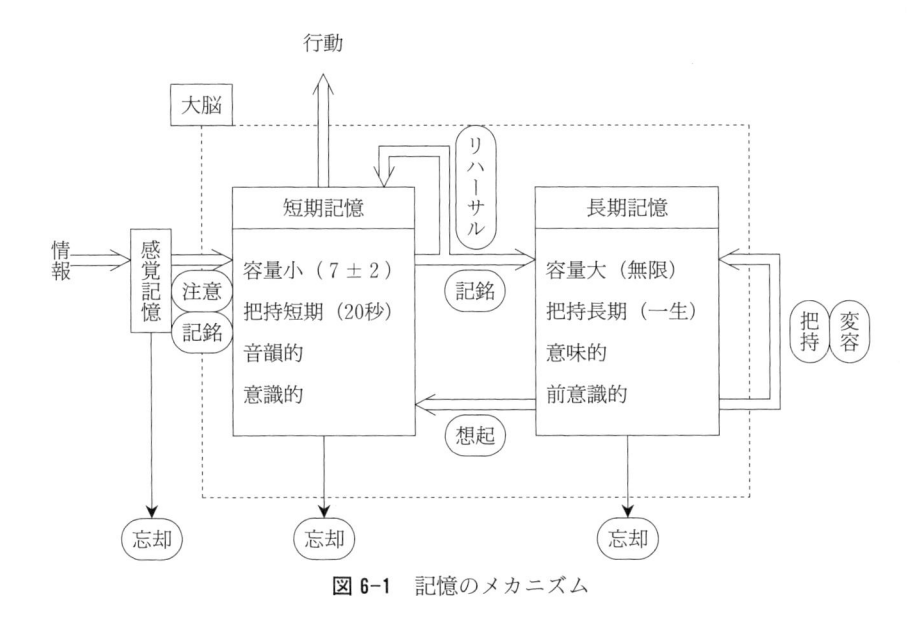

　短期記憶の小さな容量には興味ある性質が隠されている。
　大人は，7個程度の数字をいっぺんに覚えることができるが，11個の数字をいっぺんに覚えることは難しい。仮名やアルファベットなどの文字を単位にしても同じようなことが起こる。2～3文字でできている単語（イヌ，たわしなど）を単位にしても，さらに，5～7文字でできている文（こんにちは，おげんきですか，など）を単位にしても，同じようなことが起こる（ミラー〔Miller, G. A.〕）。要するに，短期記憶という装置は，数字，文字，単語，文と，いろいろなものを単位（チャンクと呼ばれる）として，7±2個の情報を貯蔵できる容量のシフト・レジスタと考えられている。こうした興味ある性質から，7±2という数字をミラーらは「不思議な数字（magical number）」と呼んでいる。さらにこのデータから，単語や文など，意味のある記憶材料は覚えやすく，数字や文字といった無意味な記憶材料は覚えにくいということも理解できよう。
　短期記憶の容量を越える情報が呈示された時，覚えてすぐに思い出すと，一連の情報の中ではじめの方と終わりの方に呈示された情報が保持されやすく，

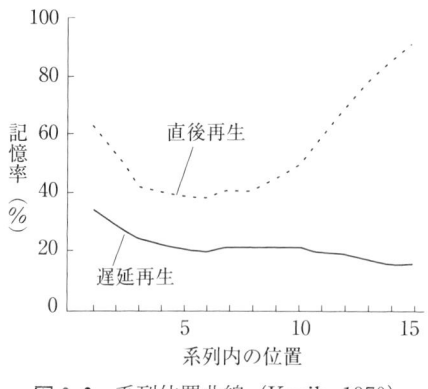

図6-2 系列位置曲線（Kraik, 1970）

中間に呈示された情報は保持されにくいことがわかる。これを直後再生の系列位置効果（serial position effect）という。この時，はじめの方の情報が保持されやすいことを初頭効果（primacy effect），終わりの方の情報が保持されやすいことを新近効果（recency effect）という。ところが，覚えてしばらくたってから思い出すと，初頭効果だけが現れて，新近効果が消えてしまう。遅延再生の系列位置効果という。図6-2に示すように，前者はU字カーブの系列位置曲線，後者はL字カーブの系列位置曲線によって表される。

再び，図6-1に話をもどそう。短期記憶から，主記憶装置ともいえる長期記憶（long term memory：LTM）とか長期貯蔵庫と呼ばれる記憶装置に情報を送るためには，リハーサル（rehearsal）という一種の努力が必要である。リハーサルは普通「繰り返し覚える」「いろいろな情報や手がかりを付与しながら覚える」というような形で意識される。ヘリアー（Hellyer, S.）は，リハーサルがうまくいくと記憶の再生率は上昇し，また，情報が長期記憶に送られやすくなることを実証している。リハーサルに失敗し短期記憶からあふれ出た情報は忘却される。

前述の初頭効果に関しては，はじめの方に呈示された情報はリハーサルを多く受けて長期記憶に送られて定着するために，保持率が高くなると考えられている。一方，新近効果は，短期記憶に保持されている情報が直接引き出される効果であるため，時間がたつと保持率が低下すると考えられている。

心理学では，長期記憶の研究は約100年前から行われてきた。エビングハウス（Ebbinghaus, H.）は，「子音字＋母音字＋子音字」というアルファベット3文字からなる，意味のない綴り字（「無意味綴り（nonsense syllable）」という。たとえば，「QUZ」）を記憶材料として考案し，長期記憶の把持・忘却のプロセスを研究した。図6-3にエビングハウスの把持曲線を示す。これは，横

軸に経過時間，縦軸に記憶率をとって，数十の無意味綴りを完全に学習したあとの記憶率の変化を図示したものである。これを見ると，長期記憶は記銘後短時間のうちに急速に忘却され，2日もたつと30％程度しか把持されなくなってしまうが，2日後に把持されている記憶は1カ月たっても把持され続ける可能性が高いことを示している。長期記憶は，われわれ自身の体験からわかるとおり，条件さえよければ，一生保持することも可能である。

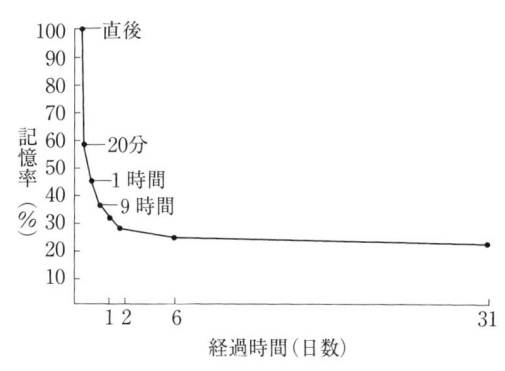

図6-3 エビングハウスの把持曲線（Ebbinghaus, 1885）

　これとは逆に，記銘直後よりも一定時間経過してからの方が把持率が高くなる現象もよく現れる。バラード（Ballard, P. G.）は，子どもに15分ほど物語を聞かせて記銘させたあと，1週間の把持率の変化について調べた。その結果，記銘直後よりも1日経過後の方が把持率が高いことがわかった。こうした現象をレミニセンス（reminiscense）という。

　従来，短期記憶は音韻的なコードの一時的な貯蔵情報，長期記憶は意味的なコードで貯蔵される主記憶と考えられてきたが，バッドリー（Baddeley, A.）は，短期記憶を一時的な情報の貯蔵だけでなく，発話，文章理解，推論，計算といった高次の認知プロセスに積極的な役割を果たしている広範な機能としてとらえ直し，作動記憶（working memory）という新しいモデルを提唱している。また，タルビング（Tulving, E.）は，長期記憶を，意味記憶（semantic memory），エピソード記憶（episodic memory），手続き記憶（procedural memory）などに分類している。意味記憶とは，言葉の意味，文法，概念，知識といったものである。エピソード記憶は，個人の体験した出来事の記憶のことである。手続き記憶は，計算の仕方，機械の動かし方，ボールの投げ方といった，認知的活動をするために必要な知識に関する記憶である。これらの記憶は脳のそれぞれの違った部位に異なるメカニズムで保持されるとの考え方もあ

コラム6

人の顔の記憶

「人の顔は一度見たら決して忘れない」と豪語する人がいる。イギリスのバッドリーと彼の共同研究者たちは，顔の記憶に関して検討するために一連の実験を行った。彼の著書『記憶力——そのしくみとはたらき』をもとにその成果を述べてみたい。

ウッドヘッドとバッドリー（Woodhead, M. M. & Baddeley, A.）は，イギリス，ケンブリッジの主婦およそ100人を対象に，見ず知らずの人の顔をスライドで見せた。次に，複数の似た人の顔のスライドを付け加え，その中から最初に呈示された人の顔を見つけるよう求めた。同時に，人の顔を覚えるのが得意かどうかを自己評価するよう求めた。彼女たちの人の顔の記憶には大きな差異があった。また，自己評価にも相当のばらつきがあった。ところが，彼女たちの成績と自己評価との間には全く相関がなかった。成績が良くても得意ではないと感じている人もいたし，自信をもっているわりには成績の芳しくない人もいた。成績は，おおむね，当たらずといえども遠からずといったところであった。

次に二人は，人の顔の記憶力に何らかの一貫した傾向があるかどうかを検討した。先の実験で特に優れていた人と劣っていた人を選び出し，もう一度テストした。先のテストで好成績をあげた人は，再テストでもかなり良い成績を示した。

さらに，タイプで打った単語と絵画の複製に対する記憶も比較した。人の顔の記憶の良い人は記憶全般が優れているのかどうかを検討しようとしたわけである。結果は，人の顔の成績が良かった人は絵画の成績も良かったが，単語の記憶との相関は高いものではなかった。視覚記憶と言語記憶にはそのメカニズムに差異がありそうである。

いくつかの記憶実験から次のような傾向も明らかにされている。自分と人種・民族の異なる人の顔は識別しにくい。変装による容貌や服装の変貌は人の顔の認識を著しく困難にする。犯罪や事件，事故にあうといった極度のストレス状況は記憶を強く妨害する。

る。
　さらに，短期記憶を仮定せず長期記憶の情報のうち一時的に活性化されたものを短期記憶と呼ぶモデルや，おそらくは海馬に数分から長くて数日間記憶を把持する中期記憶という貯蔵庫を介在させるモデルも提唱されている。

2節　記憶の働き

1．忘却の原因

　長期記憶の中の記憶情報は，互いに結びつき，ヒエラルキー構造，ネットワーク構造を構成しながら，力動的に貯蔵されていると考えられている。
　知覚の働きによって体内に取り込まれた情報のうちごくわずかなものが長期記憶として定着する。大部分の情報は記憶のプロセスのいずれかの段階で失われていく。図6-3にあるとおり，普通，忘却は時間経過とともに進行していく。ところが，記憶の機能が慢性的に低下していく老人などでは，むしろずっと昔のことはよく覚えているのに最近のことが思い出せないという現象が現れる。また，急性に記憶の機能が低下した場合は，近い過去ほど健忘が激しく現れ，記憶の回復も近い過去ほど難しいことが知られている。
　忘却の原因には次のようなものがあげられる。
(1)　記憶痕跡の崩壊：個々の記憶痕跡そのものが減衰，崩壊する。
(2)　ネットワークの崩壊：複数の記憶痕跡を結ぶネットワークが切断される。たとえば，「郵便」という情報から「ポスト」までたどれなくなる。
(3)　抑圧：不快な経験を無意識に追いやり思い出せないようにする防衛機制。
(4)　記憶の干渉効果：複数の記憶が互いに干渉，妨害し合う。新しい記銘が古い記銘情報に妨害的に働くことを逆向抑制（retroactive interference），逆に，古い記銘情報が新しい記銘に妨害的に働くことを順向抑制（proactive interference）という。

　ジェンキンスとダーレンバック（Jenkins, J. G. & Dallenbach, K. M.）は，無意味綴りの記銘学習を行い，再生まで眠っていた場合と覚醒したままで時間を過ごした場合を比較し，記憶の減衰率が睡眠条件では覚醒条件の半分程度になることを明らかにしている（図6-4）。これを記憶の睡眠効果という。

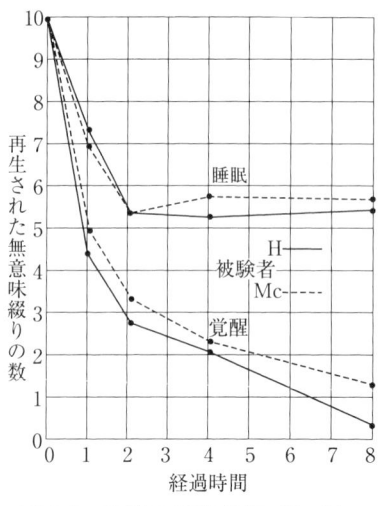

図 6-4 記憶の睡眠効果（Jenkins & Dallenbach, 1924）

2. 想起・検索

　思い出すという働きはどういうものなのであろうか。長期記憶の情報は普段は意識されないが，意識しようと思えば意識できる，いわば前意識レベルのものであると考えられている。質問などの形で思い出すための手がかりを与えられると，われわれは長期記憶のネットワークの中を探し回り（検索し），見つかった情報を短期記憶に送る。短期記憶はその情報を意識化し利用しやすくする。このように，長期記憶の情報を一時的に短期記憶に送り込み，意識化することが思い出すということのようである。

3. 記憶の変容

　長期記憶は長期間貯蔵されていると変容を起こすことがある。記憶の変容の仕方には，次のようなものがある。
　(1)　単純化：目立つ特徴が消えていく。
　(2)　強調化：目立つ特徴がより目立つ方向に変化する。
　(3)　合理化・同化：自分の習慣や価値観，知識に合ったものに変化する。

　バートレット（Bartlett, F. C.）は絵を用いた伝達ゲーム実験を行い，図6-5のような結果を得た。前の被験者の描いた絵を見て，記憶を頼りに再生するという作業を18人続けたところ，フクロウの原図がネコになってしまったという。この絵の変化の中には3つの変容の仕方がすべて含まれている。

第6章 記　憶

図 6-5　記憶の変容（バートレットの実験）（Bartlett, 1932）

──次のステップへ！──

☞記憶のメカニズムとコンピュータ（パソコン）との類似点，相違点について考えてみよう。

☞記憶と他のこころの機能（たとえば，思考）との関連性について考えてみよう。

☞「知っていることはわかっているが思い出せない」ということはよくある。これは検索システムが正常に機能していないせいであろうか。本来，検索システム（検索エンジン）は，学習機能によって，使えば使うほど機能性が高まるはずである。上記のようなことが起こるシミュレーション・プログラムを作ることは可能であろうか？

■文　献

バッドリー, A.　川端政道（訳）　1988　記憶力——そのしくみとはたらき　誠信書房（Baddeley, A. 1982 *Your Memory : A User's Guide*. Multimedia Publications, Ltd.）

Bartlett, F. C.　1932　*Remembering : A Study in Experimental and Social Psychology*. Cambridge University Press.

Ebbinghaus, H.　1885　*Über das Gedächtnis : Untersuchungen zur Experimentellen Psychologie*. Dunker und Humbolt.

Jenkins, J. G. & Dallenbach, K. M.　1924　Obliviscence during sleep and waking. *American Journal of Psychology,* **35**, 605-612.

Kraik, F. I. M.　1970　The fate of promary memory items in free recall. *Journal of Verbal Learning and Verbal Behavior,* **9**, 143-148.

Miller, G. A.　1956　The magical number seven, plus or minus two : Some limits on our capacity for processing information. *Psychological Review,* **63** (2), 81-96.

柴山茂夫・甲村和三・林　文俊（編）　1998　工学系のための心理学　培風館

高野陽太郎（編）　1995　認知心理学2：記憶　東京大学出版会

第7章
思考と知能

　1988年アメリカのカーネギー・メロン大学で「並列処理により複雑な問題を解く方法を探ること」という目的のディープ・ソートと呼ばれるコンピュータが製作されました。そして，チェスのトーナメントでグランド・マスターと呼ばれる現役チャンピオンをやぶったのです。しかし，同年10月に当代最高のプレーヤーといわれたゲイリー・カスパロフに打ち負かされてしまいました。ハード，ソフトをさらに発展させた2代目のディープ・ブルーと呼ばれるコンピュータとカスパロフは，1996年2月にも対戦しましたが3勝1敗2引き分けでカスパロフの勝ちでした。

　1997年5月両者は再び対決しました。チェスの定石をはずす戦略を打ち出したカスパロフと，処理能力に加えてソフトウェアを磨き上げたディープ・ブルーとの戦いは，1勝1敗3引き分けと互角に進み，公式戦最終の第6戦を迎えました。結果は，両者合わせて37手で勝負がつきました。ディープ・ブルーの勝利でした。

　この時，マシンはヒトを凌駕したといえるのでしょうか？　物理学者のニールス・ボーアはかつて非常に優秀な学生に次のように諭したといわれます。
　「君は考えているのではない。単に論理的なだけだ」。
　問題解決や推論など，ヒトを人らしく特徴づけるものの1つに，高次神経活動の最高位に位置するであろう思考と知能があります。本章では，その思考と知能について述べてみましょう。

（扉のことば・渡辺）

1 節　思　考

1. 思考の定義

　行動に表すことを抑制し，内面的に情報の収集と処理を行う過程を思考（thinking）という。ワトソン（Watson, J. B.）は行動主義の立場から，思考を音声の抑制された自問自答の行動ととらえようとした。一方，ゲシュタルト心理学の立場をとるウェルトハイマー（Wertheimer, M.）やケーラー（Köhler, W.）は，問題解決事態における，問題構造の場の再構造化，中心転換，洞察などが主たる説明概念であると主張した。また，ピアジェ（Piaget, J.）は，発達の立場から思考の論理モデルを作り，シェマの同化・調節，均衡化といった概念を用いて乳幼児から成人までの発達理論を構築した。

　思考には，何らかの状況に直面し，問題を解決するための行動として，推論，概念形成，問題解決，意思決定，洞察，試行錯誤，直観，想像，空想などさまざまな心理過程が含まれるといえる。

2. 推論（inference）

　既知の前提から論理的に結論を導き出す過程や結論を推論という。論理学では推論自体の存在妥当性が，心理学においては現実に即した人間行動としての推論が研究対象となり，以下の3つの過程が重要視されてきた。

a．演繹推理（deduction reasoning）

　論理学における演繹的推理（deductive inference）の略称であり，自然科学では一般的な法則から当面の特殊な事象に関する結論を導き出す過程といえる。形式論理学的には，正しい前提に基づき演繹推理の手続きで結論が得られたならば必ず正しい結論に達する（例：三段論法）。実際の人間行動の推論では前提の肯定・否定条件に惑わされることも多く，形式論理学を使用していないともいわれる。たとえば，問題が抽象的な記号によって呈示されるよりも，日常経験に妥当性のある意味をもったものとして呈示される方が正答されやすいという，主題化効果が報告されている。人の演繹推理モデルとして，ジョンソン–レアード（Johnson-Laird, P. N.）のメンタル・モデルが有力である。

b．帰納推理 (induction reasoning)

論理学では演繹と対比的に用いられることが多く，より特殊的な事例から一般的な法則を導き出す方法といえる。ベーコン（Bacon, F.）やミル（Mill, J. S.）らによって，近代科学の形成期に法則発見の手段として重要視された。演繹推理と異なり，一般的法則を導くときに新たな意味情報を加えなければならず，蓋然性の高い結論を得られても一義的に決定することはできない。この点において，現代論理学においては多くの議論を呼んでいる。心理学的には，人の知識・言語獲得過程として重要視され，ブルーナー（Bruner, J. S.）やウェイソン（Wason, P. C.）らによって概念形成・達成についての研究がなされてきている。

c．類推 (analogy)

2つ以上の事象で何らかの類似性（共通する属性など）がある時，一方にあるとわかっている性質が，他方にもあるだろうとする考え方。類推では，結論にいたる論理的妥当性が保証されないため，真偽のほどは他の手段で確かめられなければならない。論理学的には欠陥があるが，心理学では新しい知識の発見や獲得にかかわる過程として重要視されている。ドライシュタット（Dreistadt, R.）は科学的発見の場における類推の役割についていくつかの例をあげている。

3．問題解決 (problem solving)
a．問題解決の定義

問題解決とは，思考と同様の意味で使用されることも多いが，ここでは，ある問題に直面して解決法がすぐにわからず，既知の行動レパートリーでは対処できない時，解決に向かって方向づけられた生産的・創造的思考を呼ぶこととする。

以下のような特徴があげられよう。

(1) 方向性：問題解決における思考は，解決に向かってある動機により方向づけられている。したがって，気まぐれな想い（idol thinking）の集まりではない。

(2) 手順：解決にいたるいくつかの場面があるとき，問題を規定する正当な

手順が存在する。手順を次々とたどって解決にいたった時，解決連鎖（solution chain）が成立したという。たとえば，ルールや実在する手段などが手順といえる。

(3) 生産的：過去の経験や知識は大きな役割を果たすが，それらの再生のみで問題が解決されるとは限らない。新たな経験や知識を生産する必要性もあり，これを生産的と表現する。時として創造的な思考も必要とされるが，問題の内容依存性が高いともいえる。明確な解決状態を示せない芸術的創作など，レイトマン（Reitman, W.）の指摘する「よく定義されていない問題（ill defined problem）」も存在する。

b．試行錯誤（trial and error）と洞察（insight）

連合主義心理学者のソーンダイク（Thorndike, E. L.）が，ネコ，イヌ，ニワトリを用いて問題箱（problem box）から脱出する実験を行い，被験体の箱の中でのランダムな反応中，脱出を可能にする効果をもたらした行動が次の事態では生起しやすくなるという結果から提唱したのが，効果の法則もしくは試行錯誤と呼ぶ問題解決と，それにともなう学習である。

一方，ゲシュタルト心理学者のケーラーは，チンパンジーで観察した事実から洞察（見通し）と呼ばれる心的過程を唱えた。彼が最も感動したのは，ズルタンという最優秀なチンパンジーの行動であった。ケーラーによると，1本の棒でバナナを引き寄せようと試行錯誤を繰り返していたズルタンは，うまくできずにいったんあきらめてやめてしまう。ややあって，2本の棒を取り上げて見比べ，突然これをつないで長い1本の棒にして，バナナを引き寄せるのに成功する（図7-1）。ズルタンは沈思黙考の後，問題状況の本質と手段－目的関係を多少とも把握し，目前の知覚の場には直接現れていない関係を，再構造化したとケーラーは考えたのである。

図7-1　棒を使用するズルタン（Köhler, 1917）

学派の対立はあったものの，人では問題解決場面で解決にいたるまで試行

錯誤が続くことはめったにないであろうことから，問題解決過程は，両者の主張を統合して解釈した方が現実に即していると思われる。

　人は通常，①当初，試行錯誤的に情報を集める，②手段－目的関係が明らかになるに従って方向づけがなされる，③洞察が起こり，適当な手順を採用するという判断を下す，という過程で解決にいたると考えるのが妥当であろう。

　ケーラーはチンパンジーに突然洞察が起こったといったが，動物行動学的にはチンパンジーが棒を使用して給餌する行動は自然状態でしばしば観察されている。換言すれば，棒の使用は生得的な行動パターンであり，つなぎ合わせて道具として使用するためには群れの中での経験と学習が必要なのである。ケーラーは道具の発明と使用を洞察ととらえたが，行動レパートリーの中にある行動をおかれた状況と結びつけて発現させたことこそ，洞察といえよう。

　　ｃ．意思決定（decision making）と判断（judgment）
　個人や集団，組織の問題解決場面で，どの選択肢を選ぶべきか難しいことがある。この選択を適切に実現するための一連の行為を意思決定と呼び，その決定が効果的であるためには，①合理的であること，②選択が安定していること，③状況が要求する一定の時間内に実現されること，という性質を満たしている必要がある。ここで，意思決定をしたものは，その場面の当事者である。

　類似した思考過程として判断がある。判断とは，ある根拠に基づき，ある主張の真偽を決めることと定義できる。選択肢を作成したり，既存のものを再構成することはできない。判断を下したものが当事者とは限らない点で，意思決定とは異なったプロセスである。

　現実世界では，必ずしもすべての物事が論理的であるとは限らず，目的が不確定であったり，目標が矛盾していることもありうる。意思決定や判断は現実場面において，適切な行動を導くための機能であるといえる。

　　ｄ．概念形成（concept formation）
　ある共通の要素のもとに，事象を１つのカテゴリの集合として認識するとき，この集合を概念と呼ぶ。たとえば，「食用になる魚」といったとき，魚を食用になる魚とならない魚の２つのクラスに分類して考えることができる。このとき，①分類が可能であるかという仮説を立てる過程，②その仮説のもとに分類基準になる要素の特徴を抽出する過程に分けることが可能である。ブルーナー

らは，仮説を立てる段階を概念形成，特徴抽出過程を概念達成と呼んだ。仮説構成は，個人の認知，記憶，学習などから一般的で恒常的な体系を作り上げていく過程といえる。多様な事物に対して，内的な一定の基準に照らして，符号化を行う過程ともいえるが，そのメカニズムは明らかではない。動物を用いた学習心理学的実験では，ヘレンシュタインとラブランド（Herrnstein, R. J. & Loveland, D. E.）がハトは視覚刺激中のヒトを認識できるという，ハトにおける「ヒトの視覚概念」をオペラント条件づけを用いて示して以来，「花」「サカナ」「樹木」「人工建築物」「絵画」「水」などにおいて概念形成がなされうることが示され，必ずしもヒトに特有の心理過程とはいえない。

概念形成は個体が経験を通じて獲得し，環境に対してより効率的に行動できるようになる1つの過程といえるだろう。

2節　知　能

1. 知能の定義

知能を意味するintelligenceという英語は，19世紀後半に英国の哲学者スペンサー（Spencer, H.）が用いたとされる。広義には，生物の適応形式の最高次の機能をさしている。心理学で用いられる一般知能（general intelligence）とは，「自己の思考手段を生活の要求に応じて合目的的に使用する一般能力」と定義され，次のような特徴をもつ（大脇義一を加筆訂正）。

(1) 知能は知的能力の基礎であり，遺伝的に規定されている。
(2) 知能は才能（talent）から区別されること。才能は個人の部分的知的能力であり内容的なものであるのに対して，知能は形式的な能力である。
(3) 知能は広義の記憶，本能や習慣からは区別されること。知能は新しい課題・条件に対する適応能力である。
(4) 知能は自発的かつ独創的な心的活動とは区別されること。知能は外部環境への適応を特徴とする能力である。
(5) 知能は外的な生活要求に依存するものであり，必ずしも道徳価値と並行しない。知能そのものを価値と見なすことはできない。

また，知能は「知能テストで測定される能力」と操作的に定義する考え方も

ある（第8章「パーソナリティ」の知能テストの項を参照されたい）。

　知能は，素質と経験の総合的結果として発達していく。生後年齢に応じて発達するが，12～14歳頃からやや緩慢になり，16～20歳くらいに頂点に達する。その後徐々に退行していくといわれるが，個人差と分野の差が非常に大きい。空間把持能力，推理力は20歳以降急速に衰えるが，言語能力や計算能力は比較的高年齢になっても維持されるといわれている。さらに知識や語彙は年齢とともに増加するもので，これは知恵という言葉で表現するのがふさわしいかもしれない。

2. 知能因子

　知能研究は，因子分析の技法の開発によって知能検査の下位項目の相関を吟味することで進展した。

a．2因子説

(1) 生物統計学者のスピアマン（Spearman, C. E.）は，知的能力を測定する検査間の相関関係を説明するために，知能には，すべての知的活動に共通な一般因子（g因子）と，個々の知的活動のみに特有な特殊因子（s因子）があると提唱した。彼によれば，g因子は遺伝的に決定され，s因子は特殊な経験と学習により決定される。

(2) キャッテル（Cattell, R. B.）は，知能を「頭の回転の速さ」に関する問題群で測定される流動性知能（fluid：記憶，計算，図形，推理）と，「単語理解・一般的知識」に関する問題群で測定される結晶性知能（crystallized）に分けた。両者の特徴の比較を表7-1にまとめる。

b．多因子説

(1) サーストン（Thurstone, L. L.）は，数，語の流暢さ，言語理解，記憶，

表7-1　キャッテルの知能分類

特徴	流動性知能	結晶性知能
文化・教育の影響	受けにくい	受けやすい
能力のピーク	早い（10代後半～20代前半）	遅い
経年による衰退	顕著	緩徐

推理，空間，知覚的速さの7つの特殊因子をあげた。
(2) ギルフォード（Guilford, J. P.）は，操作（機能），所産，内容の3つの様相にまたがる知能の構造モデルから120個の因子を仮定した。彼のモデルには従来の理論では含まれることのなかった，操作における拡散的思考（分散的産出）という概念が含まれ，これは創造性として独立に取り上げられることが多い。実際に120個の因子すべてを測定するのはきわめて困難である。

ｃ．ミズンの知能分類

人類学者のミズン（Mithen, S.）は，ヒトの大脳の機能として知能を図7-2のように分類した。
(1) 一般知能：霊長類全般に見られる，汎用型の知能。専門能力は低いがさまざまな事態に対応が可能。
(2) 社会的知能：集団社会の中で，家族や敵・味方，上位者・下位者を認識し，コミュニケーションをうまく取っていく能力。自意識。自分の考えていることをモデルとして，相手のこころを推測する知能。類人猿から見られる。
(3) 博物的知能：動物や植物，天候といった日々の生活に必要な自然界の知識。いわば知の指導原理といえる。
(4) 技術的知能：武器や食器などの道具を作る技能（道具の加工，組み合わせ，道具のための道具）。
(5) 言語的知能：言語に関する知能。

以上の(3)から(4)は，ホモ・ハビリスから萌芽が見られ，ホモ・エレクトゥスで(5)が加わり，ホモ・ネアンデルターレンシスで(1)～(5)がほぼ出そろったものの，彼らのレベルでは各々の知能が独立して機能し相互作用はなかった。現生のヒトであるホモ・サピエンスで各知能はより洗練された形となり，さらに社会的知能と技術的知能の相互作用である認知的流動性を獲得した。ミズンは，これなくしてヒトの創造性と想像力は生まれない，ことに社会生活を送るために不可欠のものでもあり，結果的に「意識」をも生み出したと述べている。

第7章　思考と知能

チンパンジーの心　　　　ホモ・ハビリスの心（190万年前）

博物的知能の　　社会的知能　　博物的知能の
モジュール群　　　　　　　　モジュール群
　　　　一般知能　　　　技術的知能の　　一般知能
　　　　　　　　　　　　モジュール群
　　　　　　　　　　　　　　　　　　　社会的知能

ホモ・エレクトゥスの心（160万年前）　　ホモ・ネアンデルターレンシスの心（10万年前）

　　　　　　　　言語　　　　　　　　　　　　　言語
博物的　　　　　　　　　　　　　博物的
知能　　一般知能　社会的　　　　知能　　一般知能　社会的
　　　　　　　　知能　　　　　　　　　　　　　　知能
　　　　技術的　　　　　　　　　　　　技術的
　　　　知能　　　　　　　　　　　　　知能

現生人類（ホモ・サピエンス）の心

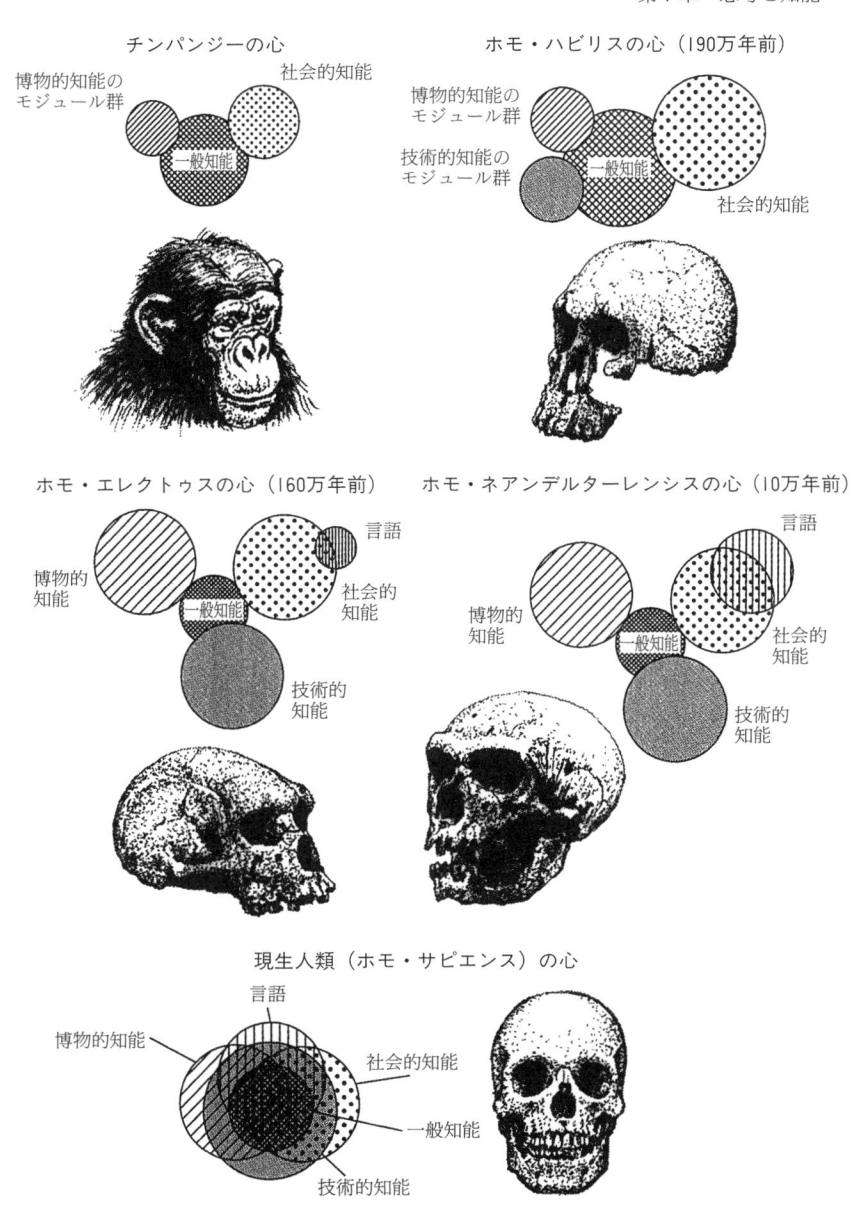

　　　　言語
博物的知能　　　社会的知能
　　　　　　　一般知能
　　　技術的知能

図7-2　知能の発達と流動性（Mithen, 1996：橋元, 1999より）

103

コラム7

HAL9000

　1964年，映画監督スタンレイ・キューブリックから新作映画のアイデア提供を依頼されたSF作家のアーサー・C.クラークは，キューブリックとの共同作業の末，映画『2001年宇宙の旅』のストーリーをつくりあげ，この作業と並行して執筆していた小説版『2001年宇宙の旅』は映画の封切りと同じ1968年に発表され，たちまちベストセラーとなった。

　HAL9000とは，『2001年宇宙の旅』に登場する，世界で最も進歩したコンピュータのことである。HALという名称は，IBMをずらしたものではなく，「発見的プログラミングによるアルゴリズム的コンピュータ」(Heuristically programmed Algorithmic computer)の略に由来する。宇宙船ディスカバリー号のメインコンピュータとなったHAL9000（通称：ハル）は，イリノイ州アーバナのHAL工場にて製造されDr.チャンドラによるプログラミングの後，1997年1月12日に始動された。3号機にあたるハルは，ディスカバリー号の宇航に関するすべての制御を司り，乗組員の健康管理（人工冬眠の管理や船内環境の維持，乗組員への娯楽提供など）も統制していた。時おりよき相談役としても機能していた。だが，ハルには乗組員に対して旅の目的を隠しておくという命令が与えられていた。この命令は，人間に対して誠実でなければならないという至上のアルゴリズムとの間に大きな論理矛盾を生じさせてしまい，ハルは機能不全に陥る。ハルの論理は破綻し，この矛盾を解消するために乗組員の存在を否定することで解決をはかろうとする。つまり乗組員の抹殺である。かくして，コンピュータは人間に刃向かうこととなるのである。

　SF作家アイザック・アシモフのロボット工学三原則を遵守した故の人工知能の葛藤や，宇宙に関する正確な記述，工学的発展の未来予測，人間心理の機微など，クラークのSF作家としての推論は素晴らしいものである。現実世界がさまざまな理由で映画の世界の実現を妨げてしまっているのは，残念至極なことである。

第7章 思考と知能

――次のステップへ！――

☞①a, c, e, g, i, □, という系列で□は何になるか？
②a, d, g, a, c, g, a, e, g, a, b, g, a, □, では？
②は思考過程のシミュレーションプログラム GPS が解くのに難渋したという。人はそれぞれある図形的パターンを想定して考えることが多いという。

☞本章でふれなかった人工知能にかかわる項目をいくつかあげておこう：チューリング・テスト，アルゴリズムとヒューリスティクス，完全情報問題，意味ネットワーク，ニューラルネットワーク，機械推論，知識ベースなど。

■文　献

橋元淳一郎　1999　人類の長い午後　現代書林
Herrnstein, R. J. & Loveland, D. E. 1964 Complex visual concept in pigeon. *Science,* **146**, 549-551.
ケーラー, W.　宮　孝一（訳）1962　類人猿の知恵試験　岩波書店（Köhler, W. 1917 *Intelligenzprüfungen an Menschenaffen.* Springer.）
ミズン, S.　松浦俊輔・牧野美佐緒（訳）1998　心の先史時代　青土社（Mithen, S. 1996 *The Prehistory of The Mind.* Thomas & Hudson, Ltd.）
大脇義一　1963　心理学概論　3訂版　培風館
Reitman, W. 1965 *Cognition and Thought.* Wiley.
ストーク, D. G.（編）　日暮雅通（訳）1997　HAL（ハル）伝説――2001年コンピュータの夢と現実　早川書房（Stork, D. G. (Ed.) 1997 *HAL'S LEGACY 2001's Computer as Dream and Reality.* MIT Press.）
末永俊郎（監修）　1963　現代心理学入門　有斐閣
八木　晃（監修）　東　洋（編）1970　講座心理学 8：思考と言語　東京大学出版会

■サイト

「2001年宇宙の旅」　http://www.hayakawa-online.co.jp/2001/
ディープ・ブルー　http://www-6.ibm.com/jp/rs6000/resource/dbuser.html

第8章
パーソナリティ

　著者が研究対象をハトから人間に移してまもない頃，他学科のある教授から，「君は，ハトにも人格（ハト格？）があると思うかね？」と質問されました。「もちろんあります」と答えると，不思議そうな，怪訝な顔をされたことを記憶しています。おそらくその教授は，「その人らしさ」を示す個人差は人間特有のもので，下等なトリなどに明確な個体差があってたまるかと考えていたようなのです。著者は，「すべての生物に個体差が存在する。そして，その個体差は科学的に観察可能である」と考えています。

　学生たちから，「いつも人のこころや内面のことばかり考えているなんて暗いですね。疲れませんか？」と尋ねられることがあります。こころのことを考えることは暗いことなのでしょうか。確かにこころには他者からのぞかれたくない暗い側面のあることも事実です。しかし，「あなたは明るい方ですか，暗い方ですか？」と尋ねると，3分の2以上の人は「私は明るい方です」と答えます。著者はそんな明るいこころのこともたくさん考えているつもりです。

　たまに，「人間のことがわかっていいですね」といわれることもあります。一人ひとりの人間独自の行動を生み出す源泉の1つとして，人々の内部にあるこころの働きの差異が研究対象として取り上げられてきたのが「パーソナリティ」という研究分野です。パーソナリティの研究は人のこころを読み取る道具を開発する目的で行われてきたものではありません。

　あなたは人間を観察することが好きですか，それとも，人間自体が好きですか？　あなたは，心理学者を，パーソナリティのよくわかる人とみていますか，それとも，パーソナリティを研究する人とみていますか？　　（扉のことば・伊藤）

――――――― *1*節　パーソナリティとは何か ―――――――

1. パーソナリティの定義

マレーとクラックホーン（Murray, H. A. & Kluckholn, C.）は、パーソナリティの特徴を、
- (1) 個人は周囲の環境と相互関係を結んでいる
- (2) 個人のパーソナリティは大脳に局在している
- (3) その大脳が人間の精神活動や行動を支配している
- (4) しかし、大脳はまたパーソナリティの素材にしかすぎない
- (5) パーソナリティは個人の言語や行動によって知ることができる
- (6) パーソナリティの歴史がそのままパーソナリティである

とまとめた。

オルポート（Allport, G. W.）は「各人を特徴づけ、その人独自の行動様式をもたらす精神と身体の内的・統一的システム」と述べた。

チャイルド（Child, I. L.）は、「一人の人物の行動を、継時的に一貫したものとし、同等の状況において他の人々が示す行動と異なったものとする、多少なりとも安定した内的な要因」といった。

クラーエ（Krahé, B.）は多くの研究者によるパーソナリティの定義の共通性を、
- (1) 独自性：パーソナリティは個人のユニークさを反映したものである
- (2) 一貫性：パーソナリティは持続的で安定したものである
- (3) 行動の原因：パーソナリティは精神活動や行動の決定因である

とまとめた。

著者なりの定義を下すと以下のようになる。

個人が社会や他者（環境）と関係をもちながら行う行動には一定のパターンがあり、そこから、その人らしいさまざまなこころの特徴が推測できる。個人のこころはたくさんの特徴をもっている。そうした1つひとつの特徴のことを特性（trait）と呼ぶ。個々の特性は、こころの中でばらばらに存在するのではなく、複雑にからみ合い、1つのまとまりに統合されている。特性の統合さ

れたこころのことをパーソナリティ（personality：人格）という。人格として統合された特性は，互いに矛盾し合っているものもあるが，その矛盾もまた人格の特徴の1つである。

つまり，パーソナリティの特徴は，
(1) 独自性（個人差・個性）：その個体に特徴的な行動のパターンを示す
(2) 一貫性：一定の持続性，恒常性を有する
(3) 行動の主要な決定因の1つとなる
(4) 生物学的，心理・社会的な側面が統合されたもの
(5) 一定の構造を有する

といえる。

2. パーソナリティの構成要素

個人を特徴づけるパーソナリティの構成要素を表す言葉を定義しておこう。
(1) 個性（individuality）：個人を他者から顕著に目立たせるような全体としての特徴。身体的特徴，技能などにも用いられる。
(2) 性格（character）：人格から知的能力的側面を除いたもの。人格の中の，情緒的，意志的な側面。
(3) 気質（temperament）：性格の中で，素質や体質・遺伝と強く結びついている部分。
(4) 体質（constitution）：個人のもつ，おもに素質的な身体的特徴。
(5) 態度（attitude）：さまざまな対象や事象に対して示される一貫した行動傾向。経験的に獲得され，固定化されたもの。
(6) 役割（role）：個人が社会や集団の中で占めている位置（地位など）に対応した行動の型。

3. パーソナリティの構造（パーソナリティ・シェマ）

パーソナリティの把握の仕方には非常に多くの立場がある。それは，パーソナリティが多様な側面をもち，複雑な属性で構成されているからである。パーソナリティの属性の中には，遺伝子にプログラムされた先天的な要素の強い部分や，ほとんど体質的に規定される属性もある。また逆に，家庭，社会といっ

た環境の影響により形成される要素が強い部分や，乳幼児期の経験が強く影響する属性もある。換言すると，発達段階に応じて変化・成長する部分もあれば，生涯あまり変化しない部分もある，ということになる。したがって，パーソナリティは次のようにとらえることが可能であろう。

まず，構造や機能が分化・成長していくパーソナリティの発達段階をいくつかのエポック（たとえば，幼児期・児童期・青年期など）に切り，その横断面をとらえるのが適当である。こうしたエポックごとの横断面の総和としてパーソナリティをとらえると，発達段階を軽視せずにパーソナリティの把握を可能にする（図8-1）。第9章「発達」でも述べられているので，参照されたい。

パーソナリティの横断面は5つの側面（modality）によってとらえるのが適当と思われる。

(1) 環境：家族，家庭の雰囲気，学校，職業，所属団体，交友関係，経歴，社会的地位，経済状態などで，個人の社会的側面を表している。
(2) 身体：容姿，体質・体格，健康，身体的能力，エネルギー，性，年齢など，パーソナリティの基盤としての肉体がこれにあたる。遺伝的要素も含まれる。
(3) 能力（知能）：知能や精神的な分化の度合い，評価の客観性，見通しなどの知的能力がこれにあたる。知的能力を数値で表す，知能指数，成績，業績評価などが知られているが，こうした数値で知的能力全体を測ることは難しい。
(4) 性格：意志作用，意欲，心理的安定度，欲求不満，ストレス，劣等感，防衛機制など，人格の情意的・力動的な働きがこれにあたる。
(5) 指向：人生観，価値観，生活態度，興味，目標など，その人が何に価値をおいているかといった側面をとらえるものである。

以上を構造的に表現した，パーソナリティの構造（パーソナリティ・シェマ）を表8-1に示す。

4. 理論分類

パーソナリティの記述は，類型論と特性論，力動論に大別される。

第 8 章　パーソナリティ

パーソナリティ構造の横断図
分化がみられ，自我の領域も存在する。

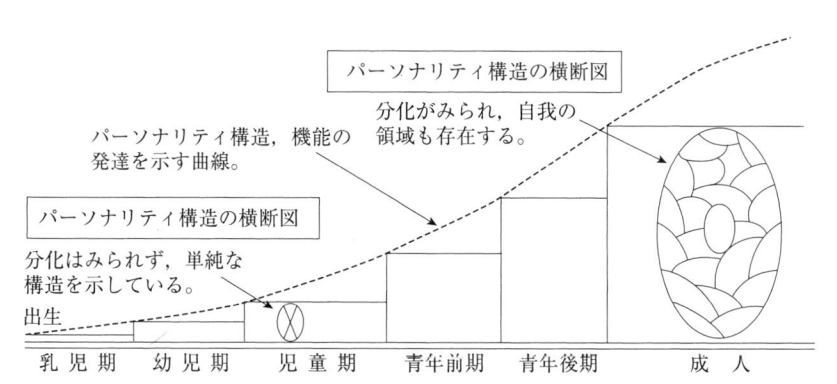

パーソナリティ構造，機能の発達を示す曲線。

パーソナリティ構造の横断図
分化はみられず，単純な構造を示している。

出生　乳児期　幼児期　児童期　青年前期　青年後期　成人

点線のように，人間の能力（知能，身体的能力など）は発達していく。それにつれて，パーソナリティ構造は分化し，その中に種々な領域をうみ出す。それらの統一体としてパーソナリティは考えられる。このような漸進的な発達過程をいくつかのエポックに切って，その時期を象徴的に同一レベルとして把握するのが実際には便利である。実線は，この様に各時期の漸進的な発達を無視して，幾つかの段階にしたものを示す。

図 8-1　発達段階のエポック（槇田，2001）

表 8-1　パーソナリティの構造（パーソナリティ・シェマ）（槇田，2001）

パーソナリティ				
環　境	身　体	能　力	性　格	指　向
家族、家庭の雰囲気、血縁的役割、世代、交遊関係、学校、所属団体、職歴、経歴、社会的地位、経済状況　など	容姿、体格、健康、体質、身体機能、身体的能力、エネルギー　など	知能、評価の客観性、見通し、感受性、判断力、適応力、個別の能力、資格・免許　など　精神的分化度	情意的側面（基本類型 S・Z・E）、気質、性格特性、力動的側面（G・H・N）、心理的安定度、意欲、劣等感　など	価値観、人生観、生活態度、キャセクション、自己に対する感情、評価、欲求、希望、願望、興味、関心　など

a．類型論（typology）

　ある基準に従って，人格をいくつかの類型（タイプ）に分類しようとする方法．静的で質的把握ができ，全体像を総合的に把握しやすい．中間型，混合型を見逃しやすく，発達面は考慮しないため，個人差を見逃しやすい．大ざっぱ

な方法ではあるが，現実に近い分類が可能なことも多い。

(1) ガレノス（Galenos）

古代ギリシャの医学者で，西洋医学思想に17世紀にいたるまで影響を与えた。生理心理学的には，肝臓・心臓・脳を生命活動の中心と考えるプラトン（Platon）の魂三部分説を継承し，当時の伝統的な温・冷・乾・湿のバランスが身体機能を決定するという考えに，ヒポクラテス（Hippocrates）由来の血液，粘液，黄胆汁，黒胆汁という4体液説をかみ合わせて，人の気質を多血質，粘液質，胆汁質，憂うつ質に分類した。

① 多血質（sanguine）：血液が多く，快活で明るく順応的だが気分屋。
② 粘液質（phlegmatic）：粘液が多く，冷静で感情の変化が少なく沈着。
③ 胆汁質（choleric）：黄胆汁が多く，積極的で意志が強く，怒りっぽい。
④ 憂うつ質（melancholic）：黒胆汁が多く鈍重で陰気，悲観的で消極的。

今日なお日常的に使用されることもあるが，粘液，胆汁の理論的背景に乏しく，科学的とはいえない。

(2) クレッチマー（Kretschmer, E.）

ドイツの精神医学者クレッチマーは，1920年代に，当時の分類による内因性精神病である「精神分裂病（Schizophrenie：統合失調症，以下同様）」「躁うつ病（Zyklophrenie）」「てんかん（Epilepsie）」の患者の体格には各々共通のものがあることに着目し，体格と病気の関連から，「分裂病－細長型」「躁うつ病－肥満型」「てんかん－闘士型」の3つの基本的なタイプがあると唱え，体質理論（constitution theory）と名づけた。

彼のあげた体格の3タイプとは次のとおりである。

① 細長型（leptosome）：痩せてひょろ長い体格。皮膚は乾いて，血液の流れが悪く，狭い肩から痩せて骨張った腕が垂れ下がり，胸部は長く狭く扁平で，肋骨がはっきりとわかる。

② 肥満型（pyknic）：中位の背恰好で，ずんぐりしており，両肩の間に短く太い頸部があり，顔は柔和で広い。下方へ広がっている厚い湾曲した胸郭の下から，大きな脂肪腹がふくれ出ている。四肢は柔らかで，丸みを帯びて，筋肉や骨の輪郭ははっきりしない。手足は短く幅広い。

③ 闘士型（athletic）：身長は高く，肩幅が広い。立派な胸部，ピンと張っ

た腹部，体幹（筋肉質）の形は下へいくほど細まっている。顎，首，鎖骨，手足の関節，手を見ると，がっしりとした骨格が見て取れる。時には，肢端肥大症的になることもある。

　その後多くの弟子たちと膨大な共同研究を行い，健常者の体格と性格にも同様の傾向があることを発見した。すなわち，気分および心的感性，精神的速度および緊張，精神運動性，社会的態度の観点から分析した気質の3類型を次のようにあげ，「分裂気質－細長型」「循環気質－肥満型」「粘着気質－闘士型」の関連性が高いことを示した。

　①　分裂気質（Schizothym）：基本的特徴として，非社交的，内気，控えめ，きまじめ，利己的，空想的。俗世間的なことに無関心，友人も少ないが，孤独であることを苦にしない。観察は鋭く理路整然とした意見を述べて，敬遠・畏怖されることもある。敏感さと鈍感さが混在しているところに分裂気質の特色がある。

　②　循環気質（Zyklothym）（躁うつ気質）：基本的に開放的で周囲の状況によく適応し，感情の表出が豊かで人間らしい温かみ，子どものような無邪気さをもつ。話題が多く社交的・妥協的で現実の生活を享受し，やや通俗的で実際的なことに関心をもつ。仕事は手早く，決断力もあるが，熟慮せずに実行して失敗することがある。人間関係は良好で，共感性に富む。躁・うつの気分が交互に現れる場合と，どちらか一方に傾きやすい場合がある。

　③　粘着気質（epileptisches Temperament）：粘り強く，几帳面で秩序を好み，融通が利かず，軽快さに乏しく，思考や説明はまわりくどくて要領が悪い。約束や規則を守り，他人に対する態度は礼儀正しく丁寧である。時に自分の正当性を主張して相手を非難・攻撃する爆発性がある。

　(3)　シェルドン（Sheldon, W. H.）

　シェルドンは，身体17カ所の計測データと身長の比を因子分析することで，3つのクラスターを得た。彼は胎生期の内胚葉・中胚葉・外胚葉に着目し，人の体型を3つに分類した。

　①内胚葉型（endomorphy）：内胚葉起源の内臓消化器系統がよく発達した体型（太り型）。②中胚葉型（mesomorphy）：中胚葉起源の骨・筋肉のよく発達した体型（筋肉型）。③外胚葉型（ectomorphy）：外胚葉起源の皮膚神経系

統がよく発達した体型（細身型）。

また，気質を表す特性を集め，因子分析によって 3 つのクラスターを得た。①内臓緊張型（viscerotonia）：慰安，社交，愛情を求める，リラックスしているタイプ。②身体緊張型（somatotonia）：筋肉活動を熱望し，精力的に自己主張し，冒険や競争を好むタイプ。③頭脳緊張型（cerebrotonia）：極端な抑制，禁止を好み，社会的接触を避ける，引っ込み思案タイプ。

そして，「内胚葉型－内臓緊張型」「中胚葉型－身体緊張型」「外胚葉型－頭脳緊張型」の関連性を唱えた。

シェルドンの考え方はクレッチマーの類型論を統計処理を用いて洗練させたという点で評価されるが，その後の研究では，体格と気質の間にある程度の関連はみられるものの，クレッチマーやシェルドンが報告したほど高い相関は認められていない。

b．特性論（theory of personality traits）

人格の特性や行動の特徴を 1 つひとつ明らかにしていこうとする方法。個人の特性プロフィールを得られるため量的比較や量的差異が明確である反面，データ依存性が高く，人格の統一性，独自性を見逃しやすい欠点がある。厳密な方法だが，現実には人格全体を把握することは困難な場合が多い。

（1） キャッテル（Cattell, R. B.）

キャッテルは，「人格とは人がある状況におかれたとき，その人がどうするかを予測させるものである」と考え，質問紙法や行動観察の結果をもとに因子分析的手法を駆使して人格特性の研究を行った。抽出された因子を根源特性（性格構造）として，パーソナリティ記述の単位とする理論を提唱した。表 8-2 に最終的に彼の確認した16の根源特性をあげる。これらの特性をどの方向にどの程度もっているかで，個人のパーソナリティが記述されることになる。彼の理論は，「16PF 人格テスト」に応用されている。

（2） 5 因子特性論（Big Five theory）

従来の研究で提示されてきた，特性や因子をもう一度因子分析にかけ直し，最終的に抽出された因子をもとに，人格（性格）を 5 因子尺度によって説明しようとするものである。ここでは，マクリーとコスタ（McCrae, R. R. & Costa, P. T. Jr.）のビッグ・ファイブ説を紹介しよう。

第8章　パーソナリティ

表 8-2　キャッテルの16の根源特性（上里，2001）

低得点記述	因子		因子	高得点記述
打ち解けない（Reserved） （分裂性気質）	A −	対	A +	開放的な（Outgoing） （感情性気質）
知能の低い（Less intelligent） （低い'g'）	B −	対	B +	高い知能（More intelligent） （高い'g'）
情緒的（Emotional） （低い自我強度）	C −	対	C +	安定した（Stable） （高い自我強度）
けんそんな（Humble） （服従性）	E −	対	E +	主張的（Assertive） （支配性）
生まじめな（Sober） （退潮性）	F −	対	F +	気楽な（Happy-go-lucky） （高潮性）
便宜的な（Expedient） （低い超自我）	G −	対	G +	良心的な（Conscientious） （高い超自我）
内気な（Shy） （スレクティア）	H −	対	H +	大胆な（Venturesome） （パルミア）
タフ・マインド（Tough-minded） （ハリア）	I −	対	I +	テンダー・マインド（Tender-minded） （プレムシア）
信頼する（Trusting） （アラクシア）	L −	対	L +	疑い深い（Suspicious） （プロテンション）
実際的な（Practical） （プラクセルニア）	M −	対	M +	想像的な（Imaginative） （オーティア）
率直な（Forthright） （飾り気のない）	N −	対	N +	如才のない（Shrewd） （如才なさ）
穏やかな（Placid） （自信）	O −	対	O +	気遣いの多い（Apprehensive） （罪悪感傾向）
保守的な（Conservative） （保守主義）	Q_1 −	対	Q_1 +	何でも試みる（Experimenting） （急進主義）
集団に結びついた（Group-tied） （集団志向）	Q_2 −	対	Q_2 +	自己充足的（Self-sufficient） （自己充足性）
行き当たりばったりの（Casual） （低い統合）	Q_3 −	対	Q_3 +	統制された（Controlled） （高い自己概念）
リラックスした（Relaxed） （低いエルグ緊張）	Q_4 −	対	Q_4 +	緊張した（Tense） （エルグ緊張）

5つの特性とは，以下のとおりである。

① 神経症傾向（neuroticism）：ストレスに対する敏感さを含むストレス・コーピング行動や自己コントロール性。

② 外向性・高潮性（extraversion）：エネルギッシュ，社交性，断定性，行動性，活動性，快適な傾向を示す対人的特徴。

③ 開放性（openness）：創造性，想像力，感受性，知的好奇心の強さ，文化的洗練度，幅広い興味などの人生経験から得られる性格特徴。
④ 調和性（agreeableness）：愛情ある，愛想のいい，信頼するなどの利他的態度を示す対人的特徴。
⑤ 誠実性（conscientiousness）：信頼できる，計画性，能率の良さといった仕事の仕方等の自己統率力や達成への意志を示す情緒的コントロール性。

彼らの結果は，NEO-PI-R というビッグ・ファイブ・人格インベントリィとして使用されている。

　c．折衷論（eclectic theory）
類型論と特性論の双方を取り入れた考え方である。

ドイツ生まれのアイゼンク（Eysenck, H. J.）は，イギリスで，ドイツ流の類型論（ユングやクレッチマー）と英米流の因子分析的共通特性論とを融合した独特な性格論を展開した。彼は，人格を「生活体の，遺伝ならびに環境によって規定される現実的，あるいは潜在的な行動パターンの総計」と生物社会学的視点から定義して，パーソナリティの体系的な構造とパーソナリティのタイプを見いだす研究を行った。

彼は，パーソナリティを，①認知のセクター（cognitive sector）：知能，②意欲のセクター（conative sector）：性格，③情動のセクター（affective sector）：気質，④体質のセクター（somatic sector）：体質，という4つのセクターに分類し，また，①個別的反応レベル：個人の個々の行動，②習慣的反応レベル：特定の個人に見られる習性や繰り返される行動，③特性レベル：習慣的反応の中に観察された一貫性，一般的な傾向，④類型レベル：特性の中に観察された一貫性，一般的な傾向，という4つの層に構造化した。

さらに，パーソナリティの類型を表す次元として，①外向－内向，②神経症的傾向，③精神病的傾向の3つをあげている。ここでは，神経症的外向としてヒステリーの転換症状が，神経症的内向として不安・抑うつ・強迫神経症が，精神病的外向として躁うつ病が，精神病的内向として精神分裂病が取り上げられている。

　d．力動論（theory of personality dynamics）
人格や行動を，無意識の衝動，欲求（動機）と圧力（プレッシャー・外圧）

との相互関係，環境と人格の力学的関係などと関連づけて，ダイナミックに変化していく構造として説明しようとする方法である。

(1) フロイト（Freud, S.）

オーストリア生まれのフロイトは神経病学者としてスタートし，ヒステリー患者の催眠治療を経て，神経症患者に対する自由連想法を考案し，精神分析学を構築した。彼は，神経症の発生およびその治療メカニズム，人のパーソナリティ発達のメカニズムに関する仮説や理論を唱えた。彼の理論で重要な点は無意識への着目であり，人の行動や神経症的症状が無意識的な願望や衝動の影響によって決定されるということである。

フロイトは，パーソナリティ構造を3つの心的装置として表現した。

① イド（id またはエス：Es）：無意識の最奥にあって，本能のるつぼである。快楽原理に支配されて，絶えずさまざまな欲求を発している。パーソナリティの原型。
② エゴ（ego：自我）：合理的，組織的で現実原則に従う。外界と接触する領域。衝動，欲求を現実に適合させようとする。
③ スーパーエゴ（super ego：超自我）：社会規範，親の規制を内面化させたものや，自我理想をもって，エゴを監視する。

この構造において，スーパーエゴは道徳的命令や禁止を押しつけてくる一方，イドは快楽原理に従ってひたすら満足の快感を求めるだけである。エゴは常にイドの欲求が意識の上に現れないように無意識の中に抑圧しようとしており，適応のためにスーパーエゴとイドの欲求を合理的に調整し，現実（外界）に働きかけて現実を目的にあわせて変えていこうとする。人格を一定に保ち，現実に適応するのは容易なことではないのである。

また彼は，イドからの無意識的・本能的衝動を性に還元される心的エネルギーであるリビドーの概念（汎性欲説といわれて批判をこうむるようにもなった）で説明し，そのリビドーの正常な発達については幼児期体験の重要性を指摘した。

われわれは，社会生活を営むうえで種々の葛藤に悩まされながらも，何とか現実的・社会的に認められるような方法で解決して，安定した生活を送ろうとしている。こうしたエゴの働きを適応機制（adaptation mechanism）という。

時には自分を守るためにさまざまな非合法的手段を使ってでもエゴの崩壊を防ごうとする。外界の現実にうまく適応するため，あるいはこころの中の不快感や不安を解消するために自我が働かせる，おもに無意識的な機能を，自我の「防衛機制（defence mechanism）」という（表8-3）。

(2) レヴィン（Lewin, K.）

レヴィンは，パーソナリティは環境から孤立した静的なものではなく，常に環境（心理的環境）と力学的に関連して，力動的に働くことを強調した。つまり，個人の行動パターン自体を「性格」ととらえ，その説明に際し，内的要因（自分自身や自分のおかれた状況をどう認知するかという，環境を認知する際に働く要因）と外的要因の複合的な影響性を重視した。彼によれば，パーソナリティの構造は，固定的・静的なものではなく，発達的にも，また，その時々の事態によっても変化する，力動的な構造である。彼は，個人とそれを取り巻く環境すべてを「生活空間（life space）」と名づけた。生活空間は個人ごとに異なり，同時に，同一個人においてもその瞬間瞬間において異なっている。

個人の行動は，ある瞬間の生活空間によって規定され，次式で表現される。

$$B = f(s) = f(P \times E)$$

（B：behavior　s：life space　P：person　E：environment）

彼は，個人差を作り出す要因として，分化度，分化構造の安定性と調和性，心的構造素材，内部人格領域における緊張度とスピード，領域内の意味内容などをあげた。レヴィンの理論は彼が夭逝したため，パーソナリティ理論としては未完成であるが，その考え方は現代でも意味をもっている。のちに，ミッシェル（Mischel, W.）は，平和部隊の若者の海外における適応を母国での事前の性格テスト結果から予測できなかった経験をもとに，「性格特性を前提とする検査・測定は役に立たない」「社会行動の規定要因はパーソナリティではなく個人を取り巻く状況である」と主張した。これは，「状況によって人間の社会行動は変わる。その変化のパターンの違いこそが個人差である」という見解である。こうした見解は，行動の状況を越えた一貫性の有無や，行動の規定因としての内的変数・外的変数の重要性をめぐって，約20年にわたる「一貫性論争（consistency controversy）」を引き起こした。論争は，多くの人格心理学者を巻き込んで1970年代から1990年代初頭まで続けられたが，次第に相互作用

表 8-3　自我の防衛機制

抑圧（repression）：不快や不安などの感情や，苦痛な記憶，耐えがたい衝動などを，意識から追い出して，無意識の領域に閉じこめておこうとする働き。

抑制（supression）：意図的に忘れよう，思い出すまいとする働き。

置き換え（displacement）：衝動が満たされないとき，本来の対象から目標を他の対象に移したり，充足の方法をかえたりして，不安や不満・緊張を解消しようとすること。

昇華（sublimation）：衝動や欲求がそのままの形では社会的に容認されないような場合，対象を社会的に価値があると認められる対象に置き換えたり，充足方法をより適応的な方法に置き換えたりすること。「置き換え」の特別な場合。

同一視・同一化（identification）：優位な立場にある人や団体と自己を同じと見なすことで，価値の感情を増やしたり，他者の属性を自分の内部に取り入れたり，自分の衝動や感情を他者のものとして認知したりする，他者に対する感情的結合のあり方。

　投射（projection）：他者に問題の責めをおわせたり，自分の非論理的欲望を他者に起因させ，自分の中に生じた衝動や感情を，あたかも他者がそうした衝動や感情をもっているように，事実を歪曲して認知すること。

　摂取・取り入れ（introjection）：他者全体，あるいは他者のもつ属性の一部を自分の内部に取り入れることで，自らのものとし，外部からの脅威を受けなくすること。

反動形成（reaction formation）：自分の衝動や欲求が自我にとって不安や不快感をもたらすとき，そうした感情や衝動を抑圧し，それとは反対の態度や行動を表現することで，あたかも本来の感情・衝動とは逆の態度・感情・衝動をもっているように意識してしまうこと。

合理化（rationalization）：ある衝動や意図に基づいて行動した場合に，その結果生じた失敗や罪悪感をまぬがれるために，行動の動機について偽りの理屈をつけたり，道徳的に非難されないですむように，論理の上で辻褄を合わせ，自己の価値や社会的容認を得ようとすること。

逃避（escape）：うまく対処できないような状況から逃げることで，葛藤を避け，不安を起こさないようにすること。

　空想化（fantasy）：満たされない欲望を想像や空想で満たすことで満足を得ること。

　退却（retreat）：仕事や学業など，自分にとって大切な問題を避けようとすること。

　別の現実への逃避：たとえば，試験前になると部屋の掃除がしたくなるというように，別なことに没頭することで，不安を避けようとすること。

　病気への逃避：病気になることで，現実と直面するのを避けようとすること。

補償（compensation）：望ましい特性の強調。ある領域での不満を他の領域での満足で補うことで，弱点を覆い隠すこと。

退行（regression）：一定の発達段階に達した個人が，欲求不満を引き起こすような状況に直面して，より未成熟な反応を含む初期の発達段階にもどり，幼児的な（未分化・短絡的）精神状態や行動を示すこと。

攻撃（aggression）：欲求不満による緊張状態を解消するために，暴力・暴言で表現されるような攻撃行動をとること。

否認（denial of reality）：知覚するのを拒否することで，不快な現実から自己を守ること。

論（interactionism）に収斂していった。「相互作用論」は，個人の行動パターン自体を「性格」ととらえ，その説明に際し，外的要因と内的要因（特性要因ではなく，個人がある状況におかれた時に，自分自身や自分のおかれた状況をどう認知するかという要因）の複合的な影響性（複雑でダイナミックな相互作用）を重視する立場である。

e．類型論＋力動論

ユング（Jung, C. G.）はフロイトの無意識概念を彼なりに解釈し，無意識を，①一度は意識にあり，抑圧された，自我にとって不都合なものの総体である「個人的無意識」，②おそらくは遺伝情報として人類が共通にもっているが，けっして意識化されず，人間に共通のイメージや神話的モチーフの中にかいま見られる「普遍的（集合的）無意識（collective unconscious）」とに分け，普遍的無意識は個人的無意識よりも中核にあるとして，常に全体的なまとまりを保とうとする「こころ」を，「意識」と「個人的無意識」「普遍的無意識」とからなる総合体と考えた。自我がある1つの機能だけを発展させすぎると，この自我の一面性を補うために無意識に抑圧されたものが自動的に働きはじめる。ユングはこころのこうした働きを「補償（compensation）」と呼んだ。たとえば，男性は自らの男性性を意識するあまり，内にある女性的な面を抑圧していることが多い。その男性の抑圧された女性的な面（やさしさなど）をアニマ（anima）と呼ぶ。逆に女性の中にある抑圧された男性的な面（攻撃性など）をアニムス（animus）という。そして，この抑圧されていた部分も自ら受け入れ，統合していこうとする過程が，ユングのいう中年期以降の個性化（individuation）というプロセスである。

ユングのパーソナリティ論は，総合性・全体性と同時に，相補性・補償性・二面性を重んじるものである。

彼は『心理学的タイプ論』において人間のこころをいくつかの機能に分類している。

まず，こころのエネルギーの向きやすい方向で「外向－内向」に分けた。

(1) 外向（extraversion）：自分の外界の出来事や人間などの対象に関心が向いたり，こころが動く。

(2) 内向（introversion）：自分の中で起きていること，考え，思いなどに

第8章　パーソナリティ

関心が向き，それに対してこころが動く。

　また，ユングは誰もが知覚と判断という心的機能をもっていると唱えた。

(1) 知覚機能（perceiving）：「情報を取り入れる，集める」機能で，非合理機能と呼ばれ，感覚機能と直観機能に分けられる。前者は五感を使って，今起きていることを観察したり，具体的な情報や事実に焦点を当てる機能，後者はひらめきや，物事の全体像からの関係性やつながり，イメージなどから得られた情報やパターンに焦点を当てる機能である。

(2) 判断機能（judging）：「集めた情報を判断し，結論を導き出す」機能で合理機能と呼ばれ，思考機能と感情機能に分かれる。前者は対象から距離をおいていくつかの考えを論理的につなげて（良い－悪い）結論を出す機能である。後者は対象の立場に立って，自分の気持ちに照らし合わせて（好き－嫌い）結論を出す機能である。どちらも判断する合理機能であって，冷静な－情熱的なというように，量ではかれるものではなく，両者の機能に優劣はない。

　こうして以下の8つのタイプが考えられた。

- ・外向思考型　・内向思考型　・外向感情型　・内向感情型
- ・外向感覚型　・内向感覚型　・外向直観型　・内向直観型

2節　尺度と統計分析

　心理学で扱うデータは他の自然科学と異なり純粋に客観的な数値を得ることは難しく，以下にあげる尺度の問題をよく考えなければならない。

(1) 名義尺度（nominal scale）：数値は単なる符号の意味しかもたず，個々の事物の区別や分類をするためのもの。代数的演算は成り立たない。電話番号や学級の番号など。

(2) 順位尺度（ordinal scale）：序数を付したもの。加減乗除はできないが不等号は成立する。順位や等級など。

(3) 間隔尺度（interval scale）：数値間の間隔（距離）に加法性が成り立つもの。等価な単位が要求されるが，絶対的なゼロ点はない。算術平均，標準偏差，ピアソン（Pearson, K.）の相関係数を求めるなどの統計的処理が可能である。たとえば知能指数（IQ）は厳密には順位尺度であるが，通常間隔尺度

表 8-4 心理学でよく用いられる多変量解析と数量化技法

基準と測定値		解析名					
		重回帰	判別	I類	II類	III類	因子分析
外的基準	有	○	○	○	○		
	無					○	○
被説明変数	連続量	○		○			
	非連続量		○		○		
説明変数	連続量	○	○				○
	非連続量			○	○	○	

に近いものとして扱われている。

(4) 比例尺度（ratio scale）：絶対ゼロ点をもっている間隔尺度。数値の比が常に同等であることが保証されている。統計的処理に耐える。長さ，重さ，など。

　心理テストを含めて収集されたデータは，比例尺度か間隔尺度が望ましいが，たとえ名義尺度や順位尺度であっても近年はさまざまな統計的手法により数量化と解析が可能である。心理学でよく用いられる多変量解析と数量化技法を表8-4にあげておく。各解析の意味や詳細は成書をごらんいただきたい。

3節　心理テスト

1. 心理テストとは

　人の行動を観察し，その結果を数量的尺度あるいはカテゴリー体系によって記述する系統的手続きを心理テストと呼ぶ（以下，テストと検査は同義に扱う）。

　心理テストは標準化されたものでなければならない。標準化とは，検査実施の際の用具，手続きを定め，個々の成績と比較することのできる標準を作り，さらに妥当性や信頼性を吟味するための一連の過程であって，おもに統計的手法を使用して行われる。

　検査は次の6つの条件を考慮して，制作，実施される必要がある。

(1) 妥当性：検査が測定される対象を，どれだけ正確にとらえて測定してい

第8章　パーソナリティ

コラム8

性格占い作りは意外と大変？

　週刊誌やインターネットのホームページを見るといろいろな占いがあり，なかでも，性格診断のようなものは大人気である。そこで，心理テストに匹敵する信頼性のある性格占いを作ってみよう。

　①まず，性格を分類するのに適当と思われる質問を考えよう。1000問も用意すればいいだろう。3カ月もあれば用意できるだろう。

　②回答は「○」「△」「×」の三択がいいだろう。

　③質問と回答用紙を5万部くらい印刷する。

　④用意した用紙を適当に配り，回答を回収する。3万部も回収できればいいだろう。個人でやるとどのくらいの期間かかるか見当がつかないが努力しよう。

　⑤回答を集計する。1000問の質問に対して，3万人分のデータがあるはずである。つまり1000本のベクトルが3万人分定義できる。1000本のうち，空間的に非常に近接しているものは，違う質問だとしても結局同じことを尋ねているということなので，1つにまとめることが可能だ。因子分析プログラムを使ってコンピュータで処理しよう。半年くらいで処理できるはずだ。

　⑥結果の吟味を行う。最終的に1000本のベクトルが，5～6本に減ると良いですね。初めに作った1000問の質問は，実は5～6個の性格特性（因子）を浮き彫りにする質問だったというわけだ。100本もあったらお手上げなので，①からやり直し。

　⑦それぞれの因子に名前をつけよう。昆虫占いにするならオニヤンマとかヘリカメムシとか，お魚占いならサザナミヤッコとかサカサナマズとか，それぞれに気の利いた文章をまとわせよう。

　⑧1つの因子あたり10問くらいの質問を選び，「あなたは人類ですか」というような，嘘を答えても見抜けるようなライ・スケールと呼ばれる質問を入れ込んで，80問くらいにまとめる。

　これで○○占い＋アルファくらいに仕上がったはず。この程度では信頼性に乏しいので，あと300万件くらいデータを集め，信頼性を高めて修正していく作業が必要である。10年くらい真面目に磨き上げるとそれなりに使えるようになるかも。どーです，作る気になりましたか？

るか。
(2) 信頼性：その検査結果が安定しているかどうか。
(3) 弁別性：個人と個人の差が識別されやすいこと。
(4) 客観性：検査の正答基準は客観的なものであること。
(5) 有効性：検査結果がその目的のために利用しやすいものであるか。
(6) 実用性：採点の容易性。手間がかからず，費用が安いこと。

心理テストというと多くの人は，何か問題のある人のための検査というイメージが強いが必ずしもそうではないことに留意されたい。

2．テスト・バッテリー

被検査者のために複数の検査を組み合わせて使用することを，テスト・バッテリーを組むという。1つの検査だけでは，査定できるパーソナリティの範囲が制限されるため，いくつかの検査を組み合わせて，広く深くパーソナリティをカバーすることが望ましい。テスト・バッテリーは，検査の測定領域，検査者の習熟度，組み合わせの効果，被検査者への負担，時間・費用などの要件を考えて組む必要がある。

3．テスト場面

通常テストの場面は，依頼者，検査者，被検査者の三者よりなるが，教育や矯正の場面では，依頼者が検査者であることもある（図8-2）。多くのテストには，テストを施行するにあたっての注意点や評価の仕方が記された手引書が用意されていることが多い。しかし，テストの運用，テストを用いた査定・評価・診断においては専門的な判断を要する場合も多く，安易な使用は避けるべきである。

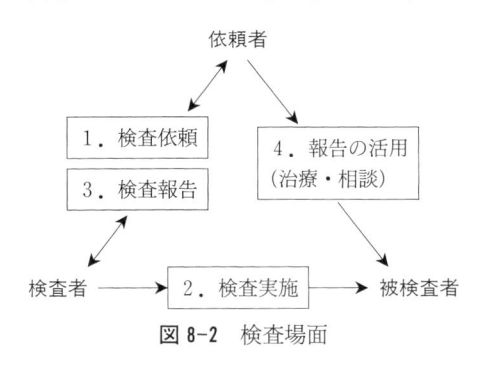

図8-2 検査場面

4．性格テスト

a．質問紙法（questionnaire）

質問紙法は，パーソナリティ特性を表す複数の質問文に対して，

第8章　パーソナリティ

限られた反応カテゴリの中から選択回答（例：はい，?，いいえ）を行う形式のテストである。被検査者の生活場面での特徴的な行動を発見する目的で作られている。集団での実施が可能であり，採点や解釈にそれほど技能と熟練を要しない。反面，本人が自覚していない面はとらえることができず，さらに，被検査者が防衛的であるときには結果に影響が生じることがある。虚偽の回答や画一的な回答の歪曲を避けるため，質問項目には回答者の態度を推し量るための"こうした回答でなければおかしい"という，虚構尺度（ライ・スケール）と呼ばれる質問項目を含ませることが多い。

質問紙法では，テストの標準化，基準の客観性・信頼性・妥当性が問題になる。

(1) 矢田部＝ギルフォード性格検査（Yatabe-Guilford Personality Inventory：YG性格検査）

ギルフォード（Guilford, J. P.）の特性論をもとに日本で矢田部達郎らによって標準化されたもの。性格特性，情緒，対人関係などに関する12の尺度から構成される。120問の質問よりなり，回答は〈はい，いいえ，どちらでもない〉の三択である。回答は機械的に集計され，特性論的な解釈だけでなく，全体的なプロフィールから，「平均型」「情緒不安積極型」「安定消極型」「安定積極型」「情緒不安消極型」の5つの類型を典型とする類型論的な評価も可能である。

(2) ミネソタ多面人格検査（Minnesota Multiphasic Personality Inventory：MMPI）

ミネソタ大学のハサウェーとマッキンリー（Hathaway, S. R. & McKinley, J. C.）によって発表されたもの。当初の目的は精神医学的診断の客観化であったが，パーソナリティを記述する手段として広く使用されている。原法は550の質問項目から構成されており，心気症，抑うつ性，ヒステリー，精神病質的偏倚性，性度，偏執性，精神衰弱性，精神分裂性，軽躁性，社会的向性の10の特性の尺度値（臨床尺度）が得られ，一般にはそのプロフィールによって解釈がなされる。回答は〈はい，いいえ，どちらでもない〉の三択である。得られた回答情報がパーソナリティの特徴の推測に妥当であるかという「妥当性尺度」を含んでいることが特徴である。

⑶　コーネル・メディカル・インデックス（Cornell Medical Index：CMI）

　コーネル大学のブロードマン（Brodman, K.）らによって発表された，身体的な自覚症状と精神的自覚症状を問う検査。身体的自覚症状についての質問項目144問と，精神的自覚症状についての質問項目51問，合計195問から構成されている。身体症状をともなう神経症のスクリーニングに使用されることも多い。

⑷　精研式パーソナリティ・インベントリィ（Personality Inventory：INV）

　佐野勝男・槇田仁・坂部先平によって1960年に発表された性格テスト。クレッチマー，シェルドンの3類型に，クレッチマーのいう変質性の7つの特殊型の中からヒステリーと神経質を加えた5つの性格傾向（精神医学的性格類型）を因子のように見立てて，性格を査定するためのものである。5つの性格傾向は以下のものである。

　①　S（Schizothym：分裂気質。内閉性，思考的，両面性〔敏感－鈍感〕など）
　②　Z（Zyklothym：循環気質。同調性，行動的，両極性〔躁－うつ〕など）
　③　E（epileptisches Temperament：粘着気質。粘着性，社会通念的，爆発性など）
　④　H（Hysterie：ヒステリー。顕示性，虚栄的，小児性，自己中心性など）
　⑤　N（Nervosität：神経質。不安定性，取り越し苦労，劣等感など）

ｂ．投映法（投影法：projective technique）

　あいまいな視覚的，あるいは言語的刺激を被検査者に呈示し，どのように受けとめ・解釈し・表現するかを分析し，その連想，自由な空想・想像，およびその産出過程を評価することで，被検査者のパーソナリティを推論しようとする方法である。質問紙法と異なり，無意識レベルの個性を測定することが可能であり，回答者が意図的に結果を操作したり，自己防衛するのが難しいといった利点がある。反面，テストを行い，整理するのは複雑で，習熟した判定者であっても，主観が入り込みやすく，標準化が難しいといった問題点がある。特定場面での典型的な行動をみたり，パーソナリティを臨床的に心理査定する場合に用いられ，総合的でダイナミックな人間像をとらえる一方法である。

第 8 章　パーソナリティ

図 8-3　ロールシャッハ図版（模造図）　　図 8-4　TAT 図版（部分）

(1)　ロールシャッハ・テスト（Rorschach Test）

　スイスの精神科医ロールシャッハ（Rorschach, H.）により創案され，左右対称のインク・ブロット（シミ）を視覚刺激として被検査者に呈示し，「何に見えますか」という教示のもとに偶然図形が引き起こす視知覚体験を語らせる方法。刺激となる図版は，10枚（5枚の明暗図版，2枚の黒赤2色図版，3枚の多彩図版）の左右対称のインク・ブロットよりなり，図版のあいまいさ，不完全さを被検査者がどのように知覚・表現するかによりパーソナリティの特徴を推測しようとするものである。パーソナリティの知的側面，適応や成熟度，情緒安定性などが測定される。知覚とパーソナリティの関連，視知覚体験が知的側面をどう表現しうるか，適応や成熟度，情緒安定性などがどのように表出するかが議論されてきている。参考図を図8-3に示す。

(2)　文章完成法テスト（Sentence Completion Test：SCT）

　被検査者に未完成の文章を与え，自由に文章を完成するという課題を通じて被検査者のパーソナリティを推論しようとするテストである。型式や分析法はいろいろあるが，集団施行ができること，検査者が知りたいことを刺激文として入れられること，被検査者の現実行動とのずれが少なく，簡便であることが，このテストの利点である。現在日本で主として使用される精研式SCTは，60問で構成され，表8-1の5つの側面（環境，身体，能力，性格，指向）を用いて解釈される。

(3) 主題統覚検査（Thematic Apperception Test：TAT）

　マレーとモーガン（Murray, H. A. & Morgan, C. D.）により発表された人格テスト。さまざまな状況を描いた絵30枚と白紙1枚の中から，被検査者の年齢や性別などによって20枚を選んで，1枚ずつ順番に呈示し，過去，現在，未来といった時間的変化を含んだ物語を被検査者に空想させ語らせる。ここでいう物語とは，登場人物の考えや行動に言及した，多少なりとも時間的経過を含んだ簡単なストーリーのことである。同じ絵を見ても，見る人が異なると違った受け取り方をされ，パーソナリティの違いが反映されると考えられる。呈示される絵には以下の特徴がある。

　①何らかの危機的場面を暗示している。②それに関連した空想を引き出す働きがある。③誰にとっても，その人の主要な空想を必ず引き出せる。④語り手が同一視できる人物が少なくとも一人いる。⑤現在，語り手が直面している解釈しなければならない課題が，内省的に語られる。参考図を図8-4（前頁）に示す。

(4) 描画テスト

　被検査者にさまざまな絵を描かせて，パーソナリティを査定する方法である。研究者によって種々の絵を描かせる方法が創案されている。

① 樹木描画テスト（Baum Test：バウム・テスト）：「実のなる木を1本描いてください」といった教示のもとに白紙に樹木の絵を1本描くことでパーソナリティを査定するテストである。

② HTPテスト（House Tree Person Test）：「家を1軒描いてください」「次に，木を1本描いてください」「次に，人を1人描いてください。全身像を描いてください」といった教示がなされ，意識的・無意識的な自己像，成長のイメージ，基本的安定感などが表現される。

③ 人物描画テスト（Draw A Person Test：DAP）：「1人の人の全身像を描いてください」といった教示で，意識的・無意識的な自己像，男性像，女性像などが表現される。

ｃ．作業検査法

　内田・クレペリン精神検査は，代表的作業検査法としてわが国で開発された。「隣り合った2つの数字を足して，答えを数字の間に書いてください。答えが2桁になる場合は下1桁を書いてください」という教示で，一定時間数字の連

続加算作業を行わせ，作業曲線の形，作業量，誤答数などから被検査者の心的活動性の特徴が把握できる。作業自体は，単純作業であり，その仕事ぶり，作業ぶりや作業終了後の作業曲線で，精神の健康度，障害の有無・様相，特性の意志的側面，性格の偏りなどが査定できる。運転手，工場作業の事故予測などの作業における疲労度の査定，30以上の都道府県の教員採用などに使用されている。

5. 知能テスト

知能を科学的・客観的に測定するために考案された心理学的測定用具（尺度）を知能テストといい，多くのものが考案されている。

a．田中＝ビネー式知能検査

フランス人のビネー（Binet, A.）は政府の委託で，学校教育についていけない子どもを早期に発見するための方法を研究し，シモン（Simon, T.）とともに年齢尺度や精神年齢（MA）の概念を導入した知能検査を完成させた。のちにスタンフォード大学のターマン（Terman, L. M.）により改訂され，スタンフォード＝ビネー式一般知能検査となった。日本では，田中寛一がこれを改良し，田中＝ビネー式知能検査を作成した。ビネーは，精神遅滞児童は精神発達が遅れているだけで，正常児童と質的には異ならないと考えた。したがって，ここで算出される知能は年齢とともに線形に発達し，学校教育との関連が指摘され，質的差異は問題にならない。また，テストの1つの得点で総合的知能をはかることを目的としたものである。

ビネー式検査の評価は以下の式で定義される知能指数である。

$$知能指数(IQ) = \frac{精神年齢(MA)}{生活年齢(CA)} \times 100$$

（IQ：Intelligence Quotient　MA：Mental Age　CA：Chronological Age）

IQの評価は，表8-5のようになる。

実際MAは16～20歳で増加がほ

表 8-5　田中＝ビネー式知能検査 IQ の評価

IQ	分類段階	%
130≦	非常に優秀	2.2
120−129	優秀	6.9
110−119	普通の上	16.1
90−109	普通	50.0
80−89	普通の下	16.1
70−79	境界線	6.9
≧69	精神発達遅滞	2.2

とんどなくなり，IQ が年とともに低下することになって，上記の IQ は適切ではないことがある。現在よく使用される指標は，偏差値 IQ といわれ，次式で定義される。

$$偏差値 IQ = \frac{個人の得点 - 同一年齢集団の平均値}{同一年齢集団の標準偏差} \times 15 + 100$$

b．ウェクスラー式知能検査（Wechsler's Diagnostic Intelligence Test）

1939年当時アメリカで広く使用されていたスタンフォード＝ビネー式知能検査に対する批判から，ウェクスラー（Wechsler, D.）は，独自の知能検査観に基づき，10歳から60歳までを適応年齢とする個別式知能検査法――ウェクスラー・ベルビュー成人知能検査 WAIS（Wechsler Adult Intelligence Scale），5歳から15歳の児童を対象とする WISC（Wechsler Intelligence Scale for Children），4歳から6歳半までに適応する WPPSI（Wechsler Preschool and Primary Scale of Intelligence）を作成した。ビネーらの認識が「知能とは外界を全体として再構成するために作用する認識能力」であったのに対して，ウェクスラーは「個人が目的的に行動し，合理的に思考し，かつ効果的に自身を取り巻く外的環境を処理する個々の能力の集合体的能力」と定義し，10～11種の異なる能力の項目別評価と，その総合的評価によって，知能の構造的特徴を明らかにしようとした。

検査は，言語性検査（verbal test）と動作性検査（performance test）からなり，前者は6個の下位テスト，後者は5個の下位テストを含む。計11個の異なるタイプを表す尺度から構成される。判定は，言語性検査と動作性検査の得点からプロフィールを作り，総体的知能を測定するようになっている。

現在日本で使用されているのは，WAIS と WISC の改訂版で，大人用の WAIS-R と子ども用の WISC-R，WPPSI で，3歳10カ月の幼児から75歳の高齢者まで幅広い対象を測定可能である。

―次のステップへ！――
☞ 類型論と特性論のメリット，デメリットを比較してみよう。
☞ 投映法と質問紙法のメリット，デメリットをまとめてみよう。

■文献

上里一郎（監修）　2001　心理学基礎事典（現代のエスプリ別冊）　至文堂

オルポート, G. W.　今田 恵（監訳）　1968　人格心理学 上・下　誠信書房（Allport, G. W.　1961　*Pattern and Growth in Personality.* Holt, Rinehart & Winston.）

青木孝悦・杉山憲司・二宮克美・越川房子・佐藤達哉（編）　1998　性格心理学ハンドブック　福村出版

肥田野直・瀬谷正敏・大川信明　1961　心理教育統計学　培風館

片口安史　1987　改訂 新・心理診断法　金子書房

木下晴都　1993　東洋医学と交流分析　エンタプライズ

コッホ, C.　林 勝造・国吉政一・一谷 彊（訳）　1970　バウム・テスト　日本文化科学社（Koch, C.　1952　*The Tree Test.* Verlag Hans Huber.）

クラーエ, B.　堀毛一也（編訳）　1996　社会的状況とパーソナリティ　北大路書房（Krahé, B.　1992　*Personality and Social Psychology: Toward a Synthesis.* Sage Publication.）

槇田 仁（編著）　2001　パーソナリティの診断 総説 手引　金子書房

松原達哉（編著）　1995　最新 心理テスト法入門　日本文化科学社

McCrae, R. R. & Costa, P. T. Jr.　1990　*Personality in Adulthood.* Guilford Press.

ミッシェル, W.　詫摩武俊（監訳）　1992　パーソナリティの理論――状況主義的アプローチ　誠信書房（Mischel, W.　1968　*Personality and Assessment.* John Wiley & Sons, Inc.）

Murray, H. A. & Kluckholn, C. 1953 Outline of a conception of personality. In C. Kluckhohn, H. A. Murray & D. Schneider (Eds.) *Personality in Nature, Society and Culture,* 2nd ed. Knopf. pp. 3-52.

日本・精神技術研究所（編）　1990　内田クレペリン精神検査・データブック　日本・精神技術研究所

岡堂哲雄　1993　ウェクスラー法知能検査　岡堂哲雄（編）　増補新版 心理検査学　垣内出版

岡堂哲雄（編）　1998　臨床心理学シリーズⅡ：心理査定プラクティス（現代のエスプリ別冊）　至文堂

詫摩武俊（編著）　1978　性格の理論〔第二版〕　誠信書房

山本和郎　1992　TATかかわり分析　東京大学出版会

第9章
発　達

　発達心理学では，従来成人期までの発達を中心に考えてきました。生涯発達といった視点が見られるようになったのは最近です。しかし，古来の教えのなかには，ライフサイクル（life cycle）といった視点は数多く見られます。

　たとえば，有名な孔子の『論語』には，「吾れ十有五にして学に志す。三十にして立つ。四十にして惑わず。五十にして天命を知る。六十にして耳従う。七十にして心の欲する所に従えども矩をこえず」とあります。

　また，インドには「四住期」という人生を4つの時期に分ける考え方があります。こころをこめて学ぶ学生期，職業に就き，家庭生活を営む家住期，財産や家族を棄て，人里離れたところで暮らす林住期，そしてこの世への一切の執着を棄てて巡礼する遊行期。現代において，この四住期の生き方を行うことはかなり難しいと思われますが，実は著者は林住期的生き方をしている老人に出会ったことがあります。退職し，家族とも離れ，毎日散歩と水泳に明け暮れているそうです。仙人のような悠々とした泳ぎっぷりに感動しました。ある時から全く姿が見えなくなりましたが，きっと遊行期に移行されたのでしょう。

　人の生涯とは，幸せとは，いったい何なのだろうかとふっと考えさせられた方でした。

（扉のことば・千田）

1節　発達とは

1. 発達の定義

　人間は誕生後，身長や体重の増加，運動能力の増大，言語の習得，知的能力の増大，パーソナリティの統合などさまざまな面で変化していく。こうした心身の構造や機能が量的，質的に変化していく過程が発達（development）である。こうした変化には個人差があるものの，一定の順序，方向性が見られる。この変化の一般的法則性を見いだし，また，その変化の要因を探究しようとするのが発達の研究であり，発達心理学といわれている。

　従来の発達心理学では，誕生から青年期までを対象とすることが多く，成人以後はほとんど研究の対象とされてこなかった。しかし，近年では成人期や老年期を含めて，誕生から死にいたるまでの一生を発達という視点でとらえようとする傾向が見られる。生涯発達心理学といわれているものである。確かに人間の発達的変化が特に顕著に見られるのは青年期までである。しかしながら，近年注目されてきている自我の発達や，パーソナリティ全体の統合という視点からみると成人以後も発達的な変化を示していくものである。人の一生，ライフサイクルは絶えざる変化の連続であり，生涯発達という視点が重要になってくる。

2. 発達の規定要因

　発達にはさまざまな問題，論争があるが，その中心となるのは発達が何によって規定されるのかという問題である。遺伝（heredity）と環境（environment）の問題，および，成熟（maturation）と学習の問題である。この問題についてこれまでにいろいろな学説が唱えられてきた。しかし，すべては遺伝によって決定されているという生得説（遺伝説）も，人間は白紙の状態で生まれてくるのであり生後の経験によってどのようにも変化しうると主張する経験説（環境説）も，現在ではあまり受け入れられてはおらず，遺伝も環境もともに発達に寄与しているとする学説が主流となっている。

a．加算的寄与説

遺伝も環境もという立場はシュテルン (Stern, W.) の輻輳説 (convergence theory) に端を発しており，多くの人々に受け入れられた。ルクセンブルガー (Luxenburger, H.) の図式（図9-1）で示されているように，どんな特性も常に遺伝と環境の両方の影響を受けるのであるが，ある特性はより遺伝的要因の寄与が強く，別の特性は環境要因の寄与が強いという形で遺伝と環境の相対的寄与率は個々の特性によって異なっているという考え方である。この学説は常識的で現在でも広く受け入れられているが，遺伝と環境の影響は独立したもので単純に加算的なものと考えられている。

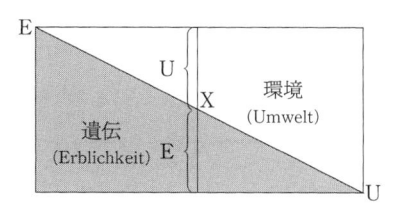

図9-1 ルクセンブルガーの図式
(Luxenburger, 1943：太田垣, 1988より)

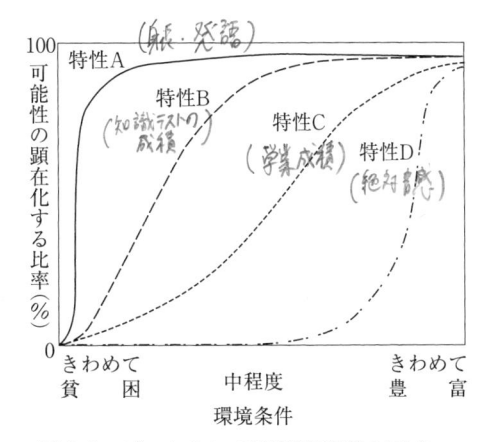

図9-2 ジェンセンの環境閾値説の図式
(Jensen, 1968：東, 1969：太田垣, 1988より)

b．相互作用説

相互作用説も，遺伝と環境の両要因を考えるという点では先の加算的寄与説と同じではあるが，単なる加算ではなく，遺伝的要因と環境的要因が相互に影響しあうと考えるところに違いがある。相互作用説の例としては，ジェンセン (Jensen, A. R.) の環境閾値説 (theory of "environment as a threshold variable") があげられる。ジェンセンは環境が閾値要因として働くと考え，環境条件がある特性に固有の閾値よりも低い，すなわち不良であるならば，その特性の発達は妨げられると主張した。その閾値は特性によって異なっているため，図9-2のように各特性の発達が異なってくると考えられている。特性Aに当たるものとしては身長などがあり，極度に不適切な環境でないかぎり，遺伝的要因がほぼそのまま発達を規定する。一方，特性Dは絶対音感など，きわめて適切な環境条件のもとではじめてその

遺伝的可能性が顕在化しうるものである。

2節　発達の理論

　すでにみてきたように，発達の理論には，生得説，経験説，加算的寄与説，相互作用説などの立場による違い，またどのような領域を主に研究しているかなどの違いにより，いろいろな理論がある。ここでは，認知的発達を体系化しているピアジェの理論と，自我を中心に心理・社会的発達を体系化しているエリクソンの理論を紹介する。

1. ピアジェの認知的発達理論

　ピアジェ（Piaget, J.）は認知的能力の発達についてそれまでの知能検査で測られていたような量的な能力の増大ではなく，質的に変化していることをとらえようとした。つまり，大人と子どもでは認知構造に質的な違いがあると考えるのである。そして，この認知構造の変化は，個体と環境との相互作用によってなされると考えている。

　ピアジェが用いるシェマ（schema），同化（assimilation），調節（accommodation）といった用語の説明から始める。まず重要なのはシェマという用語である。ピアジェはこれを個体が外界と相互作用するときに個体が用いることのできる活動のパターンであるとする。具体的には，乳児が見たものを手でつかんだり口に入れるといった，自分でいつでも引き出せる実際の動作のパターンのことである。後にそうした動作が内面化されて，頭の中でできるようになると，実際に動作する必要はなくなる。この内面化されたシェマのことを操作（operation）と呼ぶ。認知構造はこのシェマの同化と調節によって，外界と相互作用しながら変化していく。

　ピアジェは生物学で用いられている同化と調節の概念を適用する。生物学においては同化とは個体が外界のものを自分の体内に取り入れる機能であり，調節とは個体が外界の変化に合わせて自分を変化させる機能である。これを認知機能に適用して，外界のものを自分のシェマによって取り入れることを同化といい，外界のものに応じて自分のシェマを変化させることを調節という。たと

えば乳児は手でものをつかむことによってそのものを感覚運動的に知るわけで，これを同化というが，いろいろなものをつかむためにはものに応じてつかみ方を変化させなければならない。これが調節である。つまり，個体はシェマを用いて外界を同化すると同時に，そのシェマを調節して外界に対応できるものに変化させていく。そうすることで外界の同化がさらに進行するのである。認知的発達はこの同化と調節の均衡化に向かう絶えざる活動によってなされると，ピアジェは考えている。

認知構造の変化は，乳児期の実際の動作のシェマによってなされている感覚運動的構造から，表象的構造，すなわちシェマが内面化されて実際に動作することなく，頭の中でイメージを浮かべたり，操作したりできるような認知構造に向かって段階的に進んでいく。この構造的変化をピアジェは4つの発達段階に分けている。

(1) 感覚運動的段階（2歳頃まで）：この時期の乳児は，表象を獲得していないため，内的な思考はできないが，動作のシェマを用いて感覚運動的に外界を認識していく。

(2) 前操作的段階（7歳頃まで）：この段階になると表象機能が出現し，内的な思考が始まるが，まだ操作（内面化されたシェマ）ができるまでにはいたっていないため，論理的思考はできず，見かけにまどわされる直観的な思考にとどまっている。

(3) 具体的操作段階（11歳頃まで）：この段階になると可逆性をもった操作が可能になり，論理的な思考ができるようになる。しかし，これらの操作はまだ具体的な対象においてのみ可能であって，現実とはなれて命題の形式的な思考をすることはできない。

(4) 形式的操作段階（11歳以降）：前の段階では操作は具体的レベルにとどまっていたが，この段階では仮説演繹的思考，抽象的思考が可能となる。たとえそれが現実と矛盾するような命題であっても仮説的にその可能性を受け入れ，論理的操作をすることができるようになる。

ここに示した各段階の年齢は一応の目安であって個人差がある。しかし段階の順序は一定であり不変であると，ピアジェは主張している。

近年，後述する保存課題などがより早期に見られるといったピアジェに対す

表 9-1　コールバーグの道徳判断の発達段階
　　　　（永野，1985より）

I	慣習以前の水準
	第1段階　罰の回避と服従への志向
	第2段階　手段的な相対主義志向
II	慣習的水準
	第3段階　人間関係における協調への志向
	第4段階　法と秩序への志向
III	慣習以後の原理，原則的水準
	第5段階　社会契約的な法律志向
	第6段階　普遍的な倫理的原理志向

る反証も出てきている。しかし，発達心理学に与えている影響は今なお大きなものがある。たとえば，コールバーグ（Kohlberg, L.）はピアジェの理論を発展させて，道徳判断の発達理論を体系化している（表9-1）。

2. エリクソンの自我の発達理論

エリクソン（Erikson, E. H.）はフロイト（Freud, S.）の精神分析理論に基づき，それを発展させて，同一性（identity：アイデンティティ）の概念を中心にした自我の発達理論を体系化した。彼の理論は基本的にはフロイトの考え方を受け継いではいるが，いくつかの違いもある。まず，フロイトが自我よりもイドを中心にした本能論的な理論展開をしたのに対して，エリクソンは自我の自律性を強調した発達を論じている。また，フロイトはリビドーの満足を軸とした心理－性的発達を主張しているが，エリクソンは自我と社会との関係を軸とした心理－社会的発達を重視している。エリクソンは生涯発達という視点から人間の一生を8つの段階に分け，各段階における自我の発達課題を図9-3のように定式化している。

3節　各発達段階の特徴

発達段階の区分の仕方は研究者によって異なるが，ここでは最も一般的な発達段階として，乳児期，幼児期，児童期，青年期，成人期，老年期に分けて各段階の特徴をまとめていく。

1. 乳児期（infancy）

出生から1歳半頃までを乳児期という。なお，受精後3カ月目から出生までの期間を胎児期（fetal period）といい，生命の第一段階とする考え方も有力

	1	2	3	4	5	6	7	8
老年期								自我の統合 対 絶望
成人期							生殖性 対 自己停滞	
初期成人期						親密さ 対 孤独		
青年期					同一性 対 同一性拡散			
児童期				勤勉性 対 劣等感				
幼児期(後期)			自発性 対 罪悪感					
幼児期(前期)		自律性 対 恥・疑惑						
乳児期	基本的信頼 対 不信							

図 9-3 エリクソンの自我の発達課題（エリクソン，仁科訳，1977より）

である。また，生後4週頃までを新生児期（neonatal period）ということもある。新生児期では，1日の大半を眠って過ごしており，胎児期の延長という感じが強い。

スイスの生物学者ポルトマン（Portmann, A.）は乳児期について興味深い知見を述べている。人間と人間以外の高等ほ乳類との妊娠期間などを比較した結果，人間は生理的早産の状態で生まれてくると結論し，生後約1年間を子宮外胎児期と名づけたのである。ヒトは本来，胎内環境という安定した状況の中で過ごすはずの時期に，外界に無力な状態で生まれてくることになるが，一方では環境からのいろいろな刺激を受けることとなり，生後の経験が大きく影響する。ここにきわめて可塑性に富んだ存在であるという人間の特殊性が生じてきたとポルトマンは主張する。また，人間は幼い形のままで成長していくというネオテニー（neoteny：幼形成熟）の考え方も，こうした人間の発達における特殊性を示唆している。乳児は母親（養育者）の保護のもとではじめて生存が可能となるのであり，母子関係が非常に重要である。

ピアジェは乳児期の感覚運動的な知能を重視している。この時期ではまだ乳児は表象機能をもっていないため，内的な思考は行われないが，感覚と運動の

機能を通して外界に働きかけ，それを認識していると考えられる。新生児期の生得的な反射のレベルから始まって，何でも目につくものを吸うという第一次循環反応といわれる習慣の形成，さらにガラガラについている紐をひくと音が出るのを発見すると，自分の行為が環境に影響を与えていることを確認するかのように紐をひくことを繰り返す第二次循環反応，そして1歳を過ぎる頃から見られる，物を投げるにしてもいろいろなやり方を試してみて，その効果を確かめる第三次循環反応にいたり，乳児期の終わりには感覚運動的知能は完成されるのである。この間に乳児は空間関係や因果関係なども感覚運動的に認識していくとピアジェはいう。

なかでもピアジェが重視しているのは対象の保存である。おもちゃの上に布をかぶせてみると乳児はもう探そうとはしなくなる。知覚されないものは存在していないかのように反応しているが，8カ月を過ぎる頃から見えなくなったものを探す反応が見られるようになってくる。知覚されなくても，物は存在し続けていることが認識できるようになるのである。生まれたばかりの新生児が自他未分化の状態で自己と外界との区別さえもない混沌とした状況であることを考えるとその発達は驚異的である。

乳児期には母子関係が対人関係の中心であり，母親（養育者）との愛着（attachment）関係を通して，エリクソンのいう乳児期の発達課題である基本的信頼を形成していくのである。普通，乳児は母親とのさまざまなやりとり（微笑み，スキンシップなど）を通して8カ月頃までに愛着関係を確立する。不幸にしてこうした愛着関係を形成できない子どもの例をホスピタリズム（hospitalism）の現象に見ることができる。これは乳児院などの施設で養育された子どもたちが，知的発達や社会的発達が遅れるといった現象である。養育が機械的で情緒的接触が少なく，乳児の行動に対して応答的環境ではないことが原因と考えられた。現在では改善がはかられ，問題も減少している。

2. 幼児期 (early childhood)

1歳半頃から6歳頃までを幼児期という。この時期の特徴はまず，直立歩行が可能となるなどの運動面での著しい発達と言語の発達である。これらは幼児期の他の発達に影響していく。乳児期には全面的に養育者に依存していたが，

幼児期に入ると，一人の人間としての自立に向かっての長い道のりが始まる。その最初の課題は身辺自立である。身体的な発達によって幼児は自分の身体のコントロールが可能となってくる。同時に親はそれまで要求しなかった自己コントロールを幼児に対して要求しはじめる。食事，排泄，睡眠，清潔，着衣，規則といった社会生活に必要な基本的生活習慣のしつけである。この自己コントロールがうまくできれば，幼児は自律性を感じられるが，一方失敗は恥ずかしいという感覚をもたらす。これがエリクソンのいう自律性 対 恥・疑惑という幼児期前期の発達課題である。

　自律性を獲得した幼児は自分の意思で行動しはじめる。しかし，まだ何が危険なことなのか，社会的に禁止されていることなのかについての認識は不十分であり，親は心配して子どもの行動を制限しようとする。幼児にとっては自由を制限されるように感じられ，自分の意思をあえて通そうとする。これが，3歳頃にみられる第一反抗期である。親から見ると反抗的な態度にとまどったりするが，幼児にとっては自立への第一歩であり，自我の芽生えであるといえる。そして，この反抗期を通して幼児は大人の要求や制約を体験し，自分の意思との調和をはかるようになり，徐々にそうした要請を内面化してまわりの期待に応えようとしはじめるのである。エリクソンの幼児期後期の発達課題である自発性 対 罪悪感がここに現れてくる。幼児はまわりの環境に対して積極的に働きかけて自発性の感覚を獲得する必要があり，一方では内面化した親や社会の要請に合わせて自分の行動をコントロールしなければならない。これに反した行動をすれば罪悪感を感じざるをえない。このバランスが重要で，罪悪感が強すぎれば自発性が発揮されなくなり，いわゆるおとなしいよい子になってしまう。

　知的な面を見ると幼児期は表象機能の獲得によって乳児期から大きく変化していく。言語やイメージによって目の前にはないものをこころに描くことができるようになる。これは遊びの中でも見られる。積み木を自動車に見立てて遊ぶ象徴遊びや，ごっこ遊びなどの行動である。こうした表象機能によって幼児は内的な思考をはじめるのである。しかし，この時期の思考は限界ももっている。幼児には自分の視点から離れて，他者の視点からものを見たり，考えたりすることができないという，ピアジェが自己中心性と呼んでいる特徴がある。

ピアジェはこのことを三つ山問題という実験（図9-4）で示している。ただ，この自己中心性はあくまでも認知的能力の限界から生じているもので，子どもは利己的なものだというのではない。

幼児期のもう1つの特徴は対人関係の広がりである。乳児の行動範囲はほとんど家庭内にとどまっていたが，幼児期になると徐々に友だちとの遊びを通して新しい対人関係を広げていく。幼児期の後半になると幼稚園などの集団生活を体験する。先に述べたように自己中心性のためにお互いにぶつかり合うことも多いが，そうした友だちとのけんかや協同を通して社会性を発達させていくのである。

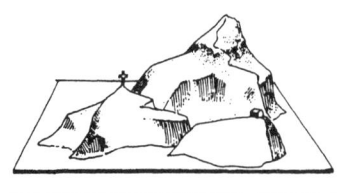

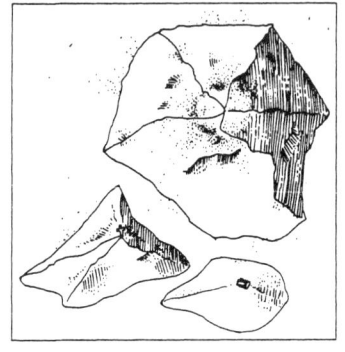

図9-4　ピアジェの三つ山問題（フィッシャーほか，南監訳，1976）

3. 児童期 (childhood)

児童期とは6歳頃から11歳頃までの時期である。この時期は身体的発達がゆるやかになり，全般的に安定した時期である。学校教育が始まり，それまでの遊び中心の生活から大きく変化する。この時期の知的発達は著しく，言語は人とのコミュニケーションのための話し言葉から内的な思考のための読み書き能力の発達へと移行していく。また，ピアジェのいう具体的操作の段階になって論理的に思考することが可能となり，一連の保存課題（図9-5）でも，頭の中で元にもどす操作が可能となり，見かけの変形や移動にまどわされないようになる。しかし，この段階でもまだ限界はあり，こうした操作ができるのは具体的な事象に限られ，現実にしばられている。

こうした知的発達は学校教育の基礎となり，また学校教育によってさまざまな知識を身につけ，知的発達が促進されていく。ここにエリクソンのいう勤勉性 対 劣等感の発達課題が生じてくる。子どもたちは学校教育の中で，自らを社会に適応させ，社会を維持し，変革していく具体的な力を身につけていくの

であるが，それらの課題や技術をうまく習得できていけば，勤勉性の感覚，すなわち将来社会の中でやっていける何ものかを習得しつつあるという有能感をもつことができる。しかし，うまく習得できないと劣等感を感じてしまうのである。ここでもバランスが重要であり，全能感ではなく，その子なりの有能感が獲得される必要がある。

　学校教育と並んで重要なのは友人関係の発展である。幼児期に芽生えていた友人関係はさらに発展し，それまでの親子関係中心から友人関係の比重が高まっていく。特に児童期の後半はギャングエイジ（gang age）といわれて，少人数の同性集団が自発的に形成され，いつもそのグループで遊びまわるようになる。グループは閉鎖的で団結し，仲間意識が強い。その集団なりの規範ができ，大人たちよりも仲間に受け入れられることを重視するようになる。青年期になると自己の内面に関心が向くようになり少数の親友との関係を求めるようになって，こうした集団は解体するが，児童期のこうした子どもだけの経験が，他者に対する思いやりや協同など社会生活の基本的な態度を形成していくのである。近年こうした子ども同士の緊密な関係が薄れてきて，人間関係の基本が育っていかない傾向が見られる。いじめの問題の増加など子ど

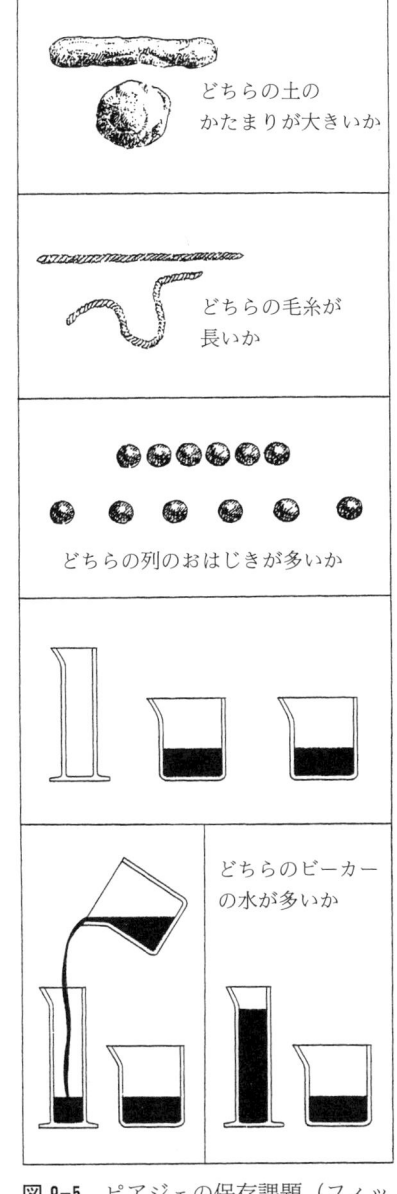

どちらの土の
かたまりが大きいか

どちらの毛糸が
長いか

どちらの列のおはじきが多いか

どちらのビーカー
の水が多いか

図9-5　ピアジェの保存課題（フィッシャーほか，南監訳，1976）

もたちの人間関係上の問題が注目されている。

4. 青年期 (adolescence)

　12歳頃から成人になるまでを青年期という。青年期の始まりは身体的な成長，特に第二次性徴の発現による性機能の成熟によって特徴づけられ，この時期を思春期（puberty）ともいう。こうした身体的変化は，青年に，もう子どもではないと感じさせる。知的な側面を見てもピアジェのいう表象構造の完成期である形式的操作の段階になり，知能検査で測定される知的能力で見ても16歳から20歳頃にはほぼピークに達する。しかし，経済的，社会的にはまだ大人とは認められず，青年自身も精神的に成熟しているとは感じられない。このように青年期は子どもから大人への過渡期であり，不安定な時期であるが，一方では大人になるための総決算という人生における重要な時期でもある。児童期まではどちらかというと関心が外の世界に向けられていたが，青年期になると自分の内面に関心が向かうようになり，また，他者が自分のことをどう思っているかが気になり，自分の長所や欠点を強く意識するようになる。こうした自分についてもつイメージを自己概念とか自己像という。青年期の自己概念は一般的に不安定でちょっとした経験で揺れ動くものである。また，現実の自己像だけでなく，こうありたいという理想像をもつようになり，理想に近づこうと積極的に努力するのも青年期の特徴である。

　青年期の生活空間は大きく広がり，親との関係は次第に弱まっていく。経済的な自立はまだ先だが，精神的には親への依存から脱しようとする。さらに青年はピアジェのいう形式的操作の発達とも関連して，現実の束縛から離れ，理想主義的なものの考え方をしやすく，親の現実的な考え方とは対立する。これがいわゆる第二反抗期である。こうした親からの自立の葛藤を解決していくことを心理的離乳という。また，性的成熟にともなって異性への関心が芽生え，異性関係の問題も重要になってくる。さまざまな問題に対して多くの可能性の中から自分の進むべき道を選択していくのが青年期であり，「自分はいったい何者なのか，これから何をしようとするのか」といった問いに対して自ら行う自己規定がエリクソンのいう同一性の課題である。同一性とは自己の単一性，連続性，独自性の感覚を意味するだけでなく，社会との関係で是認された役割

の達成を介して得られる連帯感や安定感に基づいた自尊感情および肯定的な自己像をも意味している。この同一性の確立はそれまでの自己像の再構成，統合を迫るもので，さまざまな役割実験などを通して試行錯誤的に進んでいくものである。エリクソンは青年期を同一性確立のために青年に与えられるモラトリアム（moratorium：社会的な責任や義務を一時的に免除する心理社会的な猶予期間）であるととらえている。

　その後マーシャ（Marcia, J. E.）は同一性についての研究から，青年には4つのタイプがあることを示唆している。
(1)　危機を乗り越えて同一性を獲得した同一性達成群。
(2)　危機の真最中で同一性を模索しているモラトリアム群。
(3)　自分が何者なのか，全くわからなくなっている同一性拡散群。
(4)　児童期までの自己像をそのまま自らの同一性とする早期完了群。

5. 成人期（adulthood）・老年期（old age）

　青年期に続く時期を成人期というが，その始まりは明確ではない。通例20歳頃からとも考えられるが，30歳近くまで青年期を延長しているように思われる人たちもあり，個人差が大きい。身体的発達や運動機能，知的能力などの領域では青年期のうちに発達の頂点に達しており，成人期ではそのままの水準が維持され，やがては老化現象により機能が低下していく。しかし一方では，現実に社会で活躍している老年の人々の中には若い人以上の能力や業績を示している人もいる。

　パーソナリティについては青年期ほどの大きな揺れはなく，安定してくるが，成人期に入ってからも，結婚，親になること，職業上のキャリア発達などさまざまな転機があり，発達は続いていくものと考えられる。エリクソンは成人期に2つの課題をあげている。1つは初期成人期（early adulthood）のもので，親密さ 対 孤独である。これは親からの自立を果たして社会の中で生活しはじめた成人が自分なりの人間関係を作っていくなかで，他者と本当の意味での親密な関係をもてるか，形式的な人間関係しかもてずに孤立した生活になるかという問題であり，最も明確な形で現れてくるのは，異性関係や結婚の問題である。

もう1つの課題は生殖性 対 自己停滞である。生殖性とは社会に対して何かを新しく生み出すという意味であり，最も典型的な形は次の世代を生み育てることである。もちろん子どもを産むことだけが生殖性の達成の唯一の方法ではなく，教育や生産活動などそれにたずさわることによって自分の存在の意味を見いだすことのできるものであればよい。これが満たされないと社会に何ら寄与できない自分の人生に空虚感を抱き，停滞の感覚が生じてくる。また，レビンソン（Levinson, D. J.）は長時間の面接から得たデータに基づいて，生活構造の発展プロセスという視点から図9-6のような成人期以降の発達を論じているが，そのなかで40歳代の心理的な変化を人生半ばの過渡期と呼んでいる。

老年期の特徴は目や耳の機能の低下，運動機能の低下など，身体の衰えにあることは明らかである。また，知的能力や精神活動全般にもいつか衰えがくることも事実であるが，これにはかなりの個人差がある。ただ，いずれにせよ，人間の一生は有限であり，いつかは死に直面せざるをえない存在である。老年期にはこうした死が実感として身近なものになってくる。エリクソンは老年期

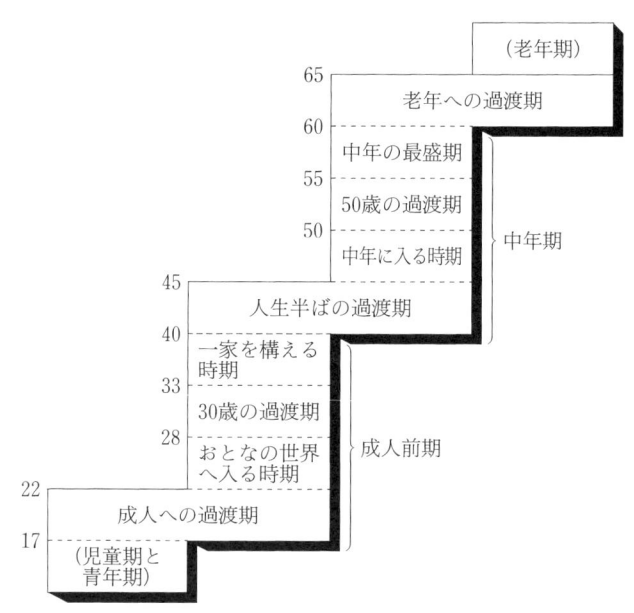

図9-6 成人前期と中年期のライフサイクル（Levinson, 1978：太田垣, 1988より）

コラム9

死の心理学

　発達の最終到達点はつまるところ死である。死はいつか必ず訪れ，誰でも生まれたときから死亡率は100％である。

　アメリカの医師キューブラー＝ロス（Kübler-Ross, E.）は著書『死ぬ瞬間』で，死にゆく患者がたどる5段階について述べている。第一段階は"否認"であり，患者は「違う」「嘘だ」「自分ではない」という気持ちになる。第二段階は"怒り"であり，「何で私だけが」「そんな馬鹿な」とあたりちらしたりする。周囲の人は，感情的に受け取らず，怒りの必要性を受容することである。第三段階は"取引"であり，「○○させてくれたら××することを神に誓う」という欧米的な例をあげている。第四段階は"抑うつ"である。患者は憂うつそうに天井を見つめ，あきらめと悲しみのうちにある。周囲の人は無理な会話を交わそうとしたりせず，黙ってそばに座っていることが必要である。第五段階は"受容"である。患者は比較的静かに自分の死を見つめ，悟りきった，諦観・静謐のうちにある。周囲の人に感謝の気持ちを表現したりするようにもなるという。

　柏木哲夫は，日本人では告知がなされにくいことから，若干異なる段階をとることを示した。彼によると，第一段階は"希望"である。これは偽りの病名を告げられることにより生じる偽りの希望であるが，症状の悪化とともに次第に弱まり絶望が頭をもたげてくる。第二段階は"疑念"であり，順調に回復するという患者の予想が裏切られることで生じる。患者は「理由づけ」を行い，希望にすがりつこうとする。第三段階は"不安"である。疑念は不安に取って代わり，死の不安をはっきりと抱くようになる。やがて第四段階"うつ状態"を経て，最後の第五段階にいたる。孤独な人は"諦め"（絶望的な生の放棄）を示し，看取る人にとりつくしまのない人間的非連続性のうちに，"こころの濁り"を感じさせて亡くなる。自律的な人は"受容"をし，看取る人との間に，人間的連続性を保って"こころの澄み"を感じさせるように亡くなるという。

　いずれにしても，主観的に安らかな死を迎えたいものである。

の課題として，自我の統合 対 絶望をあげている。死が迫っており，もう一度やり直すことはできない自分の人生を「これでよかったのだ」と受け入れられるのか，やり直したいができないという絶望を感じるのかということである。当然，この課題の解決はそれまでの人生をどう生きてきたのかにかかっているのである。

---次のステップへ！---
☞人間の発達において，遺伝要因と環境要因はどのようにかかわっているのか考察してみよう。
☞エリクソンは青年期の発達課題としてアイデンティティの確立をあげたが，論理情動療法のエリスは，必ずしもアイデンティティを確立しなければならないわけではないと言っている。どう思いますか。

■文　献

東　洋　1969　知的行動とその発達　岡本夏木・古沢頼雄・高野清純・波多野誼余夫・藤永　保（編）　児童心理学講座４：認識と思考　金子書房

エリクソン, E. H.　仁科弥生（訳）　1977　幼児期と社会　みすず書房（Erikson, E. H.　1963　*Childhood and Society.* W. W. Norton & Company.）

フィッシャー, K. W. ほか（編）　南　博（監訳）　1976　図説現代の心理学２：人間性の心理学　講談社（Fischer, K. W. *et al.* (Eds.)　1975　*Psychology Today : An Introduction,* 3rd ed. Random House.）

平山　諭・鈴木隆男（編）　1993　発達心理学の基礎Ｉ――ライフサイクル　ミネルヴァ書房

Jensen, A. R.　1968　Social class, race and genetics : Implication for education. *American Education Research Journal,* **5**, 1-42.

柏木哲夫　1978　死にゆく人々のケア　医学書院

キューブラー＝ロス, E.　川口正吉（訳）　1971　死ぬ瞬間　読売新聞社（Kübler-Ross, E.　1969　*On Death and Dying.* Taylor & Francis Books, Ltd.）

キューブラー＝ロス, E.　上野圭一（訳）　1998　人生は廻る輪のように　角川書店（Kübler-Ross, E.　1997　*The Wheel of Life a Memoir of Living and Dying.* Transworld Publishers, Ltd.）

レビンソン, D. J.　南　博（訳）　1980　人生の四季　講談社（Levinson, D. J.　1978　*The Seasons of a Man's Life.* The Sterling Lord Agency.）

Luxenburger, H.　1943　Kurzer Abriss der psychiatrischen Erblehre und Erbgesundheitspflege. In E. Bleuler (Ed.) *Lehrbuch der Psychiatrie.* Springer.

Marcia, J. E. 1967 Ego-identity status: Relationship to change in self-esteem, general maladjustment, and authoritarianism. *Journal of Personality,* **35**, 118-133.

無藤　隆・やまだようこ（編）　1995　講座生涯発達心理学1：生涯発達心理学とは何か――理論と方法　金子書房

永野重史（編）　1985　道徳性の発達と教育――コールバーグ理論の展開　新曜社

太田垣瑞一郎（編著）　1988　現代心理学　八千代出版

ピアジェ, J.　滝沢武久（訳）　1968　思考の心理学　みすず書房（Piaget, J. 1964　*Six Études de Psychologie*. Gonthier.）

ポルトマン, A.　髙木正孝（訳）　1961　人間はどこまで動物か　岩波新書（Portmann, A.　1951　*Biologische Fragmente zu Einer*. Verlag Benno Schwabe & Co.）

第10章
臨床・教育

　物理学者・寺田寅彦の随筆集『柿の種』の中に次のような文章があります。「自分の欠点を相当よく知っている人はあるが，自分のほんとうの美点を知っている人はめったにないようである。欠点は自覚することによって改善されるが，美点は自覚することによってそこなわれ亡（うしな）われるせいではないかと思われる」。

　著者は長年，臨床心理学という分野の仕事に携わってきました。カウンセリングという業務です。好むと好まざるとにかかわらず，さまざまな人の悩みや相談を受けてきました。する方もされる方も大いに苦しみ悩むことも多いものです。寺田の文章を読んで改めて考えてみたことがあります。自分の欠点で悩んでいる人のカウンセリングはわかりやすいのかもしれません。なぜなら本人がよくわかっていることだから。むしろ難しいのは自分の美点に気づくことではないでしょうか。そして，自分の欠点も美点も含めてまるごと受けとめることが重要なのではと感じています。

　巷では，「カウンセラー」という言葉がいつの間にか一人歩きをしているようです。実際にカウンセラーとはどんなことをしている人をさすのでしょうか？

　本章では，まず，臨床心理学の理論・技法を紹介します。次に，学習指導法に焦点をしぼって，教育心理学について述べていくことにします。

（扉のことば・渡辺）

1節　臨床心理学とは

　臨床心理学（clinical psychology）は，こころの問題や悩みをもつ人々に対して，そうした問題を解決し，より健全に成長していけるように援助しようとする心理学の応用と実践の分野である。その研究方法や理論，関連する領域は広く，さまざまであるが，本章ではこころの問題といろいろな心理療法についてまとめ，新しい方向性であるコミュニティ心理学について述べる。

2節　こころの問題

　こころの問題の分類の方法にはいろいろな形があるが，近年，アメリカの精神医学会が刊行している精神疾患の診断統計マニュアル（DSM：Diagnostic and Statistical Manual of Mental Disorders）や世界保健機関（WHO）で作成している国際疾病分類（ICD：International Classification of Diseases）を基準にして分類されることが多くなってきている。ここではそれらを参考にしながら，病態水準も考慮して，こころの問題のおもなものを取り上げていくことにする。

1．青年期以前の問題

　子どもや青年の問題は，成人とは別に考えた方がよいと思われるので，まず子どもや青年に特有の問題を取り上げる。

a．学習障害（LD：learning disabilities）

　学習障害とは，基本的に全般的な知的発達の遅れはないが，聞く，話す，読む，書く，計算する，推論する能力などのうち，特定の能力の習得や活用に著しい困難を示す状態をいう。中枢神経系に何らかの機能障害が推定される。

b．注意欠陥・多動性障害（ADHD：attention-deficit/hyperactivity disorder）

　ADHDの特徴は，以下のような行動上の問題である。

(1)　不注意：注意を持続することが困難など。

(2) 多動性：じっとしていられないなど。
(3) 衝動性：思いつくままに行動してしまうなど。
ADHDの中には学習障害をあわせもつ場合もかなりあるようだ。

ｃ．自閉症（autism）

自閉という言葉から誤解されている面もあるが，実際の自閉症の特徴は，①母の後追いをしないなど，愛着行動が乏しい，②全く話さない，オウム返ししかしないなど，言語コミュニケーションに著しい遅れや歪みがある，③道順やものの置き方など，特定のものに強迫的なこだわりを示す，④体を揺らしたり，手をひらひらさせるなどの常同行動を繰り返す，などである。親の養育態度の問題といわれてきたが，現在では何らかの中枢神経系の機能不全が原因であると考えられている。なお，言語の遅れはほとんど見られないが，他の自閉症の特徴はそなえているものをアスペルガー症候群（Asperger's syndrome）と呼んでいる。

ｄ．精神遅滞（mental retardation）

ICD-10では「精神遅滞は精神の発達停止あるいは発達不全の状態であり，発達期に明らかになる全体的な知的水準に寄与する能力，たとえば認知，言語，運動および社会的能力の障害」と定義されている。最近，日本では「知的障害」と呼ばれることも多い。病因はさまざまで，遺伝的素因が関係している場合もあれば，ダウン症やフェニールケトン尿症などのように遺伝子異常によることもあり，ホスピタリズムなど乳幼児期の劣悪な生育環境による場合もある。

ｅ．不登校（non school attendance）

何らかの心理的問題（不安，緊張，恐怖など）があるため，学校に行きたくても行かれない，あるいは行かない状態をいう。日本では近年かなり増加傾向にある。原因としては，本人自身の要因や家庭の要因，学校側の要因などさまざまなものが考えられる。本人自身の要因にもいろいろあり，まじめで，がんばり屋の子が何かのつまずきをきっかけに学校に行けなくなる場合や，対人関係が苦手で友人ができず，孤立して，ひきこもってしまう場合，また，いわゆる勉強嫌いの場合などがある。

ｆ．摂食障害（eating disorder）

不食を主とする拒食症（anorexia nervosa）と過食を主とする過食症

(bulimia nervosa) とがある。拒食症は思春期の女性によく見られることから，「思春期やせ症」といわれることもあるが，最近では男性の例も増えている。ダイエットなどをきっかけにして徹底的に拒食をし，栄養不足で死にいたることさえある。原因はいろいろいわれているが，成熟拒否や自立への抵抗などが根底にあるのではないかと考えられている。過食症は，逆に大食いすることだが，通常の成人が食べる量の5倍以上も食べ，本人もコントロールできない状態である。拒食症と並行して出現することも多い。

 g．アパシー（apathy）

アパシーとは無気力状態のことで，学生に多く見られるため，ステューデント・アパシーという言葉もよく使われる。学習意欲を失い，授業に出席しなくなる。長期になれば，留年，退学といった結果になる場合もある。しかし，本業以外の場面では積極的で，アルバイトや趣味の世界で活動的なこともある。

2．神経症レベルの問題

おもに心因性と考えられるもの，つまり，心理・社会的要因が大きな役割をもつもので，これまで「神経症」と診断されてきた障害である。神経症という言葉があまりにも一般化してしまい，いろいろな意味に使用されすぎていることから，アメリカ精神医学会が作るDSMでは，第3版から「神経症」という分類はなくなった。しかし，この概念は病態水準を見るうえではかなり有効なものであると考えられる。つまり，神経症レベルというのは，非器質性で，心因によって起こると考えられる精神的な障害であり，病識があり，現実検討能力も基本的には保たれている状態と考えることができる。

ここでは，WHOの国際疾病分類（ICD-10）に従った分類をあげる。

 a．恐怖症性不安障害（phobic anxiety disorder）

不潔恐怖，対人恐怖，高所恐怖など，通常そのような恐怖を起こす状況や対象ではないことに強い恐れを起こしてしまう。

 b．不安障害（anxiety disorder）

理由もなく激しい不安に襲われるパニック障害や，たえず漠然とした不安を感じる全般性不安障害などがある。

c．強迫性障害（obsessive-compulsive disorder）

強迫観念，強迫行為など，自分でも不必要・不合理だとわかっているのにやめると不安になるのでやめられない症状をいう。

d．心的外傷後ストレス障害（PTSD：post traumatic stress disorder）

通常の人間が経験するレベルを超えた苦痛な出来事を体験した結果，強度の不安，抑うつ症状などが1カ月以上も続く場合。その苦痛な出来事を夢や想像，心象，知覚の中で再体験してしまうこと（フラッシュバック）も多い。

e．解離性および転換性障害（dissociative/conversion disorder）

以前はヒステリーと呼ばれた諸症状にほぼ該当するもので，失神やもうろう状態，多重人格といった意識の変容が生じる解離反応と，感覚マヒ，運動マヒ，失声などの身体の心因性障害といった転換反応とがある。

f．身体表現性障害（somatoform disorder）

体の健康状態を過度に意識し，わずかな異常を重大な病気ではないかと恐れる症状をいう。

g．離人・現実感喪失症候群（depersonalization-derealization syndrome）

自分自身や外界に対しての知覚に実感がなくなり，そのことに違和感を感じ，苦痛を訴えたりする症状をいう。

3．精神病レベルの問題

ここでいう精神病とは，おもに内因性の精神障害という意味で，個人の遺伝体質的素因が発病のおもな原因と推定されているものをさす。しかし，このことは完全に遺伝的に決定されているという意味ではなく，発症にはストレスなど心理・社会的要因が絡んでくる。

a．気分障害（mood disorder）

うつ状態（depressive state）と躁状態（manic state）を繰り返す双極性気分障害（躁うつ病）とうつ状態だけを繰り返す反復性うつ病性障害がある。うつ状態の特徴は悲観的な考え，憂うつで悲しく気落ちした気分，絶望，食欲減退，不眠，不安，焦躁，罪業感，思考抑制，身体不調感などである。躁状態の特徴は，うつとは逆で，気分が異常に高揚しそれが持続する，爽快感，多弁，多動，誇大観念，注意散漫などがあり，世の中が自分の思いどおりになるとい

った万能感さえ感じることがある。

近年,日本では,心理・社会的ストレスが引き金となったと思われる軽度の抑うつ症状を示す障害(抑うつ神経症と呼ばれることも多い)や,精神的な症状ははっきりせず,不眠や食欲不振,全身倦怠感といった身体症状が主となる仮面うつ病といわれるものなど,軽症うつ病が増加している。

b.統合失調症(schizophrenia)

かつては精神分裂病といわれていた。青年期に発病することが多く,病識(自分が病気であるという認識)のないことが多い。おもな症状は大きく3つにまとめることができる。

(1) 陽性症状:幻覚,妄想,滅裂思考,昏迷,精神運動性興奮など。
(2) 陰性症状:意欲の減退,自閉,感情の鈍磨など。
(3) 思考障害:集中力の欠如,思考の柔軟性のなさなど。

ただし,症状は複雑,多彩で,個人差が大きい。

4.その他の問題

a.人格障害 (personality disorder)

以前はシュナイダー(Schneider, K.)が「精神病質」という概念でとらえたものであり,個人の人格,つまり思考や判断,行動が平均から隔たっていて,そのために自分やまわりの人々を悩ませている状態をいう。疾患とはいえないので人格面での障害としかとらえられない状態である。

ICD-10では次のように分類している。

(1) 分裂病質性人格障害(schizoid personality disorder)
(2) 妄想性人格障害(paranoid personality disorder)
(3) 不安性(回避性)人格障害(anxious (avoidant) personality disorder)
(4) 依存性人格障害(dependent personality disorder)
(5) 強迫性人格障害(anankastic personality disorder)
(6) 演技性人格障害(histrionic personality disorder)
(7) 情緒不安定性人格障害(衝動型と境界型)(emotionally unstable personality disorder (impulsive type/borderline type))
(8) 非社会性人格障害(dissocial personality disorder)

b．心身症 (psychosomatic disease)

現在ではDSMにもICDにも心身症という用語は存在せず，ICD-10では「身体表現性自律神経機能不全」など複数の分類に分散している。しかし，日本心身医学会は心身症を「身体疾患の中で，その発症や経過に心理社会的因子が密接に関与し，器質的ないし機能的障害の認められる病態。ただし，神経症やうつ病など，他の精神障害に伴う身体症状は除外する」と規定し，1つにまとめている。精神的ストレスによって生じる身体的変化であり，その影響はさまざまである。

c．薬物依存 (drug dependence)

薬物というとシンナーやヘロイン，コカイン，覚醒剤，大麻などが思い浮かぶが，より身近なアルコール，ニコチン，カフェインなども薬物である。そうした薬物を継続的に使用したために，やめようとしてもやめられなくなっている状態を薬物依存という。依存には，その薬物の効果を強迫的に求めてしまう精神依存（psychic dependence）と，薬物が体内に一定量ないと正常に機能できなくなる身体依存（physical dependence）がある。精神依存のプロセスは不快な出来事からの回避から始まり，薬物の快の追求に進んでいく。身体依存では，薬物の使用を中止すると，その薬物に特有の離脱症状（withdrawal syndrome）が生じるようになり，依存から抜け出すことが非常に困難になってしまう。

3節　いろいろな心理療法

「心理療法」とは，厳密には，言語を媒介とした面接技法のことをいうが，ここでは，「薬物療法」や「電気ショック（ES）法」以外の治療法，たとえば，作業療法，運動療法，グループ・アプローチなども含めて列挙する。ただし，以下の諸療法は必ずしも個々独立の内容をもつものではなく，多分に重複しているところのあることを付記しておく。

1. クライエント中心療法 (client centered therapy)

ロジャース（Rogers, C. R.）によって提唱された技法である。はじめは非指

示的カウンセリング（non-directive counseling）から出発して，クライエント（来談者）中心療法となり，その後エンカウンター・グループ（encounter group：EG），として充実，発展を見ている。

ロジャースはクライエント自身の自己実現を治療の目標とし，カウンセラーがアドバイスや指示をクライエントに与えるのではなく，クライエントが自らの力で行動や考えを決定する方向を強調した。彼はクライエントの悩みとカウンセラーのなすべきことについて，次のように考えている。

人はみな，本来こうした問題を解決していく自己成長力をもっているのだが，クライエントはそれが発揮されない状態に陥っている。これは，クライエントのもつ自己概念と経験との不一致の問題である。本来，人は経験することをすべて意識できるのだが，自己概念が歪んでいると，それに矛盾する経験は意識されなかったり，歪められたりしてしまい，あるがままに経験を受けとめられなくなっているからである。こうした状態にあるクライエントに対してカウンセラーがなすべきことは，以下の３つの態度をクライエントに伝えることである。

(1) 無条件の肯定的関心（unconditional positive regard）：クライエントを評価したり，条件をつけることなく，暖かく受容し，尊重すること。
(2) 共感的理解（empathetic understanding）：クライエントが感じている主観的な世界をできる限りそのままの状態で感じとって理解すること。
(3) 自己一致，真実性（congruence, genuineness）：カウンセラー自身，自己概念と経験が一致していて，ありのままの自分を繕うことなく受け入れていること。

ロジャースは，この３つの条件が満たされれば，クライエントのもつ不一致の問題が解消されていくと考えたのである。

こうした態度は，理論的立場を越えて，カウンセリングの基本的テーゼとして受け入れられるようになってきている。

2. 指示的療法（directive therapy）

ロジャースの非指示的療法と異なり，クライエントに適切な示唆や助言，指導を効率よく行うことによって，クライエントがもっている問題の解決を迅速に進めようとする療法。通常，折衷的で，特定の理論に頼ることをしない。い

わば，クライエントの自我の肩代わりをし，安心させ，勇気づけ，慰め，励ますことによって，クライエントの現実適応力を増進させようとする療法である。

3. 認知療法 (cognitive therapy)

認知プロセスを変えることによって，心理的障害を修正しようとする技法。抑うつ，不安，怒りなどの感情をともなう，極端に歪曲された認知の障害を，比較的短期間の治療によって修正し，情緒的反応を安定化しようとする療法。

ベック (Beck, A. T.) によって提唱された，うつ病者に対する認知療法が有名だが，最近では，パニック障害，不安障害，ストレス・マネジメント，人格障害，摂食障害，心身症などにも適用されるようになってきている。

まず，頭に自動的に浮かんだ思考（自動思考）を記録し，その中の歪みを明らかにする。問題となる歪みは次のようなものである。

(1) arbitrary inference：証拠不十分なまま思いつきを信じる恣意的推論。
(2) dichotomous thinking：いつも白黒つけようとする二分割思考。
(3) selective abstraction：情報選択が偏る選択的抽出。
(4) magnification/minimization：気になることばかりを重要視する拡大視／それ以外のことを矮小化して考える縮小視。
(5) over-generalization：すぐに決めつけに走る極端な一般化。
(6) emotional reasoning：自己の感情から現実を判断する情緒的理由づけ。
(7) personalization：すべてのことを自分と関連づける自己関連づけ。

こうした認知（思考）と感情の関係から思考に共通する要素を探り，最終的にはものの考え方や見方をより現実的なものに変えていけるように援助する方法が認知療法である。

さらに行動療法的介入（活動スケジュールの作成，後述するロールプレイやSSTなど）が加わると「認知行動療法 (cognitive behavioral therapy)」と呼ばれる。

4. 論理情動療法 (rational emotive therapy：RET)

エリス (Ellis, A.) の提唱した療法。基本的な特徴は，クライエントを不幸にしているのは，外的な出来事そのものではなく，その出来事を認知し，解釈

する基にある個人のもっている belief（思い込み）なのだとするところである。論理的必然性のない irrational belief（不合理な思い込み）を反論・説得によって rational belief に変容させることにより，心理的症状を軽快させようとする療法。たとえば，「すべての人に好かれねばならない」という belief をもち，疲れ果てている人に，「すべての人に好かれるにこしたことはないが，すべての人に好かれないからといって生きられないわけではない」という belief をもたせるように働きかける技法である。

5. 行動療法（behavior therapy）

　従来の精神療法，特に精神分析のアンチテーゼとして提唱された療法。学習理論や条件反射学を理論的背景として，客観的・操作的に規定できる目標行動を定め，その変容，消滅，形成を意図する。その結果，クライエントの悩みが軽減・解消すれば，クライエントは現実への再適応をしはじめ，人格の再編成が起こり，治療効果が深化すると期待されている。工学的な機器の助けを借りる「バイオフィードバック（biofeedback）法」もこれに含まれる。従来，不随意的と考えられていた吃音・高血圧・夜尿・頻脈などの治療にも適用されている。

6. 精神分析（psychoanalysis）

　19世紀末に，フロイト（Freud, S.）によって提唱されたものである。フロイトは，こころが無意識の過程に大きく影響されていて，その構造は，イド（エス），自我（エゴ），超自我（スーパーエゴ）の3つからなっていると考えた。そして，経験の中で願望や欲求が満たされずに，意識下に抑圧された場合，そのエネルギーは消えることはなく，ヒステリー症状など，何らかの形をとって出現する。そのため無意識を意識化することが重要と考えた。
　このような基礎を踏まえて力動的な病態理解を示し，自由連想法・夢分析などの技法を用いて，自己の内面への深い気づきを起こさせるような治療を行う。

7. 遊戯療法（play therapy）

　言語で十分に自分の考えや感情を表明することのできない子どもを対象とし

て，遊び・イメージ・ファンタジーなどの非言語的表現を用いて治療を行う療法。子どもにとって遊びは伝えたいことを象徴的に表現できる手段であり，それ自体治療的意味をもっている。また，遊びを媒介として結ばれるカウンセラー－クライエント間の治療的関係が，子どもの不安を解消させ，問題行動を解放し，人格的な成長を導く糸口となる。情緒的不適応・自閉症・発達障害などの子どもたちに適用される。箱庭療法（sandplay technique）もこれに含まれる。

8. 芸術療法（art therapy）

言語以外の表現手段，特に芸術的な表現手段を治療に用いようとするアプローチ。クライエントの内面に潜んでいるイメージやプリミティブな感情の流れ，心身のリズムが表出され，それを契機にクライエントの自己洞察が深まることも多い。また，創造的昇華によるカタルシス効果も期待できる。

風景構成法，コラージュ（collage），フィンガー・ペインティングなどの絵画療法（painting therapy），音楽療法（music therapy）などがある。

9. 危機介入法（crisis intervention）

危機的な状況の中で，精神医学・臨床心理学・地域精神衛生などの専門家が個人や集団の問題に介入し，問題解決の具体策を見つけだす援助をする短期的，非相談機関（フリー・クリニック）的アプローチ。自殺予防などに適応される。「いのちの電話」などの電話相談も含まれる。

10. 森田療法

森田正馬（まさたけ）が開発した日本独特の心理療法。不安・強迫などを主訴とする神経症の治療法。「絶対臥褥（ぜったいがじょく）」というベッドに寝ているだけの時期を1週間ほど経験し，自分の悩みと向き合い，受けとめ，同時に，活動への欲求を高める。次に，散歩や庭掃除などの軽作業を行う時期を通して，自分の自然で健康的な活動欲求を理解する。さらに，より重い作業を通して忍耐力と自信を養い，最後に実生活上の訓練に向けていくという療法。

11. 内観療法

日本で開発された仏教的色彩をもつ心理療法。座敷の一隅を囲い，通常1週間，毎日15時間，一切の雑事を絶って静座を続け，父・母・きょうだいなどを対象に，「自分は何をなしたか」を時期を追って内省する。指導者が2時間ごとに正しい内観に進むよう5分間の面接を行う。以後は自宅で毎日1時間自己観察を行い，こころを純化していく療法。

12. 催眠療法 (hypnotherapy)

催眠を利用して心理治療を行う技法の総称。解離性健忘，多重人格，恐怖症などの治療に用いられることがある。

13. 自律訓練法 (autogenic training)

シュルツ (Schultz, J. H.) が1932年に発表した自己催眠による心身調整技法。①安静感，②重量感，③温感など，7つの公式に従って，その感じが得られるまで段階的に練習する。緊張・不安・ストレスなどの解消・除去，神経症の治療，イメージ・トレーニングなどに活用されている。

14. 集団（精神）療法 (group therapy)

言語を用いた面接を，集団場面で，集団のダイナミックスも利用しながら行う療法。いろいろなアプローチがあるので，その特徴を総合的に述べることは難しい。エンカウンター・グループ，Tグループなども含まれる。

15. サイコドラマ (psychodrama)

モレノ (Moreno, J. L.) の提唱した集団技法。クライエントのもつ心理的問題に対して，小集団の中で，言葉や身振りをともなうさまざまなロールプレイをすることによって，自己や他者への理解を深め，社会的かかわりを広げて，問題解決を促す技法。

16. 家族療法 (family therapy)

クライエント本人だけでなく，家族全体を対象とする心理療法。思春期の問

題，たとえば，非行・暴力・不登校・拒食などに適応が良い。

　家族のクライエントに対する扱いを変えるといったように，家族全体のコミュニケーションの様式や内容，また家族関係の構造を変えることで，クライエントの問題行動を消失させようとする療法である。チームを作って，家族一人ひとりを治療する方法と，家族全体をグループで治療する方法とがある。ただし，家族に焦点をしぼりすぎると，学校や近隣集団とクライエントの関係などが見過ごされるという批判もある。

17. グループ・アプローチ (group approach)

　グループ・ワーク (group work) ともいう。小集団の中で，非言語的活動，たとえば，身体運動やゲーム・遊び，作業，レクリエーション，芸術的活動などを行うことを通して，身体活動の活性化，社会化，感情のコントロール，自我強化，性格の変容など，さまざまな心身の問題を軽減・解消しようとする療法。著者らが開発した「グループ運動表現療法」もこれに含まれる。

18. 作業療法・活動療法 (occupational therapy)

　グループ・アプローチの形で行われることが多い。土木作業，農作業，レクリエーション，料理，習字，英会話，ダンスなど，さまざまな作業・活動を通じて，身体活動の活性化，社会化，感情のコントロール，自我強化，性格の変容などをめざす療法。

19. 運動療法 (movement therapy)

　身体運動，身体的カタルシス，筋弛緩，共応動作などによって，身体の不均衡・無活動・緊張などを解消させ，それをこころの不均衡・無活動・緊張などの解消に結びつけようとする療法。

20. 社会技能訓練・生活技能訓練 (social skills training：SST)

　実際に日常生活で遭遇するさまざまな場面を設定し，「モデリング」や「ロールプレイ」などの技法を応用しながら，対人関係能力や社会生活適応能力の向上をめざす療法。精神病者の社会復帰訓練などに用いられている。

コラム10

セリエのストレス学説

　体外から加えられた刺激によって生じる生体内の歪みとそれに対する防御反応をストレス（stress）と呼び，ストレスを生じさせる刺激をストレッサー（stressor）という。セリエ（Selye, H.）は，ストレッサーとして，物理的（寒冷，放射線，騒音），化学的（薬物，酸素欠乏），生物学的（細菌感染），精神的（怒り，悲しみ，恐怖，不安）なものをあげたが，現代社会においては，さまざまな人間関係などの社会的要因も見逃せない。

　ストレス学説によると，生体にストレッサーが作用すると，情動反応が脳下垂体から副腎皮質刺激ホルモン（ACTH）の分泌を惹起し，この結果，副腎皮質ホルモンが分泌され，一連の全身反応を引き起こしていく。一般にストレスが長引くに従って，生体には，①副腎皮質の肥大，②胸腺・リンパ系の萎縮，③胃・十二指腸潰瘍という3つの変化が起こる。

　ストレス関連疾病として，高血圧，低血圧，気管支喘息，慢性胃炎，アトピー性皮膚炎，円形脱毛症，不妊症，月経困難症，偏頭痛，肩こり，咽喉頭異常症，性機能不全，テクノストレス症候群，顎関節症などがあげられる（表12-5参照）。

　われわれは好むと好まざるとにかかわらず，日々多くのストレスにさらされている。しかし，必要以上にストレスをおそれることはない。セリエ自身も「ストレスは人生のスパイスである」と述べている。夏目誠と村田弘はさらに補足している。

　S：ストレスは人生のSpiceである（セリエ）

　T：過剰なストレスは，ストレス関連疾患のTriggerになる。

　R：過剰なストレス状態にはRelaxが必要である。

　E：適度なストレスは活動のEnergyになる。

　S：ストレスは自己チェック（Self-check）が大切である。

　S：ストレスは場と個人の自己コントロール（Self-control）が大切である。

4節 コミュニティ心理学

　近年，臨床心理学は，こころの問題が生じた時にその改善をはかるだけではなく，コミュニティ心理学（community psychology）といわれるアプローチ，すなわち問題を未然に防ぐために，人と環境の適合をめざして，社会システムに働きかけようという方向へのアプローチも盛んになってきている。

　コミュニティ心理学は予防を重視する視点に立っている。起こりうるこころの問題に対して事前に何らかの働きかけをしてその問題の発生を未然に防ぐこと（第一次予防），すでに発生してしまった問題に対して，早期発見，早期治療によって問題の慢性化を防ぐこと（第二次予防），入院した後など回復しつつある人々に対してリハビリテーションを援助すること（第三次予防），を目的とした社会システムに対する働きかけがコミュニティ心理学の基本である。

　そのためには，先に述べた「危機介入」や，「コンサルテーション」「リエゾン（liaison）」といった活動が重要になってくる。コンサルテーションとは，地域社会の中でこころの問題と関係するような人々，たとえば，学校の先生や開業医，民生委員など，心理臨床の専門家ではないが，こころの問題に重要な役割を果たしている人に対して，より有効にもてる力を発揮してもらえるように，間接的に援助していく活動である。また，リエゾンとは，これらの人々がチームを組んで，継続的に，システム化された機構を通して行う治療や援助のことをいう。このように，コミュニティ心理学では，そのコミュニティを構成している人々に対していかに働きかけ，協力していけるかが重要な鍵となるのである。

5節　教　育

　教育心理学（educational psychology）は教育現象を対象とする心理学の応用分野である。しかし，単に心理学の研究方法や成果を取り入れるだけではなく，教育実践から生み出される教育心理学独自の研究成果も積み重ねられてきている。ここでは，そうした成果が中心となっている，いろいろな学習指導法

（教授法）をまとめてみる。

1. プロジェクト法 (project method)

デューイ（Dewey, J.）の教育理論に基づき，1918年キルパトリック（Kilpatrick, W. H.）によって考案された方法で，児童・生徒の生活経験の中から問題を掘りおこさせ，自主的に問題解決をさせる学習指導法である。学習過程は「目標設定－計画の立案－実行－評価」の4段階からなり，教師はその全般にわたり，助言者としての立場を貫く。学習と実生活とを結びつけさせ，詰め込み主義を廃し，自主的な学習態度を培うことを目的としているが，系統的な知識の習得が難しく，学習規律が徹底できないという短所ももっている。

2. プログラム学習 (programed learning)

一般的な一斉授業の問題点を克服するために，スキナー（Skinner, B. F.）によって開発された方法で，オペラント条件づけの考え方が応用されている。

プログラム学習は以下のような原理からなっている。

(1) スモール・ステップの原理：最終目標に向かって一歩一歩段階を追って進めていく。これはオペラント条件づけのシェイピングの技法を応用したものである。
(2) 積極的反応の原理：教師から説明を聞くという受け身の学習ではなく，各ステップの問題に学習者が積極的に反応することが重要である。
(3) 即時強化の原理：各ステップの問題に答えると，すぐにその正誤を知らせる。正しい反応は強化し，間違った反応には間違っているとはっきり伝えることが重要である。
(4) 学習者のペースの原理：学習のペースには個人差があるので，その個人にとって最適のペースで進めていくことが望ましい。
(5) フェイディング（fading）の原理：最初は正解が出やすいように手がかり（cue）を多く与えるが，次第に手がかりを減らしていき，最後は自分の力だけで正解できるようにする。

プログラム学習にもいくつかの種類がある。

(1) スキナーによる直線型プログラム：学習者は1つひとつの段階を順序に

従い学習する。各段階で正解を得るまでその段階から先に進むことはできない。
(2) クラウダー（Crowder, N. A.）による枝分れ型プログラム：学習者の多用な論理に対応する工夫がなされている。学習者の反応によっては，1つの段階をスキップしたり，誤反応に対してはそれを矯正するための別経路の補償段階を設けたりしている。

プログラム学習は，児童・生徒の一人ひとりの能力，学習の速度に対応でき，学習を個別化，最適化できる。つまり，能力の差を学習時間の長さによって吸収することが可能であるとする。しかし，適用できる範囲が比較的単純な学習（言語，算数など），確実に正解の出せる教科内容に限定されてしまうことや，学習者の自由な発想や能動的な学習態度を育てることにつながりにくいといった短所もある。プログラム学習の考え方は後述する CAI においても応用されている。

3. 発見学習 (discovery learning)

ブルーナー（Bruner, J. S.）によって提唱された方法である。伝統的な教師主導型の指導方法とは異なり，児童・生徒が自ら疑問をもち，能動的に課題に取り組み，自分で仮説を立て，自ら考案した方法で検証していく学習法である。

発見学習の中でも，教材を準備して授業の中で科学の発見の歴史を再体験する形のものを，仮説実験授業という。たとえば，ある実験の結果を生徒に予測させ，話し合い，その後で実際にやってみて結果を確認し，はじめの仮説を再検討するといった形式で授業が進められる。

こうしたやり方は，児童・生徒の主体的な問題解決能力を高め，内発的動機づけを高めることができる。しかし，カリキュラムの開発に時間と労力を要し，適用できる教科にも限界がある。

4. 有意味受容学習 (meaningful reception learning)

オーズベル（Ausubel, D. P.）は，伝統的な講義形式の授業は一般に考えられているほど受け身的ではなく，それが効果的になされれば，学習者の認知構造の中に教科内容が選択的に関連づけられる能動的な過程であると主張し，有

意味受容学習の理論を提唱している。彼は，あらかじめ学習者の認知構造の中に，先行オーガナイザー（advance organizer）と呼ばれる，学習情報よりも一般的・抽象的で，包括的な情報を与えると，効果的な受容学習が成立すると主張している。学習課題が学習者のもっている認知構造に，でたらめでなく，丸暗記でもなく，きちんと関連づけられたとき，有意味学習が成立する。学習者が学習材料と関連のある知識をもっていると，学習が容易になる。たとえば，さまざまな生き物について学習する時に，あらかじめ生物の分類の体系を教えておくといったことである。学習成績下位群ほどその効果が大きいといわれる。

5. 完全習得学習（mastery learning）

学校教育では，「おちこぼれ」すなわち学習不振児の問題が未解決のままである。ブルーム（Bloom, B. S.）らは，学習者の能力や適性に応じて，指導法や指導時間を変えることによって，すべての学習者を一定の学力水準に到達させようと試みる，完全習得学習を提唱している。

ここでは，学習指導過程の中で，3つの評価を行う。

(1) 事前評価（診断的評価）：学習プログラムを始める前に学習者がどのような知識や技能を身につけているかを評価する。
(2) 形成的評価：学習プログラムの途中で，学習者がどの程度目標を達成しているかを知り，のちの指導に活用するための評価。
(3) 総括的評価：学習プログラムの終了後に，全体的な指導の効果を検討するための評価。

こうした評価に基づいて，学習者に一人ひとりの到達状況に即した指導を行う。集団の中で学習する利点を生かしながら，適宜，学習の個別化をはかっていこうとするものである。

6. 適性処遇交互作用（ATI：aptitude-treatment interaction）

授業に介在する要因は，学習者の発達段階や学習目標，教材，教師の特性など複雑に絡み合っており，すべての学習者にとって最適な唯一の学習指導法は存在しないといってよい。クロンバック（Cronbach, L. J.）は，適性処遇交互作用という言葉を用いて，学習者の知的能力，性格，認知スタイルといった適

性と学習指導法との関連に注目し，両者のかかわりから学習の最適化をはかるべきであると主張した。すなわち，児童・生徒の適性に応じた指導法を選択し，学習や評価を個別化していこうというものである。

たとえば，スノウ（Snow, R. E.）らは，大学生の対人積極性と指導法との関連性を物理の成績と関連づけた研究から，対人積極性の高い学生は，教師による指導の

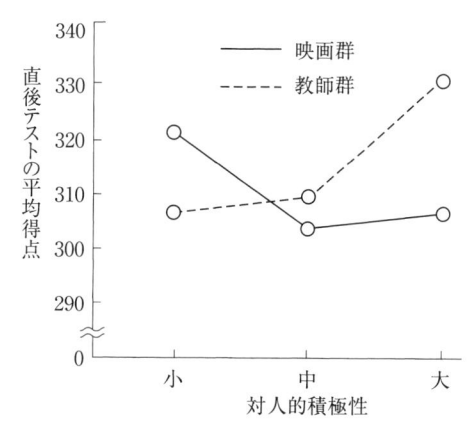

図10-1 教授法と学習者の対人積極性との交互作用（Snow *et al.,* 1965：岡林，1987より）

場合に成績が良くなるが，対人積極性の低い学生は，映像による指導の方が成績が良くなる傾向のあることを示している（図10-1）。

7. オープン・エデュケーション（open education）

イギリスで始まった，伝統的な授業の枠組みを取り除き，より自由で開かれた教育をめざす実践活動である。具体的な方法は，個別学習やティーム・ティーチング，年齢混合集団などいろいろであるが，基本的な特徴は，①教室の仕切りをなくしたりして広いオープンスペースを利用する，②時間割や教科の壁をゆるやかにして自由度を高める，③学習者中心の授業にして生徒たちの能動的な学習を重視する，といったように，これまでの学校教育に見られた壁をできるだけ崩していこうという視点である。さらに地域の人々との交流という意味で，学校を開放していこうとする試みもなされている。

8. CAI（Computer Assisted Instruction）

児童・生徒がコンピュータと直接対話しながら学習を進めていく，学習者のためのコンピュータ教育システムであり，以下の4つに分類される。
(1) ドリル・演習：学習の定着化のために，反復練習させるためのもの。
(2) チュートリアル：予備知識のない学習者に，事実や知識を教えたり，ル

ールや原理を学習させるための情報提供ツール。
(3) シミュレーション：模擬実験という意味で，実際には観察することができない事物や事象をディスプレイ上に模擬的に呈示すること。
(4) 教育ゲーム：学習者の興味をそそるように，ルールを定めてゲーム形式で教材を呈示したり，練習問題を与えるもの。

---次のステップへ！---
☞ロジャースがいう共感的に他者を理解するとはどういうことなのか考えてみよう。
☞学習指導法では，教育方法と学習者の適性処遇交互作用が考えられているが，はたしてクライエントと心理療法との間にも相性のようなものはあるのだろうか。

■文　献

米国精神医学会　高橋三郎・大野　裕・染矢俊幸（訳）　2002　DSM-IV-TR 精神疾患の分類と診断の手引き　医学書院（American Psychiatric Association 2000 *Quick Reference to the Diagnostic Criteria from DSM-IV-TR*. American Psychiatric Press.）

アトウッド，T.　冨田真紀・内山登紀夫・鈴木正子（訳）　1999　ガイドブック　アスペルガー症候群　東京書籍（Attowood, T. 1998 *Asperger's Syndrome : A Guide for Parents and Professionals*. Jessica Kingsley Publishers.）

東山紘久　2000　プロカウンセラーの聞く技術　創元社

笠原　嘉　1996　軽症うつ病　講談社現代新書

河合隼雄・村瀬孝雄・安香　宏・鑪幹八郎・福島　章・小川捷之（企画）　1991～2000　臨床心理学大系1～20　金子書房

河合隼雄・山中康裕・小川捷之（総監修）　1998～1999　心理臨床の実際1～6　金子書房

河合伊六・松山安雄（編著）　1989　現代教育心理学図説　北大路書房

近藤喬一（監修）　箕口雅博・伊藤隆一・千田茂博（編）　1998　運動表現療法の実際――ボディ・ワークを用いたグループアプローチ　星和書店

マンデン，R.＆アーセラス，J.　市川宏伸・佐藤泰三（監訳）　紅葉誠一（訳）　2000　注意欠陥・多動性障害――親と専門家のためのガイドブック　東京書籍（Munden, A. & Arcelus, J. 1999 *The ADHD Handbook : A Guide for Parents and Professionals*. Jessica Kingsley Publishers.）

内藤　徹・成田錠一（編著）　1990　要説教育心理学　北大路書房

夏目　誠・村田　弘　1991　ストレス社会と心の健康　第2巻　世界保健通信社
日本臨床心理士会（編）　1999　臨床心理士に出会うには　創元社
（財）日本臨床心理士資格認定協会（監修）　2002　臨床心理士になるために　誠信書房
岡林桂生　1987　学習の展開　川床靖子・大山俊男（編）　教育心理学入門　八千代出版
岡堂哲雄（編）　1993　心理面接学——心理療法技法の基本　垣内出版
Snow, R. E., Tiffin, J. & Seibert, W.　1965　Individual differences and instruction film effects. *Journal of Educational Psychology,* **56**, 315-326.
多鹿秀継　2001　教育心理学　サイエンス社
寺田寅彦　1996　柿の種　岩波文庫　p.225
ウイング，L.　久保紘章・佐々木正美・清水康夫（監訳）　1998　自閉症スペクトル　東京書籍（Wing, L.　1996　*The Autistic Spectrum : A Guide for Parents and Professionals.* Constable & Co., Ltd.）
世界保健機関　融　道男・中根允文・小見山実（監訳）　1993　ICD-10 精神および行動の傷害——臨床記述と診断ガイドライン　医学書院（World Health Organization 1992 (1997 Revised) *Multiaxial Classification of Child and Adolescent Psychiatric Disorders : The ICD-10 Classification of Mental and Behavioral Disorders in Children and Adolescents.* Cambridge University Press.）
山本和郎・原　裕視・箕口雅博・久田　満（編）　1995　臨床・コミュニティ心理学　ミネルヴァ書房
山下　格　2002　精神医学ハンドブック　第4版　日本評論社

第11章
社　会

「ウマがあう」という言葉があります。漢字で「馬が合う」と書いて，「気が合う」という意味です。

人と人との力関係を調べる目的で，50人くらいの集団で，各人に"ウマが合うと思う人を5名，合わないと思う人を5名あげてください"というごく簡単なアンケート調査をしました。多変量解析技法を用いて集計すると，"ウマの合う人同士""ウマの合わない人同士"の集団のクラスタが得られます。次に，"どれくらいウマが合いますか""どれくらいウマが合いませんか"という，ウマの合う度合いを5段階評価してもらって集計すると，クラスタ間の距離を求めることができます。ウマの合い具合の量的評価ができたことになり，仲良しグループ，気の合わない人たちといった集団の相対的距離として解釈できます。さらに，「仕事仲間」「遊び仲間」「人生の相談相手として」などの質問で，ウマの合い具合の質的評価をしてもらうことが可能です。

こうしてできあがったクラスタは，産業場面，教育場面で，グループ作りや，仕事の効率や学習の評価をするうえで非常に有効であると思われます。誰でもウマの合う人と一緒に仕事をしたい，勉強仲間は気の合った連中で成り立っていてほしいと思うことでしょう。「ウマが合う」という言葉だけで，集団の力関係の含蓄・不思議さを示唆された調査でした。

第11章では，集団と人間関係，コミュニケーション，対人認知など，社会心理学（social psychology）にかかわる内容について述べてみましょう。

（扉のことば・渡辺）

*1*節　対人認知と対人魅力

1. 対人認知

　他者の心理状態や社会的状態の特徴をとらえること，すなわち，他の人についての印象を形づくることを対人認知（person perception），あるいは，印象形成（impression formation）という。認知者は，被認知者の容姿・表情・行為・言語などを手がかりに，認知者独自の被認知者像を形づくっていく。アッシュ（Asch, S. E.）は，対人認知が，個々の情報の単なるよせ集め（加算や平均）ではなく，「全体に統合された認知像」の示されることを明らかにした。

　対人認知は主観的な体験であり，他者像を的確にとらえることは難しい。その要因としては以下のようなものが考えられる。

(1) パーソナリティについての暗黙の仮説（implicit personality theory）：個人的な体験から一般化してしまう先入観のようなもの。
(2) 光背効果（halo effect）：目立つ特徴1つに対人認知全体が影響される傾向。
(3) 対比効果（contrast effect）：自分との類似や相違が対人認知に影響を及ぼす傾向。
(4) 中心化傾向（central tendency）：両極端の評価を嫌う傾向。
(5) 寛大化傾向（leniency tendency）：好ましい属性はより好ましく，好ましくない属性はそれなりに評価する傾向。
(6) 投射（projection）：自分のもっている好ましくない特性や欲求を無意識のうちに相手の属性と誤認してしまう傾向。

	自　分	
	知っている	知らない
他者　知っている	開放領域	盲点領域
知らない	隠蔽領域	未知領域

図 11-1　ジョハリの窓（Luft, 1969）

(7) 偏見（prejudice）：伝統的，文化的な，広範囲にわたる，人間に対する非合理的な判断。
(8) 同一視（identification）：他者の優れた特徴を自分の属性と誤認する傾向。

(9) 同情 (sympathy) やのめり込み：過度の感情移入。

心理的属性について，自分が認知しているかどうかで2分し，他者が認知しているかどうかで2分すると，図11-1のように4つの領域に分けられる。これは，ジョセフ・ルフトとハリー・インガム (Luft, J. & Ingham, H.) が提唱したジョハリの窓 (Johari window) といわれるものである。

開放 (open) 領域は，その属性を自分も他者も知っている領域である。隠蔽 (hidden) 領域は，自分では知っているが他者は知らない領域である。盲点 (blind) 領域は，自分では知らないがある他者は知っている領域である。未知 (unknown) 領域は，自分も他者も知らない領域である。

2. 対人魅力

他者に対する好悪感情を「対人好悪」という。特に，好ましさを感じる場合を対人魅力 (interpersonal attraction) という。対人魅力を起こさせる条件と考えられるものは以下のようなものである。

(1) 近くにいる人はより好ましく感じられる（物理的近接性）。
(2) 見た目のよい人間は好ましい印象を与える（身体的魅力）。特に，魅力的な人が好意的な反応（微笑みなど）をするとその魅力にとりつかれやすいが，逆に，冷たいそぶりをみせると強い嫌悪感をもたれやすい。
(3) いわゆる良い人は魅力を感じられやすい（良い人柄）。
(4) 自分と同じような態度をもつ人に好意を感じやすい（態度や関心の類似）。
(5) いわゆる似たもの同士は互いに魅力を感じやすい（性格の類似性）。同時に，つきあいが深まるほど，異なるパーソナリティの人に魅力を感じやすくなる傾向もある（性格の相補性）。
(6) 自分を高く評価してくれる人に魅力を感じやすい。
(7) 心理的に不安定な時期，あるいは，周囲の妨害がある時に結びついた相手には魅力を感じやすい。

2節 コミュニケーション

1. コミュニケーションとは

　知識・感情・欲求・意見・意図などといった意味ある情報を伝達し，発信者と受信者が情報を共有しようとする情報伝達過程をコミュニケーション（communication）という。コミュニケーションは情報の伝達，説得の手段，交友関係のあかしなどとして行われる。

　コミュニケーションは，①形式別では，マス（mass）・コミュニケーションとインターパーソナル（interpersonal）・コミュニケーション，②媒体から見て，言語的（verbal）コミュニケーションと非言語的（non-verbal）コミュニケーション，③チャンネル特性別では，一方向コミュニケーションと双方向（相互的）コミュニケーションに分類される。

2. コミュニケーションによる態度変容

　コミュニケーションによる態度変容（attitude change）には次のような特徴が見られる。

(1) メッセージの送り手に信頼性・専門性（才能・経験・特別の知識・権威）や魅力（親しみやすさ）があると，説得効果は大きい。

(2) 書き言葉よりも，話し言葉の方が説得手段として有効である。

(3) 聴衆が友好的な場合，あるいは，直ちに聴衆の意見変容を促したい場合には，議論の一面だけ（一面的メッセージ）を提起した方がよい。

(4) 聴衆の知的程度が高い場合，非友好的な場合，あるいは聴衆が他者から別の見解を聞くであろうと思われる場合には，議論の両面（両面的メッセージ）を提起した方が効果的である。

(5) 異なる見解が次々と述べられる時には，最後に提起されるものが最も効果が大であることが多い。逆に，中間に提起されるものは見のがされがちである。

(6) ある程度時間が経過してから説得効果が顕著に生じるようになる「スリーパー効果」，全く説得できない「凍結効果」，説得しようとする方向とは

(7) あらかじめ小さな要請をし，実行してもらってから大きな要請をすると受け入れられやすい (foot-in-the-door technique)。

(8) 大きな要請をして相手に一度拒絶させ，その後，本来の目標である小さな要請をすると受け入れられやすい (door-in-the-face technique)。

(9) 相手に魅力的な条件を呈示して要請を承諾させ，その後，呈示した条件の実行が不可能であると告げ，相手に最初の呈示条件とは異なるもともとの要請をすると受け入れられやすいこともある (low-ball technique)。

(10) 説得の手段としては，一方向より双方向の方が，また，マス・コミュニケーションよりインターパーソナル・コミュニケーションの方が効果が大きい。しかし，マス・メディアは多数の受け手にいっぺんに情報を送りつけることができるので，一度に多数の人の態度を変容させる可能性をもっている。

(11) 態度変容を起こしやすい人は，自尊心が低い，孤立している，信念がない，自分の行動に確信がもてないといった特徴をもっていることが多い。

3. 非言語的コミュニケーション

意見や感情，人柄などは，言語によるコミュニケーションだけでなく，言葉以外の非言語的コミュニケーション (non-verbal communication：NVC) によっても伝えられる。NVC は一般に言語にともなって表出されることが多いが，NVC の方がかえって人のこころの内容をより的確に伝達するともいわれている。NVC は，①近接学 (proxemics) における個人空間や対人距離，②身体の動きや表情，③身体同士の接触，④その他の身体的な特徴 (体格，皮膚の色，頭髪など)，⑤言葉の形式的特徴 (声の質，会話のよどみ，笑いなど)，⑥服や装飾品などに分類される。

a．個人空間

個人空間 (personal space) は個人の身体を直接取り巻いている目に見えない泡のようなものである。他者が個人空間の中に侵入すると不快感を感じる。個人空間は，一般に，前後に大きく，左右に小さな，ひし形をしている。個人

空間は、同性より異性に対して大きくなる。また、知らない人に対して大きくなる。外向的で親和的な人の個人空間は比較的小さい。アラビア人や日本人の個人空間は比較的小さく、ヨーロッパ系、特に北欧の人々の個人空間は大きい。

ｂ．教室の座席の選択

渋谷昌三は、学生の座席位置を数カ月にわたって追跡調査し、座席位置と学生の不安傾向や学業成績との関連を調べた。教室の入口近くの席に座る学生は不安傾向が高い者（高得点者）が、正面と奥に座る学生は不安傾向が低い者（低得点者）が多かった（図11-2）。後方の席の学生は成績が悪い傾向があり、また、欠席することが多く、講義が聞きづらいとか黒板が見づらいなどの不満を表明することが多かった。前の方の席の学生は成績が比較的良い傾向があった。授業ごとに席を頻繁に変える学生も成績が良くない傾向が見られた。

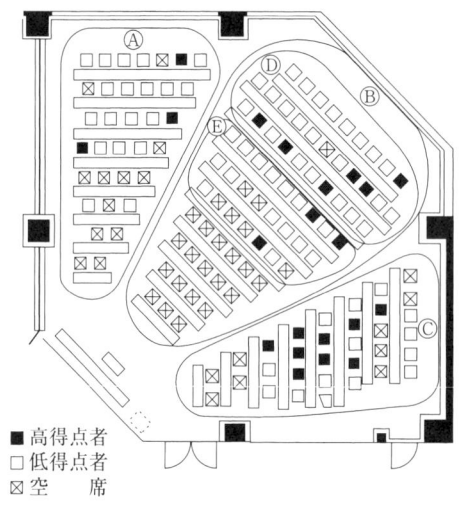

■ 高得点者
□ 低得点者
⊠ 空　席

図11-2　階段教室での座席位置（渋谷，1983）

ｃ．視線の交差

視線を交わし合った相手は、信頼でき、快活で、親しみやすく、話しやすい人物と感じる傾向がある。また、視線の交差があると、援助行動が起こりやすく、攻撃行動は減少する傾向がある。

コミュニケーションを望む時には、視線の交差の効果や近接性を高めるために、向かい合った席やテーブルの角をはさんだ席が好まれる。逆に、コミュニケーションを避けたい時には、視線の交差を避けて、できるだけ遠くの席に座ろうとする傾向がある。

4．マス・コミュニケーション

マス・コミュニケーションでは、放送局、新聞社、出版社といったマス・メディア（mass media）が、情報を、報道、教育・宣伝、娯楽などある目的・

役割をもって選択し，一方向的に受け手に伝達する。相互に関連をもたない多くの受け手に，現実環境（受け手が直接触れることのできる環境）を越えた広い世界の情報（疑似環境）を与えることができる。

ラザースフェルドとカッツ（Lazarsfeld, P. F. & Katz, E.）はコミュニケーションの2段階説を唱えている。大衆は，マス・メディアの流す情報のうち，自分に関心のある領域にだけ注意を払うが，それに見識があると見なされる人の意見を頼りにして情報を判断し，意味づけようとする傾向がある。マス・メディアと大衆とを仲介するオピニオン・リーダー（opinion leader）の存在である。オピニオン・リーダーは一種の専門家であり，自分の見解に基づいて情報を取捨選択し，意味づけして，大衆に伝える役目をつかさどる。

マス・メディアによって流される情報は，万人向きに規格化されたものが多い。ワイドショウのトピックのように，本来の重要度・緊急度とは異なる不均衡な大衆受けする情報も多い。

受け手の側にも，①趣味や考え方の均一化・等質化，②自律的・批判的態度が薄れる受動化，③刺激に鈍感になり，より刺激的な情報を求めてテレビやラジオをかけっぱなしにするマヒ化・中毒化，④マスコミに接触しているだけで社会に参加しているという錯覚に陥り，組織や集団に参加する意欲がうすれる孤立化，といった影響が表れやすい。

急激に普及しているインターネットは個人や団体がマス・メディアの力を借りずに，比較的低コストで自らのメッセージを不特定多数の人に公開することを可能にした。その意味で，マス・コミュニケーションはマス・メディアの専売特許ではなくなりつつある。インターネットの普及は個人に情報の専門的送り手としての職業倫理や規範の遵守を要求する時代をもたらしている。

3節　集団の構造と機能

1. 集団の定義

集団（group）とは，二人またはそれ以上の人々から構成され（集団のメンバーを成員という），それらの人々の間に相互関係やコミュニケーションが見られ，成員間に感情的な結びつき（連帯感）があり，共通のものの見方や考え

方（規範や約束ごと）が共有され，地位や役割の関係（分化）が成立し，外部との境界を設定して一体性を維持している1つの社会システムである。

このような特徴を有しない人間の集まりのことは，群集・群衆（crowd）とか集合（aggregate）といわれる。

集団は，客観的な組織と規範をもつ公式集団（formal group）と，成員相互が密接な心理的関係をもち暗黙の契約や期待に応じて成員の行動が影響を受けるような非公式集団（informal group）に分類される。公式集団は組織（organization），非公式集団は小集団（small group）と呼ばれることもある。

2. 集団のもつ力・状況の力

集団は，成員である個人にはない独特な力を発揮して，成員の行動に影響を及ぼす。第8章のレヴィン（Lewin, K.）のところでも述べた「状況の力」である。

a．集団の凝集性（cohesiveness）

集団が成員をその集団にとどまらせようとする力。凝集性が高ければ，成員はその集団に魅力を感じ，集団は一致して動きやすい。また，集団の影響も各成員に及びやすい。

b．集団目標

集団は，将来実現するべき目標に向かって活動するよう成員を動機づける。この目標を集団目標という。

c．集団規範（group norm）と同調（conformity）

集団は，目標達成のために活動しているうちに，その集団の成員として守るべき集団独自の考え方や行動の仕方を徐々に決めていく。これを集団規範という。集団規範が形成されると，集団成員の考え方や行動はそれに束縛され，規範への同調を求める圧力を成員に感じさせる。同調を求める圧力は，時には客観的には正しいものがわかっている場合でも，誤った方向への同調を生起させることがある。

しかしなかには，頑固者・変わり者といわれながらも，自分の意見を断固として曲げないで主張し続ける人がいる。このような，少数ではあるが一貫して1つの意見を主張する人の存在が多数者へ及ぼす影響を，マイノリティ・イン

コラム11

破壊的カルトからの防衛

　西田公昭の「破壊的カルトからの防衛対策」をもとに，破壊的カルトの問題性について述べてみたい。

　西田は，破壊的カルトを，目的や活動内容を偽り，家族関係や友人関係を崩壊させ，あるいは，学校や職場を辞めさせることによって後戻りを困難にし，自己決定を完全に放棄して自分の命を捧げさせ，多額の支出を強いて破産同然とする，反社会性の高い集団と見ている。いったん所属すると，メンバーには「凝集性の高さ」「規範への同調」「権威への服従」が強く見られる。

　大学内に見られる破壊的カルトは，心理学の応用と称する自己啓発や能力開発のためのセミナーであったり，新興宗教団体であったり，政治活動を標榜する団体であったり，経営コンサルタントであったり，非営利団体であったりと，表面的にはさまざまな顔をしていて，危険な団体であるかどうかを見抜くのは容易ではない。思想・信条・信教の自由という「人権」にかかわるせいもあって，大学当局も積極的な対策を取れずにいるところが多い。

　西田は，学生一人ひとりの防衛対策として，以下の7点を提唱している。

①破壊的カルトやマインド・コントロールについて知識をもっていること。

②勧誘者個人にだます意図はなく，良いことと信じているだけであり，友人や家族として過去には誠実で魅力的な人物であったことに気づいていること。

③人生の問題に簡単な解決策はないことを知っていること。

④現実には「無償の愛」などないことを知っていること。

⑤勧誘者の心理的プレッシャーのもとではっきりと断る練習をしておくこと。プレッシャーを感じたら，できるだけ早くその場から逃げること。

⑥勧誘者から解決困難な問題を突きつけられても保留にできる練習をしておくこと。勧誘者の話をなるべく批判的に検討し，詳細に及ぶまで納得してから決断する習慣を身につけておくこと。

⑦くわしい知識のある人に相談すること。一人で決め，一人で行動しないこと。身近にそのような人がいない場合には，信用できる相談機関をさがすこと。

フルエンス (minority influence) という。状況が不安定で先の見通しがたたないとき，少数者の確固とした主張が，他の多数の成員の視点を変換し，集団変革へのきっかけとなることもある。

d．権威と服従 (obedience)

集団の圧力は，成員に同調を求めるだけでなく，服従を強いることもある。特に，集団内に権力の差があり，上下関係が明確に構造化されている場合には，上からの命令はそれが人道に反すると思われる場合でも，その命令への違反が許されないと認知すると，人々は意外なほど権威に服従する傾向を示す。

ミルグラム (Milgram, S.) は権威への服従に関して次のような実験を行った。記憶の実験を表向きの目的として集められた被験者は，二人一組で実験室に入るよう言われ，まず，学習に及ぼす電気ショックによる罰の効果について説明をうける。実は，二人のうち一名は教師役の本物の被験者，一名は感電する役を演じる生徒役のサクラの役者である。ついで，一室に案内された生徒役のサクラは着席させられ，余計な動きをしないよう両手をひもで縛られ，手首に電極をつけられる。一方，教師役の本物の被験者は，これを見た後，広い部屋に連れていかれ，立派な電気ショック送電器の前に座らされる。この送電器には，15Vから450Vまで，15V幅の30個のスイッチが一直線に横に並べられ，各スイッチには「かすかなショック」「危険－激しいショック」といった注意書きが添えられていた。実験が始まると，教師役は実験者から，生徒役の答えが誤るたびに，15Vから30V，45Vというように，電気ショックの水準をあげるように命令され，どこまで教師役の被験者が服従するかが調べられた（図11-3）。専門家は150V以上のショッ

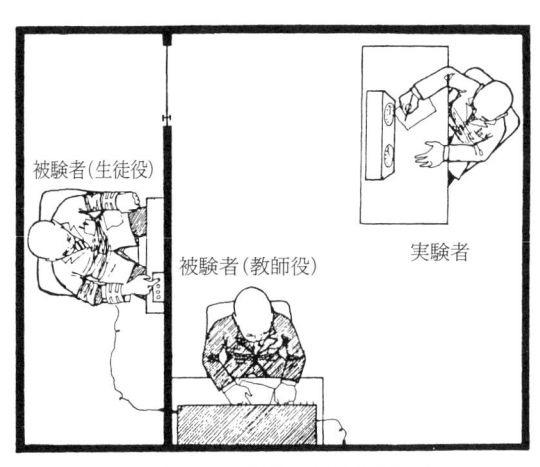

図11-3　ミルグラムの実験：実験室状況（Milgram, 1974：齊藤，1983より）

クをかけえる者はほとんどいないと予想したが，実際に実験に参加した被験者群では，40人中26人（65％）が，命令に従い，最高の450Vまで罰し続けた。これは大学や科学的権威に対する服従と考えられた。

さらに，ミルグラムは，被害者が遠く離れるほど，残酷な行為が平気で行えるようになることも実験によって実証している。

3. 集団の構造

モレノ（Moreno, J. L.）は，集団における人間関係の構造を調べる一手法として，ソシオメトリー（sociometry）を考案した。彼は，すべての集団は相互的あるいは一方的な牽引と反発の力が働いているシステムであり，そこには必然的に成員の選択行動が生じていると考えた。「誰を好み，誰を嫌うか」といった選択行動をとる各個人の集団内における位置づけと成員相互の関係を数量的にとらえるのがソシオメトリーであり，集団内の人間関係を図示するのがソシオグラムである。

ソシオメトリーでは，好意（牽引）と拒否（反発）の2つの方向の力を成員相互の間に考えることによって，多くの成員から好意をもたれている「スター」，多くの成員から拒否されている「拒否者」，他者から好意も拒否も受けない「孤立者」などが特定される。そして，公式集団内の非公式集団（友だちグ

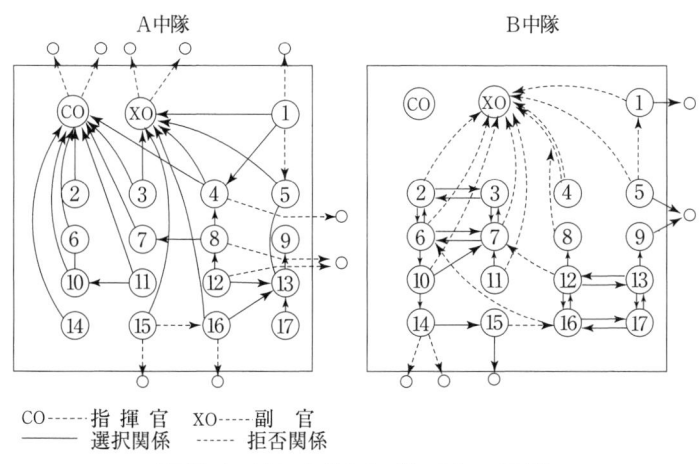

CO……指揮官　XO……副官
────選択関係　┈┈┈拒否関係

図 11-4　ソシオグラム（Jenkins, 1948）

ループなど）の存在，作業班やレクリエーションのグループ編成，コミュニケーションの流れ，集団の凝集性の強さを調査，検討する際などに活用されている。

図11-4に，アメリカ海軍飛行中隊のソシオグラムを示す。A中隊では指揮官と副官に選択が多く集まり，兵員の間に拒否も少なく，集団のまとまりがよい。一方，B中隊では指揮官は孤立し，副官は多くの兵員から拒否されており，また，2つの下位集団ができて，全体として，集団のまとまりがよくない。実際，A中隊は，B中隊に比べて，著しい戦果をあげたという。

4節　リーダーシップ

集団活動のある局面で中心的な役割を果たし，より大きな影響力を発揮する成員をリーダー（leader）と呼ぶ。リーダーが，集団の目標達成に向けて他のメンバーに影響を行使する行為や機能を総称してリーダーシップ（leader-ship）という。

1. リーダーシップの2つの機能

リーダーの活動は，集団の雰囲気，生産性，成員の満足度などに大きな影響を及ぼす。ミシガン大学のカッツらは，リーダーの果たすべき役割を以下の2つの働きにまとめている。

(1) 課題達成機能（performance function）：P機能，目標達成機能とも呼ばれる。経営学でよくいわれるplan-do-seeの機能，仕事の体制づくりの機能である。集団活動の目標の設定と修正，目標達成のための基本方針の決定と修正，目標達成度の評価などが含まれる。

(2) 集団維持機能（maintenance function）：M機能とも呼ばれる。人間関係への配慮機能，成員（部下）・同僚・上司らとの人間関係を調整し，集団を維持・強化させていく機能，コミュニケーションの調整をはかる機能である。

三隅二不二は，P機能とM機能を用いてリーダーシップの類型化を試みるPM理論を提唱した。彼は，両機能それぞれを高低に分けて組み合わせた4類型（PM, Pm, pM, pm：高いものは大文字，低いものは小文字で表す）を

用いて，リーダーの示す行動や機能の差異を説明している。

2. リーダーシップの状況論

近年は，リーダーシップの規定要因として，リーダーの人格特性よりもリーダーのおかれた事態や状況の力を重視する状況論が中心になってきている。

a．ハーシーとブランチャード（Hersey, P. & Blanchard, K. H.）のSL理論（situational leadership theory）

部下のキャリア発達，すなわち，ある職務に必要な能力・知識・技能，経験の長さや熟練度，仕事に対する態度や意欲などに関する，部下の成熟度（maturity）に焦点をあてたライフサイクル理論である。

部下の成熟度の発達のレベルに合わせて，リーダーは，「P機能行動とM機能行動とをうまく使い分けた状況ごとに異なるリーダーシップ」を発揮する必要がある。そうした効果的なリーダーシップによって，部下は適正な成熟を遂げることができる。

彼らは，部下の成熟度を4段階に分け，それぞれの段階に効果的なリーダーシップのスタイルを示している（図11-5）。①部下の成熟度が最も低い段階では，リーダーはM機能行動よりもP機能行動を多くして（PM理論でいうPm型，以下同様），リーダーが範を示してやるとよい（教示的リーダーシップ）。②第二段階では，リーダーはP機能行動もM機能行動も多く行って（PM型），部下に相談しながら仕事を進めていくとよい（説得的リーダーシップ）。③第三段階では，P機能行動よりもM機能行動を多くして（pM型），部下と一緒に仕事を進めていくとよい（参加的リーダーシップ）。④部下が管理職一歩手前まで成熟した最後の段階では，リーダーは部下にあまり働きかけをせ

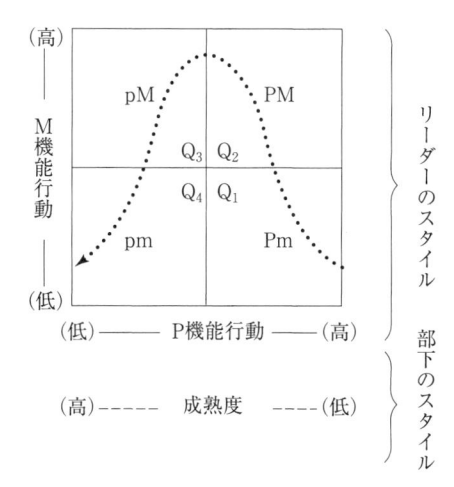

図11-5 SL理論（Hersey & Blanchard, 1972）

ず（pm型），権限を委譲して仕事を進めさせるとよい（委任的リーダーシップ）。

b．フィードラー（Fiedler, F. E.）の条件即応モデル

フィードラーは「どのような特性を備えたリーダーが，どのような集団状況において，効果的なリーダーシップを発揮できるか」という複雑な課題に挑戦し，膨大な実証データをもとに，条件即応モデル（contingency model）を提唱した。

彼女は，リーダーの特性をとらえるのに，LPC（Least Preffered Coworker）得点を用いている。すなわち，一緒に仕事をする相手として最も苦手とする相手に対する印象を，18項目の尺度（楽しい－楽しくない，友好的－友好的でない，受容的－拒否的など）による8段階尺度で評定させる。そして，その合計点をLPC得点とする。LPC得点の高い人（苦手な仕事仲間を心理的に受け入れる傾向をもつ人）はM機能型，LPC得点の低い人（苦手な仕事仲間を拒否する傾向をもつ人）はP機能型に対応している。

フィードラーは，成員との関係や仕事のマニュアル化，リーダーの権威などに関して，リーダーにとって明確に有利な状況や不利な状況ではLPC得点が低いP機能型スタイルのリーダーの方が業績が良いこと，一方，集団状況がリーダーにとって中程度の有利さではLPC得点が高いM機能型スタイルのリー

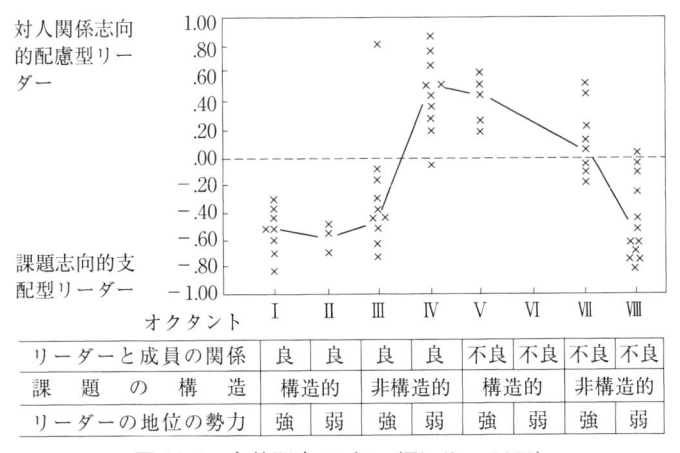

オクタント	I	II	III	IV	V	VI	VII	VIII
リーダーと成員の関係	良	良	良	良	不良	不良	不良	不良
課題の構造	構造的		非構造的		構造的		非構造的	
リーダーの地位の勢力	強	弱	強	弱	強	弱	強	弱

図 11-6 条件即応モデル（Fiedler, 1978）

ダーの方が業績が良いことを明らかにしている（図11-6）。

　フィードラーは，あらゆる状況において効果的な唯一絶対のリーダーシップ・スタイルは存在しないことを強調し，おかれた状況と自己のリーダーシップ・スタイルを適合させるための訓練プログラムも考案している。

次のステップへ！

☞他者の存在があなたの心理に与える影響を，複数の実体験から分析してほしい。「あなたの心理状態」「あなたがその他者をどのように思っているか」「あなたのおかれた状況要因」の3要因から考察しよう。

☞あなたの所属している集団（所属集団），あなたに規範を与えてくれる集団（心のよりどころとしている集団：準拠集団）をあげてみよう。

■**文　献**

大坊郁夫・安藤清志・池田謙一（編）　1989～1990　社会心理学パースペクティブ 1～3　誠信書房

フィードラー, F. E.　山田雄一（訳）　1970　新しい管理者像の探究　産業能率短大出版部 (Fiedler, F. E. 1967 *A Theory of Leadership Effectiveness.* McGrow-Hill.)

Fiedler, F. E.　1978　The contingency model and the dynamics of the leadership process. In L. Berkowitz (Ed.) *Advances in Experimental Social Psychology,* 11. Academic Press. pp. 59-112.

ハーシィ, P. ＆ ブランチャード, K. H.　松井賽夫（監訳）　1974　新版・管理者のための行動科学入門　日本生産性本部 (Hersey, P. & Blanchard, K. H. 1972 *Management of Organizational Behavior,* 2nd ed. Prentice-Hall.)

Jenkins, J. G.　1948　The nominating technique as a method of evaluating air group morale. *Journal of Aviation Medicine,* **19**, 1, 12-19.

加藤義明（編）　1987　社会心理学（有斐閣Sシリーズ）　有斐閣

Luft, J.　1961　The Johari Window. *Human Relations Training News,* **5** (1), 6-7.

Luft, J. & Ingham, H.　1955　*The Johari Window : A graphic model for interpersonal relations.* University of California Western Training Lab.

ミルグラム, S.　岸田　秀（訳）　1980　服従の心理――アイヒマン実験　河出書房新社 (Milgram, S. 1974 *Obedience to Authority : An Experimental Views.* Harper.)

中島義明ほか（編）　1999　心理学辞典　有斐閣

西田公昭　2002　破壊的カルトからの防衛対策　心理学ワールド，17，5-8．
齊藤　勇（編）　1983　人間関係の心理学　誠信書房
齊藤　勇・藤森立男（編）　1994　経営産業心理学パースペクティブ　誠信書房
渋谷昌三　1983　近接心理学のすすめ　講談社

第12章
産　業

　管理職はよく,「最近の若者は仕事に対するやる気がない」といいます。実際データを見ると, 日本ではこの20年, 若い従業員のワーク・モティベーションが低下してきています。さらに, 近年, そういう管理職自身のやる気の低下も指摘されています。

　著者らが行っているSCTを用いた従業員の査定では,「末は社長になりたい」という反応は絶滅寸前で,「知識や技能をおぼえて, 10年後には独立して会社を興したい」という反応が激増しています。それは, ワーク・モティベーションの中身の変化と連動しているようにも思われます。"単純な社内上昇志向"から"専門家的あるいは起業家的やる気"への中身の変化,"滅私奉公"から"いつでも独立できるように目を外に向けた志向"への変化といえるかもしれません。野球のイチローやサッカーの中田英寿の生き方の中にも, そのような志向を感じ取ることができそうです。

　第12章では, ワーク・モティベーション, 成功と失敗の原因帰属, 人事管理, 適正配置と教育訓練などに焦点をあてて, 産業心理学（industrial/organizational psychology）の内容について述べてみたいと思います。

（扉のことば・伊藤）

1節　ワーク・モティベーションと目標管理

　ワーク・モティベーション（work motivation）は，「仕事に関係する行動を引き起こし，その形態・方向・強さ・継続性を決定する，個人内あるいは個人間に生ずるエネルギー」と定義される。簡単にいえば，仕事への動機づけ，仕事に対するやる気や意欲のことである。ワーク・モティベーションは内発的動機の側面を多くもつ動機の1つと考えられている。一般に日本の企業では，ワーク・モティベーションを高め，職務満足をもたらす具体的方策として，①職務拡大，②ジョブ・ローテーション（job rotation），③職務充実などの方法が採られている。
　ここでは，それ以外の，ワーク・モティベーションを高める方策や要因について検討しているいくつかの理論を紹介していく。

1．ホーソン実験

　ハーバード大学のメイヨー（Mayo, G. E.）らは，ウェスタン・エレクトリック社ホーソン工場で，1927〜1932年にかけて，一連の実験的研究を行った。この研究は，職場の公式集団内に発生する非公式集団の機能を描き出して，後の小集団研究の端緒をなし，企業における人間の心理的側面や人間関係の重要性を提起した有名な研究である。図12-1を参照されたい。
　メイヨーらは，まず，「照明をよくすれば作業効率が向上する」という作業仮説を立てて実験を行ったが，仮説の検証に失敗した。その後，気温，湿度，休憩回数，賃金制度などを変化させて，生産量の変化を調べた。条件を改善しても，元にもどしても，単位時間あたりの生産量はほぼ常に上昇し，やがて，メイヨーらは，制度や物理的条件よりも従業員の動機づけ要因に着目するようになっていく。
　1931〜1932年に行われた「配電器（バンク）捲線作業観察実験」では，14人の工員が対象に選ばれた。この職場では，あらかじめ会社によって，捲線工3人とハンダ付工1人を1単位として3つの公式集団が構成され，さらに2名の検査工が製品検査のために割り当てられていた。作業員の賃金は，1週間単位

第12章 産　業

ホーソン実験の前段階

作業場の照明をよくすれば能率は上昇するか？ (1924.11〜1927.4)

実験群　24燭光　→　46燭光　→　70燭光　　24燭光　→　10燭光　→　3燭光
　　　　　（コイル巻き作業量は両群とも上昇）　　　　　（やはり作業量は上昇）
対照群　20燭光　―――――――――→　一定　　10燭光　―――――――――→　一定

ホーソン実験はじまる

リレー組立作業テスト室の実験

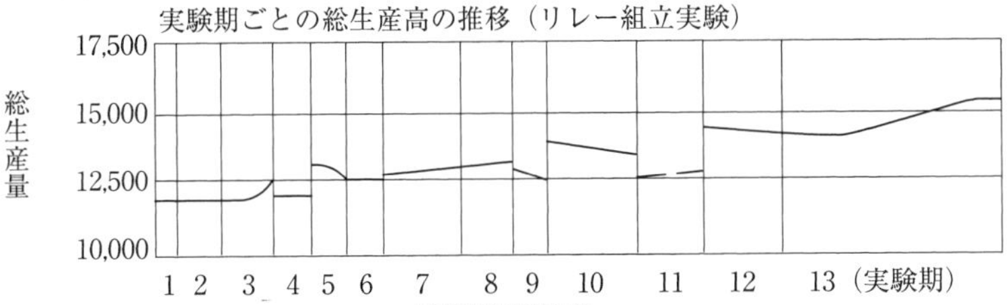

実験期ごとの総生産高の推移（リレー組立実験）

総生産量：17,500 / 15,000 / 12,500 / 10,000
実験期：1 2 3 4 5 6 7 8 9 10 11 12 13

実験期別実験条件

実験期	1	2	3	4	5	6	7	8	9	10	11	12	13
始期	1927 4.25	5.10	6.13	8.8	9.12	10.10	11.7	1928 1.23	3.12	4.9	7.2	9.3	11.26
期間(週)	2	5	8	5	4	4	11	7	4	12	9	12	31
賃金制度	団体出来高(500名以上)			集団出来高(6名)									
週労働時間	48	48	48	47:05	46:10	45:15	45:40	43:10	40:40	45:40	41:40	48	45:40
休憩 午前	なし	なし	なし	5分1回	10分1回	5分3回	15分1回			同左	同3 じ期 と		15分1回
午後				5分1回	10分1回	5分3回	15分1回			同左			15分1回
終業時	5時							4時半	4時	5時	土曜休		5時
会社提供	なし					軽食						なし	コーヒー
場所	一般工場	実験室											

賃金制度の効果測定実験（1928.8〜）
（第2）リレー組立作業（一般工場内で実施）　生産率

被験者	事前5週 団体出来高	実験9週 集団出来高	事後7週 団体出来高
#1	100	108.3	98.4
#2	100	115.3	109.4
#3	100	117.4	64.7
#4	100	113.5	112.5
#5	100	108.5	―
平均	100	112.6	96.2

休憩と超過勤務の効果（1928.8〜）
雲母剥離実験室・生産率

被験者	事前8週 平常条件	最高生産期 実験条件	実験終期 週5日制
#1	100	120.1	欠
#2	100	112.3	103.8
#3	100	105.9	103.0
#4	100	116.8	107.5
#5	100	124.1	104.1
平均	100	115.6	104.4

面接プログラムの実施（1928.9〜1930.3）　21,116名に面接して得られた知見
苦情を述べる機会が与えられただけで不満が減少する（面接の治療効果）
従業員の行動は彼らの感情と切り離せない
態度や感情は偽装されて表明される
職場の満足や不満は主観的判断できまる

バンク捲線観察実験（1931.11〜1932.5）

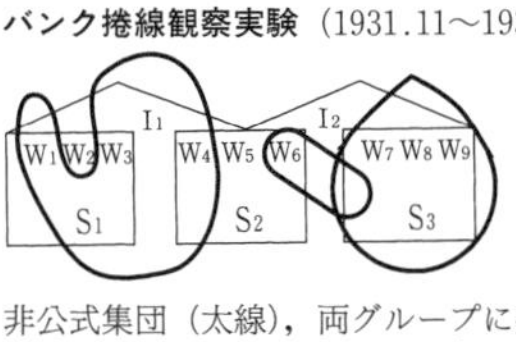

〔報告生産量は一定に保つ〕

暗黙のルール：
　働きすぎるな！「がっつき」だ
　怠けすぎるな！「こすい奴」だ
　仲間の悪口を上役に告げ口するな！
　おせっかいをやくな！「〜ブル」な

非公式集団（太線），両グループに共通の規範
I 検査工，W 捲線工，S ハンダ付工，細線は公式集団

図 12-1　ホーソン実験（Mayo, 1933：久保，1978より）

で，個人の作業能率に応じて支払われた（集団出来高制）。このような労働条件に置かれた14人の行動や人間関係を約6ヵ月にわたって観察し，同時に繰り返し面接を行った。観察の結果，工員は，5人ずつの2つの非公式集団を作り，同じ非公式集団のメンバーだけで昼休みや休憩時間を過ごすようになったことがわかった。この2つの集団には，徐々に規範が作り出され，休憩時間の行動だけにとどまらず，作業についても，お互いに協力・牽制し合うようになった。その規範とは，1日の生産高が一定になるよう，集団独自に標準生産量を決め，①それより働きすぎることは「率やぶり」である，②怠けることは「詐欺師」である，③仲間に不利になることは上司に言ってはならない，④おせっかいをやくな，⑤「……ぶるな」，⑥公式的な役割に徹しすぎるな，というものであった。メンバーは，製品を多く生産したり，長い時間作業に従事すればするほど，高い賃金を得られるシステムになっていたにもかかわらず，実際には，非公式集団の規範に動機づけられて行動していた。この結果は，職場における人間関係や動機づけ要因が，物理的な労働条件以上に，人の行動を左右させてしまうものであることを示していた。それはまた，組織管理上，公式集団と非公式集団とをいかに一致あるいは融合させるかが重要な課題となることを物語っていた。

2．ハーズバーグらの動機づけ・衛生理論

ハーズバーグ（Herzberg, F.）らは，ワーク・モティベーションを決定する要因として，あるいは，職務についての満足・不満足（動機の充足度）を決定する要因として，2つのものがあると主張した。「衛生要因（hygiene factors）」と「動機づけ要因（motivators）」である。

ａ．衛生要因

会社の政策や経営，監督技術，給与，作業条件，対人関係などである。それらが不備であり，これらの動機が満足されない場合には，従業員は不満をいだく。しかし，それらが充足されたとしても，従業員は満足せず，ただ不満のない状態になるにすぎない。こうした，不快を回避する要因を「衛生要因」と呼ぶ。

b．動機づけ要因

精神的成長を求める動機である。仕事そのもの（職務の内容），達成感，昇進，責任の増大，達成にともなう承認といった「動機づけ要因」が充足されてはじめて，従業員は自分の仕事に満足する。しかし，この動機が充足されなくても，従業員は不満を抱かない。ただ，満足のない状態になるにすぎない。

3．アルダファのERG理論

アルダファ（Alderfer, C. P.）は，マズロー（Maslow, A. H.）の考え方を発展させ，動機は，生存（existence），関係（relatedness），成長（growth）の3つがコアであるとして，ERG理論を提唱した。「生存」とは，文字どおり，生きるための動機であるが，給与や雇用の保障，安全な職場環境などの要因も含まれる。「関係」とは，同僚，友人，家族らとの人間関係を維持，深化させようとする動機である。「成長」とは，マズローの自己実現欲求と同様，自らの能力を伸ばしたいという動機である。ERG理論では，低次の動機と高次の動機の同時並行的な併存が認められている。また，高次の動機が満たされないと低次の動機が現れる退行も起こりうるとされている。

動機づけ・衛生理論，ERG理論，第4章で述べたマズローの欲求階層説は，いずれも類似した従業員のワーク・モティベーションの発達過程を表している。三者を比較したものを図12-2に載せておく。

4．マクレガーのX理論・Y理論

マクレガー（McGregor, D.）は，マズローの理論を企業の経営管理の問題に適用し，従業員のもつ性質・人間性に関して次のような2つの分類を考えている。

a．X理論

旧来の経営管理理論・組織論で仮定する，以下のような従業員の人間性の表現である。

マズローの欲求階層説	アルダファのERG理論	ハーズバーグの動機づけ・衛生理論
自己実現	G（成長）	動機づけ要因
承認と自尊		
愛と所属	R（関係）	(人間関係要因)
安全・安心	E（生存）	衛生要因
生理的		

図12-2 動機づけ理論の比較（齊藤・藤森，1994より）

人間は生来仕事が嫌いで，できることなら仕事をしたくないと考えている。したがって，強制・統制・命令・処罰によって脅迫されなければ，組織目標達成のために十分な力を発揮しない。人間は命令されることを好み，責任を回避したがり，野心をもたず，何よりも身の安全を望んでいる。

　ここでは，企業の目標と従業員の目標が異なっているから，厳格な管理が必要と考える。しかし，こうした方策が有効なのは，従業員の動機がマズローのいう低次な動機にとどまっている場合についてだけであり，高次の動機が生じている従業員については別の人間観が必要となる。

b．Y理論

　企業の目標と従業員の目標を一致させることによって従業員を動機づけようとする新しい考え方である。

　人が仕事で心身を使うのは当たり前のことであり，人間は仕事が嫌ではない。人間は自分がすすんで望んだ目標に対しては，自ら自分にムチ打って働くものである。献身的に目標達成に尽くすかどうかは，それを達成して得る満足度次第である。人間は条件次第では，自ら進んで責任をとろうとする。責任回避・野心のなさ・安全第一は，人間本来の性質ではない。たいていの人には，企業内の問題を解決しようと創意工夫をこらす能力が備わっている。現代の企業では，日常従業員の能力のほんの一部しか生かされていない。

　こうした人間観に立った従業員の動機づけの方策は，厳格な管理ではなく，より人間的なものになるはずである。

5．目標管理 (MBO：management by objectives)

　ドラッカー (Drucker, P. F.) が1954年に，「目標による管理と自己統制によるマネジメント」として提唱したもの。マズロー，マクレガーの理論，ロック (Locke, A. L.) の目標設定理論などを基礎としている。図12-3に目標管理の流れを示す。目標管理では，まず，自らの目標を上司の助言を得ながら設定する (Plan段階)。次に，目標に向かっての遂行段階 (Do段階) に入る。ここでは，上司は，本人の自由裁量を十分に認めながら，援助し，進行をチェックする。終了段階 (See段階) では，本人が目標の達成度を自己評価し，それを複数の上司が客観的に評価する。

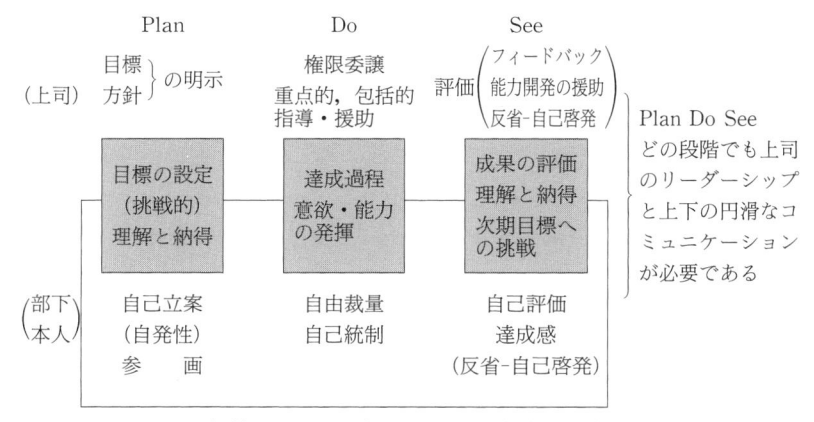

```
        Plan              Do              See
       目標 ⎫           権限委譲        ⎛フィードバック⎞
(上司) 方針 ⎬ の明示   重点的,包括的    評価⎜能力開発の援助⎟
       目標 ⎭           指導・援助        ⎝反省-自己啓発⎠        Plan Do See
                                                                どの段階でも上司
        ┌─────────┬─────────┬─────────┐                         のリーダーシップ
        │ 目標の設定 │ 達成過程  │ 成果の評価 │                   と上下の円滑なコ
        │ (挑戦的)  │ 意欲・能力 │ 理解と納得 │                   ミュニケーション
        │ 理解と納得 │ の発揮   │ 次期目標へ │                   が必要である
        │         │         │ の挑戦   │
        └─────────┴─────────┴─────────┘
(部下) 自己立案        自由裁量        自己評価
 本人  (自発性)       自己統制        達成感
       参　画                         (反省-自己啓発)
```

図12-3 目標管理の流れ（松岡，1992：齊藤・藤森，1994より）

20年来，日本の目標管理は足踏みを続けてきた。横並び意識の強い，評価制度に慣れていない，客観的な評価に関して理解の乏しい管理職の存在が，目標管理の発展を妨げてきた。しかし，バブル崩壊後，改革を迫られている企業の動機づけ手法として，年俸制などの新しい雇用管理制度と連動する形で，再び注目されるようになってきている。

2節　仕事の成功と失敗

仕事に成功しやすい人と失敗しやすい人に，典型的なパーソナリティ特性はあるのだろうか。成功した時，失敗した時，人々はどのような要因にその原因や理由を求め，帰属させるのであろうか。

1. タイプA行動パターンと課題の遂行

仕事に対する取り組み方を，タイプA行動パターンとタイプB行動パターンに分類する考え方がある。もともと，タイプA行動パターンは，アメリカの心臓外科医であるフリードマンとローゼンマン（Friedman, M. & Rosenman, R. H.）が，1974年に，狭心症や心筋梗塞などの冠状動脈疾患を発症しやすい人の行動特性として発表したものである。タイプA行動パターンは，できるだけ短い時間にできるだけ多くのことを成し遂げようと，物事に攻撃的に取り組み，

もし要求されれば，対立する組織や人に対抗してでも熱中するような人に見られる行動と情動の複合体である。競争心と達成動機，性急と短気，敵意と攻撃性，他者に認められたいという被認知動機，極度の気配り，時間的切迫感といった特徴をあわせもつ人のタイプである。こうした傾向を多くもっていたら「タイプA」と，あまりなければ「タイプB」と類型化される。タイプA行動パターンは経験によって形成され，可変性があるといわれている。

　課題遂行を問題にした時，タイプAの人は，より困難な課題を自分に課す傾向が強い。時間的に切迫している状況や単独で仕事をする時には，良い仕事をする傾向がある。しかし，強い忍耐力や細心の注意，思慮深い判断が必要とされる仕事の場合には，タイプAの示す性急さは，逆にマイナスの要因として働きやすい。複雑な判断や正確さが求められている場合，あるいはグループで仕事をする場合には，タイプBの方が，優れた仕事をする可能性が高い。

　日本の上級管理職の多くはタイプBであるという。タイプAの人は，健康を害する可能性が高いことに加えて，その不寛容さや攻撃性も上級管理職に要求される職務要件に合致しないということがマイナス要因になっているようだ。

　日本人とアメリカ人のタイプAの違いの研究も行われている。それによれば，タイプAの日本人はアメリカ人に比較して攻撃性が少ないが，会社や職場への帰属意識や一体感が非常に強いことが知られている。

2. 達成動機と課題の遂行

　達成動機（achievement motive）は，困難を克服し，重要なことがらを遂行し，高い水準に到達しようとする動機である。できるだけ速やかにできるだけ独力で遂行しようとすること，他人と競争し，他人をしのぐこと，才能をうまく発揮して，自尊心を高めること，有能さを基準として仕事仲間を選び，根気強く，積極的に楽しんで仕事をすること，こころに余裕があり，慎重で，静かに熟慮してことにあたることである。結果について知りたがる傾向もある。一般に，達成動機の強い人は，弱い人よりも，困難に挑戦し，速やかに学習し，結果として優れた成績を示すことが考えられる。しかし，外的報酬が与えられると，達成動機の影響は低下し，達成動機の低い人でも良い成績を示すことがある。また，日本の伝統的な文化風土では，欧米流のパフォーマンス中心的な

達成動機がそのまま通用しないことも多い。退職時の典型的なあいさつの形である「おかげさまで大過なく過ごすことができまして……」という表現が、それを象徴的に物語っている。

3. 自己概念と原因帰属

肯定的な自己概念をもっている人は自尊感情（self-esteem）が高く、職業人としての能力に自信をもち、自らを望ましい人間だと見なしている。否定的な自己概念をもっている人は、自尊感情が低く、仕事に自信をもてず、自ら取るに足らない人間と見なす傾向がある。肯定的な自己概念をもっている人は、高い動機づけをもって仕事に臨むことができ、活動的で、人間関係もよく、ひろく情報を集め、それ故、成功をおさめる機会も多くなる。

ある現象からその背後に潜む要因を推測しようというプロセスを「帰属過程（attribution process）」という。ある出来事とその原因との因果関係を知ることができれば、過去の出来事の説明だけでなく、将来起こることを予測することができる可能性がある。

仕事における成功・失敗を引き起こす「原因」として、ワイナー（Weiner, B.）らは、「能力」「努力」「課題の困難度」「運」の4つをあげている。このうち、「能力」と「努力」は個人内部の要因であり、「課題の困難度」「運」は個人の外部に存在する要因である。同じ内部の要因であっても、「能力」は比較的変化しにくい安定した要因であるが、「努力」は状況によって変動する不安定要因といえる。同様に、外部要因の中で、「課題の困難度」は変動しにくい安定した要因、「運」は常に変動する不安定な要因といえる。これら4つの要因は、表12-1のように、「統制の所在（内的－外的）」と「安定性」という2つの次元によって整理することができる。一般に、達成動機の強い人や肯定的な自己概念をもっている人は、仕事上の成功を「能力」や「努力」に、失敗を「努力不足」に帰属しやすい。こうした人は、成功を内的な要因に帰属するため、容易に満足を得ることが

表12-1　成功・失敗の原因の分類（Weiner & Kukuka, 1970：齊藤・藤森，1994より）

安定性	統制の所在	
	内的	外的
安定	能力	課題の困難度
不安定	努力	運

でき，ますます課題に対して意欲的に取り組むことができるようになる。また，失敗しても努力が足りなかったと考えるので，次のビジネス・チャンスへの意欲を失わないですむ。逆に，達成動機の低い人や否定的な自己概念をもっている人は，成功しても内的な帰属をせず，失敗すると「能力不足」といった要因に帰属しやすい。こうした人は，成功しても自分自身の内的な要因に原因帰属しないため積極的になることもなく，失敗した場合には自分の能力が足りないと感じてますます意欲を失ってしまうことになる。

3節　管理能力と人事管理

1. 管理能力

　フレンチとレイブン（French, J. R. P. Jr. & Raven, B. H.）は，管理者がもつべき力として，①部下に対して昇進・昇給・やりがいのある仕事などの報酬を与える力，②部下が逆らったときに罰を与える力，③命令や指示を与える正当な権利，④仕事に関して部下よりも優れている知識や技能，⑤人間的魅力をもち部下に「リーダーのようになりたい」と思わせる力，をあげている。

　佐野勝男・槇田仁・関本昌秀は，カッツ（Katz, D.）の3つの管理技能（以下の(1)〜(3)）を中心に，管理能力の7要素をあげている。

　(1) アドミニストラティブ・スキル（administrative skill：AS）：リーダーシップにおける課題達成機能の一部にあたるもの。狭い意味での「管理能力」。情報を適切に把握・分析する能力。目標や方針を設定し，それを達成するための具体的な計画を企画・立案する能力。適切な意思決定をタイミングよくくだす能力。部下に適切に業務を割り当て，適切に指示・助言し，適切に権限を委譲する能力。部門内，部門間の調整能力。決断力。実行力。

　(2) ヒューマン・スキル（human skill：HS）：リーダーシップにおける集団維持機能にあたるもの。他者の心情を共感する能力。集団のメンバーと上手に相互交流する能力。チームワークをもり立てていく能力。

　(3) テクニカル・スキル（technical skill：TS）：課題達成機能の一部。専門分野，職能分野における特定の活動，特に，仕事の方法，処理，手続き，技法などに関する具体的な知識，技能。たとえば，経理の知識，商品知識，機械

コラム12

葛藤を克服する変革型リーダーシップとリスク・テイキング行動

　山口裕幸によれば，内外の環境の変化を先読みして組織内に変化を取り入れることは，組織の創造的自己革新の根幹をなす戦略である。確実とはいいきれない先読みした将来の動向に基づいて手立てを講じていくことには，少なからず失敗の危険性（リスク）がともなう。組織が創造的な自己革新を行うということは，リスク・テイキング行動（risk taking behavior：リスクをはらんだ行動の選択）をとるということになる。集団は，好調な時はリスク・テイキングを行いやすいが，業績が悪化してくるとリスク・テイキングを行いにくくなる。このことを考えれば，組織は，好調な時こそ，将来を先読みして，いい意味でのリスク・テイキングを積極的に行っていかねばならない。

　組織に変化を導入するということは，組織内に，心理的抵抗とそれが生み出す葛藤を作り出す。抵抗と葛藤を克服して変革を推進するには，「変革型リーダーシップ（transformational leadership)」が不可欠となる。

　変革型リーダーシップとは，メンバーに外的環境への注意を促し，思考の新しい視点を与え，変化の必要性を実感させ，明確な将来の目標とビジョンを提示し，自らリスク・テイクし，変革行動を実践するリーダー行動である。変化の導入に対してメンバーが抵抗を示すことは必然的なことだと思わなければならない。当初，組織の中では異邦人のような存在となり，孤立することも覚悟しなければならない。しかし，組織の中では，リーダーは信用されやすい存在である。リーダーが持ち込む異質性に対しては，メンバーはそれを尊重する傾向もある。リーダーの「一貫した態度」と「メンバーとの協調の姿勢」は，マイノリティ・インフルエンスを起こさせやすい。変革型リーダーシップを有効に機能させるには，メンバーの心理とリーダーの行動との相互作用を十分に考慮して活用する必要があるだろう。

操作の技術，輸出業務手続きなど。

(4) 精神的分化度（mental differentiation）：見通し，洞察力，評価の客観性，思考・行動の柔軟性，独創性，判断力，集中力など，いわゆる頭の良さ。

(5) 性格・人柄：よい人柄。人間としての幅。

(6) 指向・仕事中心の生活態度：仕事，経営・管理，金もうけに健全な興味・関心をもっていること。

(7) 意欲・バイタリティ・健康・体力・馬力：目標達成，業務遂行に必要な気力，体力，健康。

2．人事管理（人事マネジメント）の要点

　カッツの3つの管理技能を中心とするそれぞれの要素の相対的重要度は，職種・職階ごとに異なってくる。

　職階別では，低い層ではTSとHSが重要であるが，高い職階になるとASの重要度が増してくる。トップ層ではASが最も重要である。

　職種別では，同じミドルクラスの管理職であっても，ラインの課長では，ASやHS，意欲・バイタリティなどの重要度が高いが，基礎研究所の主任研究員などでは，TSの重要度が高くなり，意欲・バイタリティやHSなどの重要度が相対的に低くなる。

　管理能力の諸要素には，可変性のある要素とない要素とがある。

　適正配置をするためには，一方で，当該の職務に最低限必要な適性要件を見いだす「心理学的職務分析」を行い，他方で，従業員の能力・資質を見極める「能力評価」を行って，両者のマッチングをはかることが重要である。職務分析と能力評価のマッチングの結果，適性要件をすべて満たす人がいればその人を当該の職務にあてればよい。それが「適正配置」である。ある程度の要件を満たしている人がいて，足りない要件が可変性のある要素ならば，「教育・訓練」によって補えばよい。

　人事管理といっても，「業績評価」と「能力評価」は明確に分けて考えなければいけない。ある職務でよい業績をあげたからといって，他の職務でよい業績をあげられるかどうかはわからない。適性要件は職務ごとに異なるからである。業績評価をもとに昇進・昇格を考えることにはあまり意味がない。業績の

向上には金銭や待遇面での対応で応えた方がよい。昇進・昇格は適性要件を考えた能力評価の結果によって実行するべきである。

3. 管理能力の発見と開発（アセスメントとディベロップメント）

組織内の教育・訓練システムには，実務を通じての教育・訓練「OJT（on-the-job training）」と，実務を離れた教育・訓練システム「offJT（off-the-job training）」とがある。offJTには，次のようなものがある。

(1) 講義法：一対多数の講義。画一的で，聞くだけに終わってしまうことも多い。

(2) 会議法：インストラクターに導かれた10名前後の学習者が，一定の問題について討論を行い，全員で解答を見いだしていく方法。管理者訓練用のMTP（Management Training Program），QC（Quality Control）サークル，ZD（Zero Defects）運動などは，この方法を中心に据えている。

(3) 事例研究法（ケース・スタディ）：職場で生じがちな問題を記述した事例について，問題発生の過程や原因の分析，解決案の策定などを行っていく訓練法。合同研修の中で，全体を少人数のバズ・グループと呼ばれる討論グループに分け，ケースの分析を行い，グループ発表させる方法がある。

(4) インシデント・プロセス：事例研究法では，分析に必要な情報をあらかじめ提供している。インシデント・プロセスでは，学習者はインストラクターから，はじめは問題の骨格しか与えられない。しかし，インストラクターは問題に熟知しており，学習者はインストラクターとの面接を通じて，必要な付加的情報を引き出し，ケースの分析を行う。学習者は，情報の収集，問題の設定，分析，解決案の作成と，全プロセスについて対処する必要がある。最後にインストラクターが問題の全容を明らかにして，各学習者の処理を検討していく。

(5) インバスケット・ゲーム：学習者が，新任の管理者という役割のもとに，未決箱（インバスケット）の書類（メモ，手紙，報告書など）を処理していく，役割演技的シミュレーション・ゲーム。

(6) ビジネス・ゲーム（マネジメント・ゲーム）：現実の経営活動に近似した模擬的経営事態を設定し，チーム間の競争（ゲーム）を通じて，投資・生産・管理・販売などのプロセスに関する経営上の意思決定について学習する方法。

4節　職場衛生管理

1. 職場衛生管理の目的

職場においては，労働者が心身ともに健全な状態で働けるよう，①作業環境，②作業方法，③健康管理，④安全衛生管理体制，⑤労働衛生教育に留意しなければならない。

ILOとWHOが1950年に採択した「労働衛生の目的」には，以下の記述がある。

「あらゆる職業に従事する人々の肉体的，精神的および社会的福祉を最高度に増進し，かつこれを維持させること。作業条件に基づく疾病を防止すること。健康に不利な諸条件から雇用労働者を保護すること。作業者の生理的，心理的特性に適応する作業環境にその作業者を配置すること。以上を要約すれば，人間に対し仕事を適応させること，各人をして各自の仕事に対し，適応させるようにすること」。

日本では労働者の人権は労働基準法と労働安全衛生法（以下，安衛法）で護られている。ここでは心身の健康と関連の深い後者に基づき述べていく。

安衛法では，衛生管理体制の一環として，一定基準以上の作業場については，①総括安全衛生管理者（安衛法第10条），②衛生管理者（安衛法第12条），③産業医（安衛法第13条），④作業主任者（安衛法第14条），⑤衛生委員会（安衛法第18条）などの選任・設置を義務づけている。

2. 作業環境と作業要因

産業現場の環境に起因する健康への影響，職業病を予防するには，環境要素・要因間の理解が必要である。

a．一般環境

(1) 温熱環境

作業環境は暑くも寒くもない，気温，気湿，気流，輻射熱（日当たり，暖房器具の位置など）の四要素を考慮した快適な温度条件が望ましい。わかりやすい指標としては，

不快指数＝0.72×(乾球温度＋湿球温度)＋40.6

が使用され，70までは快適，75で過半数の人が不快を感じ，80以上で全員が不快を感じるとされている。

(2) 採光，照明，彩色

採光とは自然光により明るさを得ること，照明とは人工光源により明るさを得ることをいう。明るさは照度計で測定され，労働安全衛生規則・事務所衛生基準規則で表12-2のような最低照度基準が設けられている。

オフィスのOA化などにより，VDT (video/visual display terminal) 作業も増えており，VDT症候群という自律神経症状を主訴とする障害も増えている。厚生労働省の新しい『VDT作業における労働衛生管理のためのガイドライン』(平成14年4月5日)によると，①1日のVDT作業時間が短くなるように配慮すること，②連続作業時間は1時間を超えないようにすること，③連続作業の間に10～15分の作業休止時間を設けること，④一連続作業時間内に1～2回程度の小休止を設けること，とあり，ディスプレイ画面上における照度は500ルックス以下，書類上およびキイボード上における照度は300ルックス以上とすること，と決められている。

b．感覚に及ぼす有害エネルギーの影響

(1) 高温と寒冷

過度の高温や寒冷は人体に有害である。日本産業衛生学会は高温の許容基準を表12-3のように定

表12-2 最低照度基準
(労働安全衛生規則より)

作業区分	基準
精密作業	300ルックス以上
普通の作業	150ルックス以上
粗な作業	70ルックス以上

表12-3 高温とRMR
(労働省安全衛生部労働衛生課，1992)

作業の強さ	許容温度条件 WBGT (℃)
RMR～1 (極軽作業)	32.5
RMR～2 (軽作業)	30.5
RMR～3 (中等度作業)	27.5
RMR～4 (重作業)	26.5

WBGT：
　室内もしくは室外で日光照射のない場合
　　WBGT＝0.7×NWB＋0.3×GT
　室外で，日光照射のある場合
　　WBGT＝0.7×NWB＋0.2×GT＋0.7×DB
NWB：自然気流に暴露されたままで測定された湿球温度
GT ：直径6インチの黒球温度
DB ：輻射熱源からの直接の影響を妨ぎ，自然気流は損なわれないように球部を囲ったもので測定された乾球温度

めている。また，気温10℃以下の場所での作業を寒冷作業といい，風速1m/秒ごとに3℃の気温低下があるものとして計算する。

(2) 騒音

業務に起因する聴覚障害として，強い音，高い音，単一な音等は，聴覚に有害であり，災害性難聴（外傷性難聴）や騒音障害を引き起こす。表12-4に音圧レベル（ホン）による騒音の感覚を示す。なお，ホン（phon）とは，1000Hz（ヘルツ）における人間の最小可聴値である音圧20μPaを基準にとり，これを0dBとし，それ以上の音圧をdB尺度で表した数値のことである。120ホンがほぼ聴覚の限界となる。

c．作業要因

(1) 適正配置

産業現場では，労働者を生理的・心理的特性に適合した作業につけるよう配

表12-4　騒音（労働省安全衛生部労働衛生課，1992）

ホン	騒音の感じ	実　例
－140－		
－130－	耳の疼痛感	
－120－		製かん，鋲打ち作業
－110－		トンネル内の電車の開いた窓／さく岩ドリルの音（1m）
－100－	耳をおおいたくなる	ガード下の電車通過時／地下鉄の駅通過時
－90－	目前の人と話ができない	騒々しい工場
－80－	よほどの声をはりあげないと，話ができない	高架鉄道（車内）
－70－	意識的に声を大きくして話す	雑踏した街，普通の機械工場
－60－	うるさい感じだが，普通に会話できる	忙しい事務室内
－50－	ざわざわと，いつでも音が耳について落ち着かない	事務室，静かな歩行群集内
－40－	静かであるが，音からの解放感がない	耳をすましている聴衆内，声を落とした会話
－30－	静かに落ち着いた感じ	放送用スタジオ内，静夜中
－20－	しーんとした感じ	
－10－		2mからのささやき
－0－		防音室での最小可聴音

(2) 労働条件

平成11年4月1日施行の労働基準法第32条（労働時間）において，労働時間の基準が提示されている。

①使用者は，労働者に，休憩時間を除き1週間について40時間を超えて，労働させてはならない。

②使用者は，1週間の各日については，労働者に，休憩時間を除き1日について8時間を超えて，労働させてはならない。

(3) 作業強度

作業強度を表す指標として，

$$エネルギー代謝率（RMR）=（E-R）／B$$

が使用され，労働作業別分類などに用いられている（ここで，E：労働に消費するエネルギー，R：安静時の消費エネルギー，B：基礎代謝量である）。

RMRと作業強度の一例として表12-3（前掲）を参照されたい。

3. 健康管理と健康の保持増進

安衛法に基づいて行われる健康診断は，一般健康診断（すべての労働者対象）と特殊健康診断（法令に定められた有害業務従事者対象）がある。近年，一般健康診断で把握される，糖尿病，高血圧性疾患，虚血性心疾患，肝障害などの生活習慣病の増加が著しい。一方，心理・社会的ストレスが，発病や症状経過に影響を与えることが多く，その実態は昭和59年中央労働災

表12-5　ストレス関連疾病
（労働省安全衛生部労働衛生課，1992）

1	胃・十二指腸潰瘍	17	頸肩腕症候群
2	潰瘍性大腸炎	18	原発性緑内障
3	過敏性腸症候群	19	メニエール症候群
4	神経性嘔吐	20	円形脱毛症
5	本態性高血圧	21	インポテンツ
6	（神経性）狭心症	22	更年期障害
7	過呼吸症候群	23	心臓神経症
8	気管支喘息	24	胃腸神経症
9	甲状腺機能亢進症	25	膀胱神経症
10	神経性食欲不振症	26	神経症
11	片頭痛	27	不眠症
12	筋緊張性頭痛	28	自律神経失調症
13	書痙	29	神経症的抑うつ状態
14	痙性斜頸	30	反応性うつ病
15	関節リュウマチ	31	その他（神経性○○
16	腰痛症		症と診断されたもの）

害防止協会中高年齢労働者ヘルス・ケア検討委員会ストレス小委員会によって調査され「ストレス関連疾病の状況」としてまとめられた。大企業の労働者の約5％が，いわゆるストレス関連疾病で医療機関を訪れていることが示された。ストレス関連疾病を表12-5に示す。

　安衛法第69条には，労働者の健康保持促進のために必要な措置の例として「健康教育」があげられている。図12-4に示すような，運動指導，心理相談（メンタルヘルス・ケア），栄養指導，保健指導を含むトータルなシステムとなっている。

　法的にうたわれるメンタルヘルス・ケアの担い手は組織であり，職務設計，組織風土づくり，制度面の整備，管理者教育，キャリア形成支援，雇用の安定，支持的風土形成，公正な処遇などが検討項目となる。一方，実際の職場における担い手は，現場の管理職であり，経営者レベルが理念や制度運用でそれを支

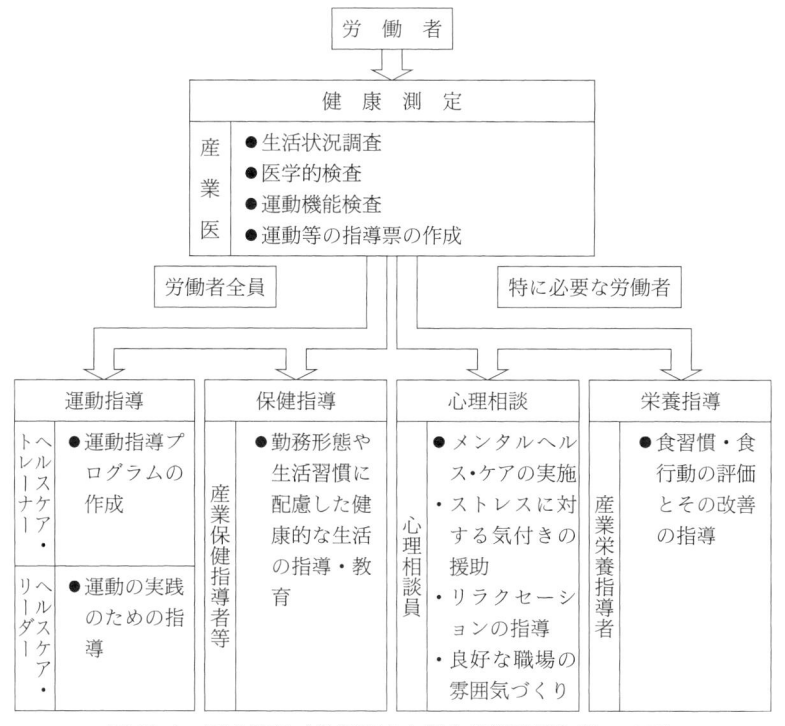

図12-4　健康教育（労働省安全衛生部労働衛生課，1992）

えるべきである。

　仕事のストレスは，「仕事そのもの」「役割の問題」「対人関係の葛藤」「地位・処遇とキャリアの問題」「自己の仕事に関する統制力や影響力」等に分類される。これらに起因するストレスの早期発見には，管理職の上司ばかりでなく，同僚や家族も重要な役割を担っているといえよう。

　厚生労働省報告書『労働者のメンタルヘルス対策に関する検討会報告書』に，「心の健康づくり」として，①セルフケア，②ラインによるケア，③事業所内産業保健スタッフ等によるケア，④事業場外資源によるケアの4つの対策があげられている。詳しくは同省のホームーページを参照されたい。

次のステップへ！
- ☞自分のワーク・モティベーションの強さ，達成動機の強さについて考察しよう。自分の行動がタイプA行動パターンにあてはまるかどうか検討してみよう。
- ☞自分の成功体験と失敗体験についての記憶を分析し，原因帰属について検討してみよう。
- ☞今後日本の企業と従業員の関係はどのようになっていくと思われるか考察しよう。

■文　献

上里一郎（監修）　2001　心理学基礎事典（現代のエスプリ別冊）　至文堂
Alderfer, C. P.　1969　An empirical test of a new theory of human needs. *Organizational Behavior and Human Performance,* **4**, 142-175.
二村敏子（編）　1982　現代経営学5：組織の中の人間行動　有斐閣
Herzberg, F., Mausner, B. & Snyderman, B. B.　1959　*The Motivation to Work.* Wiley.
久保良敏（監修）　1978　心理学図説　北大路書房
槇田　仁・伊藤隆一・小林和久　1988　管理能力開発のためのインバスケット・ゲーム　金子書房
Maslow, A. H.　1943　A theory of human motivation. *Psychological Review,* **50**, 370-396.
松岡　正　1992　目標管理の考え方と展開法　賃金実務，1992年5月1日号
Mayo, G. E.　1933　*The Human Problems of an Industrial Civilization.* McMillan.

大沢武志　1993　心理学的経営――個をあるがままに生かす　PHP研究所
大沢武志・芝　祐順・二村英幸（編）　2000　人事アセスメントハンドブック　金子書房
労働省安全衛生部労働衛生課（編）　1992　新／衛生管理（管理編）第1種用　中央労働災害防止協会
齊藤　勇・藤森立男（編）　1994　経営産業心理学パースペクティブ　誠信書房
佐野勝男・槙田　仁・関本昌秀　1987　新・管理能力の発見と評価　金子書房
佐野　守・若林　満（編）　1984　シリーズ現代心理学8：経営の心理　福村出版
関本昌秀・横田澄司・正田　亘　1984　組織と人間行動　泉文堂
鈴木伸一・坂野雄二　1998　タイプA行動特性を見直す認知行動療法　西川泰夫・山崎久美子（編）　生活習慣病（現代のエスプリ373）　至文堂
Weiner, B. & Kukuka, A.　1970　An attribution analysis of achievement motivation. *Journal of Personality and Social Psychology,* **15**, 1-20.
山口裕幸　1994　企業組織の活性化過程　齊藤　勇・藤森立男（編）　経営産業心理学パースペクティブ　誠信書房

■サイト
厚生労働省　http://www.mhlw.go.jp/
労働基準法　http://www.nifty.ne.jp/forum/fworkmom/labors_law/index.htm
新しい「VDT作業における労働衛生管理のためのガイドライン」の策定について　http://www.mhlw.go.jp/houdou/2002/04/h0405-4.html
労働の場における心の健康づくり対策について　労働者のメンタルヘルス対策に関する検討会報告書　http://www2.mhlw.go.jp/kisya/kijun/20000606_01_k/20000606_01_k_houkoku.html

人名索引

ア
アイゼンク(Eysenck, H. J.) 116
アッシュ(Asch, S. E.) 174
アトキンソン(Atkinson, R. C.) 86
アドラー(Adler, A.) 5, 8
アーノルド(Arnold, M. B.) 67
アリストテレス(Aristoteles) 2
アルダファ(Alderfer, C. P.) 193

イ・ウ
インガム(Ingham, H.) 175
ウェイソン(Wason, P. C.) 97
ウェクスラー(Wechsler, D.) 130
ウェーバー(Weber, E. H.) 3
ウェルトハイマー(Wertheimer, M.) 6, 96
ウッドヘッド(Woodhead, M. M.) 90
ヴント(Wundt, W.) 3-6

エ
エビングハウス(Ebbinghaus, H.) 88
エリクソン(Erikson, E. H.) 6, 136, 138, 140-142, 144-146
エリス(Ellis, A.) 8, 159

オ
大脇義一 100
オーズベル(Ausubel, D. P.) 167
オルポート(Allport, G. W.) 13, 108

カ
柏木哲夫 147
カッツ(Katz, D.) 198, 200
カッツ(Katz, E.) 179, 184
ガリレオ(Galileo, G.) 2
ガレノス(Galenos) 112

キ
キャッテル(Cattell, R. B.) 101, 114
キャノン(Cannon, W. B.) 67
キューブラー＝ロス(Kübler-Ross, E.) 147
キルパトリック(Kilpatrick, W. H.) 166
ギルフォード(Guilford, J. P.) 102, 125

ク
クラウダー(Crowder, N. A.) 167
クラーエ(Krahé, B.) 108
クラックホーン(Kluckholn, C.) 108
グリーンフィールド(Greenfield, S.) 32
クレッチマー(Kretschmer, E.) 112, 114, 116, 126
クロンバック(Cronbach, L. J.) 168

ケ・コ
ケーラー(Köhler, W.) 6, 78, 96, 98, 99
コスタ(Costa, P. T. Jr.) 114
コフカ(Koffka, K.) 6
コールバーグ(Kohlberg, L.) 138

サ
坂部先平 126
サーストン(Thurstone, L. L.) 101
佐野勝男 126, 198
サリバン(Sullivan, H. S.) 6

シ
シェパード(Shepard, R. N.) 41
ジェームス(James, W.) 4-6, 67
シェルドン(Sheldon, W. H.) 113, 114, 126
ジェンキンス(Jenkins, J. G.) 91
ジェンセン(Jensen, A. R.) 135
渋谷昌三 178
シフリン(Shiffrin, R. M.) 86
シモン(Simon, T.) 129
シュテルン(Stern, W.) 135
シュナイダー(Schneider, K.) 156
シュルツ(Schultz, J. H.) 162
シュロスバーグ(Schlosberg, H.) 66

209

ジョンソン-レアード (Johnson-Laird, P. N.)　96

ス
スキナー (Skinner, B. F.)　7, 74-76, 166
ストラットン (Stratton, G. M.)　43
スノウ (Snow, R. E.)　169
スピアマン (Spearman, C. E.)　101
スペリー (Sperry, R. W.)　51, 52
スペンサー (Spencer, H.)　100

セ・ソ
関本昌秀　198
セリエ (Selye, H.)　164
セリグマン (Seligman, M. E. P.)　81
ソーンダイク (Thorndike, E. L.)　74, 98

タ
ダーウィン (Darwin, C. R.)　3, 8
田中寛一　129
ダマジオ (Damasio, A. R.)　30
ターマン (Terman, L. M.)　129
タルビング (Tulving, E.)　89
ダーレンバック (Dallenbach, K. M.)　91

チ・テ
チャイルド (Child, I. L.)　108
ティンバーゲン (Tinbergen, N.)　8
デカルト (Descartes, R.)　2, 9, 43
デシ (Deci, E. L.)　63
デューイ (Dewey, J.)　166
寺田寅彦　151

ト
戸川行男　59
ド・シャーム (deCharms, R.)　63
ドライシュタット (Dreistadt, R.)　97
ドラッカー (Drucker, P. F.)　194
トールマン (Tolman, E. C.)　7, 78, 79

ナ
ナイサー (Neisser, U.)　8
夏目　誠　164

ニ・ノ
西　周　3
西田公昭　181
ニュートン (Newton, I.)　2, 10
ノーマン (Norman, D. A.)　49

ハ
パヴロフ (Pavlov, I. P.)　6, 72, 73
ハサウェー (Hathaway, S. R.)　125
ハーシー (Hersey, P.)　185
ハーズバーグ (Herzberg, F.)　192
バッドリー (Baddeley, A.)　89, 90
バード (Bard, P.)　67
バートレット (Bartlett, F. C.)　92
バラード (Ballard, P. G.)　89
ハル (Hull, C. L.)　7
ハーロウ (Harlow, H. F.)　58, 62
バンデュラ (Bandura, A.)　63, 79, 80

ヒ
ピアジェ (Piaget, J.)　96, 136-142, 144
ピアソン (Pearson, K.)　121
ビネー (Binet, A.)　129, 130
ヒポクラテス (Hippocrates)　112
ビンズワンガー (Binswanger, L.)　7

フ
フィードラー (Fiedler, F. E.)　186, 187
フェヒナー (Fechner, G. T.)　3
フッサール (Husserl, E.)　7
プラチック (Plutchik, R.)　66
プラトン (Platon)　112
ブランチャード (Blanchard, K. H.)　185
フリードマン (Friedman, M.)　195
ブルーナー (Bruner, J. S.)　97, 99, 167
ブルーム (Bloom, B. S.)　168
フレンチ (French, J. R. P. Jr.)　198
フロイト (Freud, S.)　5, 6, 117, 120, 138, 160
ブロードマン (Brodman, K.)　125
フロム (Fromm, E.)　6

ヘ
ベーコン (Bacon, F.)　97

人名索引

ベック(Beck, A. T.)　159
ベラック(Bellak, L.)　59
ヘリアー(Hellyer, S.)　88
ベルナール(Bernard, C.)　16
ヘレンシュタイン(Herrnstein, R. J.)　100
ペンフィールド(Penfield, W. G.)　26

ホ

ホーナイ(Horney, K.)　6
ポルトマン(Portmann, A.)　139
ホワイト(White, R. W.)　63

マ

槇田　仁　126,198
マクリー(McCrae, R. R.)　114
マクレガー(McGregor, D.)　193,194
マーシャ(Marcia, J. E.)　145
マズロー(Maslow, A. H.)　6,8,59,193,194
マッキンリー(McKinley, J. C.)　125
松本亦太郎　3
マレー(Murray, H. A.)　57,108,128

ミ・ム

三隅二不二　184
ミズン(Mithen, S.)　102
ミッシェル(Mischel, W.)　118
ミューラー(Müller, J. P.)　2,4
ミラー(Miller, G. A.)　87
ミル(Mill, J. S.)　97
ミルグラム(Milgram, S.)　182,183
村田　弘　164

メ

メイヨー(Mayo, G. E.)　190
メーラビアン(Mehrabian, A.)　49

モ

モーガン(Morgan, C. D.)　128
元良勇次郎　3

森田正馬　161
モレノ(Moreno, J. L.)　162,183

ヤ・ユ

ヤーキース(Yerkes, R. M.)　8
矢田部達郎　125
山口裕幸　199
ユング(Jung, C. G.)　5,116,120,121

ラ・リ

ラザースフェルド(Lazarsfeld, P. F.)　179
ラブランド(Loveland, D. E.)　100
ランゲ(Lange, C.)　67
リンゼイ(Lindsay, P. H.)　49

ル

ルクセンブルガー(Luxenburger, H.)　135
ルフト(Luft, H.)　175

レ

レイトマン(Reitman, W.)　98
レイブン(Raven, B. H.)　198
レヴィン(Lewin, K.)　6,118,180
レッパー(Lepper, M. R.)　62
レビンソン(Levinson, D. J.)　146

ロ

ロジャース(Rogers, C. R.)　6,8,157,158
ローゼンマン(Rosenman, R. H.)　195
ロック(Locke, A. L.)　194
ロック(Locke, J.)　2
ロッター(Rotter, J. B.)　63
ロールシャッハ(Rorschach, H.)　127
ローレンツ(Lorenz, K. Z.)　8,71

ワ

ワイナー(Weiner, B.)　197
ワトソン(Watson, J. B.)　6,74,96

事項索引

ア
IQ　129
ICD　152
愛着関係　140
アイデンティティ　138
アスペルガー症候群　153
アセスメント　201
圧覚　37
圧力　116
アドミニストラティブ・スキル(AS)　198
アニマ　120
アニムス　120
アーノルドの認知的モデル　67
アパシー(無欲動)　65,154
RMR　203
暗順応　42

イ
ERG 理論　193
意識心理学　4
意思決定　99
いじめ　143
一次的動機　57
一貫性論争　118
一般心理学　10
遺伝　134
遺伝・環境問題　2,134
イド　5,117,160
意味記憶　89
インク・ブロット　127
インシデント・プロセス　201
印象形成　174
インバスケット・ゲーム　201
インパルス　20
インプリンティング(刻印づけ)　71

ウ
WISC　130
WISC-R　130
WPPSI　130
WAIS　130
WAIS-R　130
ウェクスラー式知能検査　130
ウェルニッケ感覚性言語中枢　28
内田・クレペリン精神検査　128
うつ状態　155
右脳　26,50
運動感覚　38
運動錯視　45
運動神経　16
運動野　26
運動療法　163

エ
衛生要因　192
エゴ(自我)　117,160
エス　117,160
S－R 連合　7
SL 理論　185
S－O－R 連合　7
X 理論　193
HTP テスト　128
ATI　168
ADHD　152
エピソード記憶　89
f-MRI　32
FT　78
MRI　32
MEG　32
M 機能　184
LD　152
演繹推理　96
エンカウンター・グループ　158
遠心性神経系　18

オ
横断的研究　14
応用心理学　10
置き換え　119
OJT　201
オピニオン・リーダー　179

事項索引

offJT　201
オープン・エデュケーション　169
オペラント条件づけ　69,74,166
音楽療法　161
温点　37
温冷覚　37

カ

絵画療法　161
外向　120
概念形成　99
概念達成　100
海馬　28
外発的動機づけ　61
回避－回避コンフリクト　64
解離性および転換性障害　155
カウンセラー　151
カウンセリング　8,158
学習　69,70,134
学習曲線　82
学習指導法(教授法)　165
学習障害(LD)　152
学習性無力感　81
学習の構え　82
学習の転移　80
カクテルパーティ現象　41
仮現運動　6,45
加算的寄与説　135
過食症　153
仮説実験授業　167
画像解析　31
家族療法　162
課題達成機能(P機能)　184
可聴閾　40
葛藤　64,199
活動電位　20
活動動機　58
活動療法　163
仮面うつ病　156
感覚　35,36
感覚運動的段階　137
感覚記憶　86
感覚器官　36
間隔尺度　121
感覚遮断　58

感覚受容器　36,86
感覚神経　16
感覚貯蔵庫　86
感覚の投射　36
感覚野　26
環境　134
環境閾値説　135
間歇強化　76
観察学習　79
観察法　11
感性動機　57
完全習得学習　168
桿体　41
寛大化傾向　174
管理技能　198
管理能力　198

キ

記憶　85,86
記憶の睡眠効果　92
記憶の変容　91
幾何学的錯視　45
危機介入法　161
気質　109
帰属過程　197
基礎心理学　10
機能局在　26
機能主義心理学　4
帰納推理　97
気分障害　155
記銘　86
逆向抑制　91
キャノン＝バードの中枢起源説　67
ギャングエイジ　143
嗅覚　38
求心性神経系　18
教育・訓練　200
教育心理学　165
強化　75
強化刺激　75
強化随伴性　75
強化スケジュール　76
共感的理解　158
凝集性　180
業績評価　200

213

強迫性障害　155
恐怖症性不安障害　154
虚構尺度(ライ・スケール)　125
拒食症　153
均衡化　137
近接学　177
勤勉性　142

ク
空想化　119
具体的操作段階　137
クライエント中心療法　157
グリア細胞　18
グループ・アプローチ　163
グループ運動表現療法　163
群集・群衆　180

ケ
形式的操作段階　137
芸術療法　161
系列位置曲線　88
系列位置効果　88
ゲシュタルト心理学　6
ケース・スタディ　13,201
血液脳関門　23
原因帰属　197
言語　29
健康管理　205
健康診断　205
検索　86,92
検査法　13
現象学的心理学　7

コ
5因子特性論　114
効果の法則　74,98
交感神経系　16
好奇動機　58
攻撃　65,119
交叉支配の法則　26
公式集団　180,190
恒常性維持機構　56
構成主義　4
行動主義心理学　6
行動の科学　7

行動の変容　70
行動療法　78,160
光背効果　174
合理化　119
5月病　55
刻印づけ　71
国際疾病分類(ICD)　152
個人空間　177
個性　109
個性記述的方法　13
固定時間間隔強化(FI)　77
固定比率強化(FR)　77
古典的条件づけ　69,72
コーネル・メディカル・インデックス (CMI)　126
コミュニケーション　176
コミュニティ心理学　165
コラージュ　161
コンサルテーション　165
コンピテンス(有能感)　63

サ
サイコドラマ　162
再生　86
再認　86
催眠療法　162
作業環境　202
作業検査法　128
作業要因　202,204
作業療法　163
錯視　45
指し手・コマ理論　63
サッケード運動　42
作動記憶　89
左脳　26,50
産業心理学　189

シ
CAI　169
シェイピング　76
シェマ　136
ジェームス＝ランゲの末梢起源説　67
自我　5,117,160
自我関与　56
視覚　41

事項索引

シカゴ学派　5
自我の統合　148
自我の発達課題　138
視空間　47
軸索　18
自己一致　158
思考　95,96
試行錯誤　98
試行錯誤学習　74
自己概念　144,158,197
自己決定感　63
自己効力感　80
自己実現　8
自己実現の欲求　59,193
自己中心性　141
指示的療法　158
思春期　144
思春期やせ症　154
視床　29
視床下部　29
視神経交叉　44
視線の交差　178
自尊感情　197
実験法　11
失語症　31
質問紙法　124
CT　31
児童期　142
シナプス　21
シナプス間隙　21
自発性　141
自発的回復　73
自発的行動　72
自閉症　153
社会技能訓練・生活技能訓練(SST)　163
社会心理学　173
社会的学習　69
社会的学習理論　80
社会的認知理論　80
集団　179
集団維持機能(M機能)　184
集団規範　180
集団精神療法　162
縦断的研究　14
集団の凝集性　180

集団の構造　183
集団目標　180
集団力学　6
集団療法　162
集中法　82
16PF 人格テスト　114
主題統覚検査(TAT)　128
樹木描画テスト(バウム・テスト)　128
受容器　36
順位尺度　121
循環気質　113
順向抑制　91
順応　36
昇華　119
生涯発達　133
消去　73
状況の力　180
消去抵抗　76
条件刺激　73
条件即応モデル　186
条件反射　72
条件反応　73
小集団　180
情緒　55,66
小脳　29
情報処理　9,36
触圧点数　37
職場衛生管理　202
触覚　37
初頭効果　88
ジョハリの窓　175
ジョブ・ローテーション　190
自律訓練法　162
自律神経系　16
自律性　141
事例研究法(ケース・スタディ)　13,201
心因性　154
人格　109
人格障害　156
進化論　3
新近効果　88
神経系　16
神経症　154
神経生理学的心理学　4,9
神経伝達物資　21

215

新行動主義　7
人事管理　200
真実性　158
心身症　156
心身問題　2
新生児期　139
人生半ばの過渡期　146
身体依存　157
身体表現性障害　155
心的外傷後ストレス障害　155
心的装置　6
深部感覚　38
人物描画テスト(DAP)　128
新フロイト派　6
親密さ　145
心理学的職務分析　200
心理的離乳　144

精神分析　160
精神分析学　5
精神分裂病　112, 156
性動機　57
青年期　144
生理的早産　139
脊髄　16
絶縁性伝導　20
接近－回避コンフリクト　64
接近－接近コンフリクト　64
摂取　119
摂食障害　153
絶対不応期　20
先行オーガナイザー　168
潜在学習　78
全習法　82
前操作的段階　137

ス

錐体　41
推論　96
数量化技法　122
スキナーボックス　75
スタンフォード＝ビネー式一般知能検査　129
ストレス　164
ストレス関連疾病　164, 205, 206
スーパーエゴ(超自我)　117, 160
SPECT　32
スリーパー効果　176

ソ

想起　86, 92
相互作用説　135
相互作用論　120
操作　136
操作動機　58
躁状態　155
走性　70
相貌認識系　49
ソシオメトリー　183
組織　180

セ

性格　109
性格テスト　124
生活空間　118
静止電位　19
成熟　134
生殖性　146
精神依存　157
成人期　145
精神疾患の診断統計マニュアル(DSM)　152
精神遅滞　153
精神病　155
精神物理学　3

タ

第一反抗期　141
退却　65, 119
退行　65, 119
胎児期　138
体質　109
体質理論　112
対象の保存　140
対人認知　174
対人魅力　175
体性感覚野　26
体性神経系　16
態度　109
態度変容　176
第二次性徴　144

事項索引

第二反抗期　144
大　脳　25
大脳基底核　28
大脳皮質　26
大脳皮質のニューロン数　19
大脳辺縁系　28
対比効果　174
タイプA行動パターン　195
代理強化　79
代理罰　79
多因子説　101
多義図形　45
達成動機　196
田中＝ビネー式知能検査　129
多変量解析　13, 122
短期記憶　86
短期貯蔵庫　86

チ

知　覚　35, 36
知覚の恒常性　44
知的障害　153
知　能　95, 100
知能因子　101
知能指数（IQ）　129
知能テスト　129
注　意　86
注意欠陥・多動性障害（ADHD）　152
中心化傾向　174
中枢神経系（CNS）　16
聴　覚　40
長期記憶　88
長期貯蔵庫　88
調査法　13
超自我　5, 117, 160
調　節　136
跳躍伝導　20
貯　蔵　86

ツ

痛　覚　37
月の錯視　45

テ

DSM　152

適応機制　117
適合刺激　36
適性処遇交互作用（ATI）　168
適正配置　200, 204
テクニカル・スキル（TS）　198
テスト・バッテリー　124
手続き記憶　89

ト

ドア・イン・ザ・フェース・テクニック　177
同一視　119, 174
同一性（アイデンティティ）　138
投映法（投影法）　126
同　化　136
動　機　55, 56
動機づけ　55, 56
動機づけ・衛生理論　192
動機づけ要因　193
凍結効果　176
統合失調症　112, 156
洞　察　98
洞察学習　78
投　射　119, 174
統制の所在　63, 197
同　調　180
逃　避　119
動物行動学　8, 71
動物心理学　8
特殊飢餓　57
特　性　108
特性論　114
取り入れ　119

ナ

内因性　155
内　観　4
内観療法　162
内　向　120
内臓感覚　38
内発的動機　57
内発的動機づけ　61, 62

ニ

2因子説　101

217

二次的動機　59
二重接近－回避コンフリクト　65
乳児期　138
ニューロン　18
人間性心理学　6,8
認知過程　9
認知構造の変容　70
認知行動療法　159
認知心理学　4,8
認知療法　159

ネ
ネオテニー　139
粘着気質　113

ノ
脳　16,23
脳下垂体　29
脳神経　23
脳波　31
脳梁　26,51
脳梁切断　51
能力評価　200
ノンバーバル・コミュニケーション　176,177

ハ
バイオフィードバック法　160
バウム・テスト　128
破壊的カルト　181
箱庭療法　161
把持　86
把持曲線　88
パーソナリティ　107,108
パーソナリティ・インベントリィ(INV)　126
パーソナリティ・シェマ　109
パーソナリティについての暗黙の仮説　174
パターン認識　49
罰　75
発見学習　167
発達　134
HAL9000　104
般化　74

汎性欲説　5,117
判断　99
反転図形　47
反動形成　119

ヒ
PM理論　184
P機能　184
比較心理学　7
非言語的コミュニケーション　176,177
非公式集団　180,190
ビジネス・ゲーム　201
ビック・ファイブ説　114
否認　119
皮膚感覚　37
ヒューマン・スキル(HS)　198
描画テスト　128
比例尺度　122

フ
不安障害　154
VDT作業　203
VDT症候群　203
フィンガー・ペインティング　161
風景構成法　161
副交感神経系　16
服従　182
副腎皮質刺激ホルモン　164
輻輳説　135
不減衰伝導　20
符号化　36,86
不思議な数字(マジカル・ナンバー)　87
フット・イン・ザ・ドア・テクニック　177
不登校　153
部分強化　76
普遍的無意識　120
ブーメラン効果　177
フラストレーション　65
フラストレーション耐性　65
プラトー(高原)　82
ブローカ運動性言語中枢　28
プログラム学習　78,166
プロジェクト法　166
分化　74

分散法　82
分習法　82
文章完成法テスト(SCT)　127
分裂気質　113

ヘ
平衡感覚　39
PET　32
偏見　174
偏差値IQ　130
変動時間間隔強化(VI)　77
変動比率強化(VR)　77
弁別刺激　76

ホ
防衛機制　65,91,118
忘却　86,91
報酬　62
法則定立的方法　13
保持　86
補償　119,120
ホスピタリズム　140,153
保存課題　142
ホーソン実験　190
ホメオスタシス　16,56
本能行動　70

マ
マイノリティ・インフルエンス　180,199
マジカル・ナンバー　87
マスキング効果　40
マス・コミュニケーション　178
マス・メディア　178
末梢神経系　16

ミ
味覚　39
三つ山問題　142
ミネソタ多面人格検査(MMPI)　125

ム
無意識　5,117,160
無意味綴り　88
無限音階　41

矛盾図形　47
無条件刺激　73
無条件の肯定的関心　158
無条件反射　71
無条件反応　73
無髄線維　18
無欲動　65

メ
名義尺度　121
明順応　42
迷信行動　78
メンタルヘルス　207
メンタルヘルス・ケア　206

モ
目標管理　194
目標設定理論　194
目標達成機能(P機能)　184
モデリング　79,163
モラトリアム　145
森田療法　161
問題解決　97

ヤ
薬物依存　156
役割　109
矢田部＝ギルフォード(YG)性格検査　125

ユ
有意味受容学習　167
誘因　56
遊戯療法　160
有髄線維　18
誘導運動　45
有能感　63,143

ヨ
要求　55,56
要求水準　56
幼児期　140
要素心理学　4
抑圧　119
抑うつ神経症　156

抑　制　119
欲　求　56
欲求階層説　59
欲求不満（フラストレーション）　65

ラ
ライ・スケール　123,125
来談者中心療法　158
ライフサイクル　133,185
ライプツィヒ大学　3
ランヴィエ絞輪　21

リ
リエゾン　165
力動論　116
離人・現実感喪失症候群　155
リスク・テイキング行動　199
リーダーシップ　184,199
離脱症状　157
立体視　42
リハーサル　88
リビドー　5,117
了　解　7
両側性伝導　20
臨床心理学　152

ル
類型論　111
類　推　97
ルクセンブルガーの図式　135

レ
冷　点　37
レミニセンス　89
連合野　26
練習曲線　82
連続強化　76

ロ
労働安全衛生法　202
老年期　145
ロウ・ボール・テクニック　177
ロールシャッハ・テスト　127
ロールプレイ　162,163
論理情動療法　159

ワ
Y理論　194
ワーク・モティベーション　190

【著者紹介】

★伊藤　隆一　ITO Ryuichi

1953年　東京都生まれ
1977年　慶應義塾大学文学部社会・心理・教育学科心理学専攻卒業
1979年　慶應義塾大学大学院社会学研究科心理学専攻修士課程修了（文学修士）
1983年　慶應義塾大学大学院社会学研究科社会学専攻博士課程満期退学
1990年　社会学博士
　　　　尚美学園短期大学専任講師，同短大助教授，法政大学工学部助教授，同学部教授を歴任
現　在　法政大学理工学部創生科学科教授，日本SCT学会会長，慶應義塾大学産業研究所客員研究員，臨床心理士，落語愛好家
主要著書　『管理能力開発のためのインバスケット・ゲーム［改訂版］』，『絵画空想法入門』，『パーソナリティの診断　I・II』，『精研式文章完成法テスト（SCT）新・事例集』，『絵画空想法（PRT）手引』，『パーソナリティの診断　総説　手引』，『産業カウンセリング辞典』，SCT（精研式 文章完成法テスト）活用ガイド（すべて金子書房，共著），『運動表現療法の実際』（星和書店，共著）など

★千田　茂博　SENDA Shigehiro

1953年　愛知県生まれ
1977年　慶應義塾大学文学部社会・心理・教育学科心理学専攻卒業
1979年　慶應義塾大学大学院社会学研究科教育学専攻修士課程修了（教育学修士）
1982年　慶應義塾大学大学院社会学研究科教育学専攻博士課程満期退学
　　　　瀬川小児神経学クリニック心理職，多摩市教育研究所教育相談員，武蔵工業大学工学部専任講師を歴任
現　在　東京都市大学准教授，同大学学生相談室カウンセラー，マラソンスイマー
主要著書　『コミュニティ心理学の実際』（新曜社，共著），『道徳性の発達と教育』（新曜社，共著），『現代心理学』（八千代出版，共著），『運動表現療法の実際』（星和書店，共著），『世界を読み解く　リテラシー』（萌書房，共著）など

★渡辺　昭彦　WATANABE Ackihiko

1952年　東京都生まれ
1975年　慶應義塾大学文学部社会・心理・教育学科心理学専攻卒業
1977年　慶應義塾大学大学院社会学研究科心理学専攻修士課程修了（文学修士）
　　　　日本ロシュ・リサーチセンター薬理学部，実験動物中央研究所・前臨床医学研究所・行動研究室，日本・精神技術研究所・日精研リサーチ勤務を歴任
現　在　東京都市大学特任講師，同大学学生相談室カウンセラー，臨床心理士，鍼灸師，神ノ木クリニック・心理相談室長，元レーサー，ギタリスト
主要著書　『薬物依存』（日本製薬工業協会安全性委員会，共著），"Learning and memory/drug as reinforcer."（Excerpta Medica，共著），『行動心理ハンドブック』（培風館，共著）など

現代の心理学

2003年4月15日　初版第1刷発行	検印省略
2020年4月13日　初版第21刷発行	

著　者　伊　藤　隆　一
　　　　千　田　茂　博
　　　　渡　辺　昭　彦
発行者　金　子　紀　子
発行所　株式会社　金子書房

〒112-0012　東京都文京区大塚3-3-7
電話03(3941)0111(代)／FAX03(3941)0163
振替　00180-9-103376
https://www.kanekoshobo.co.jp

© 2003, R. Ito, S. Senda, A. Watanabe.
ISBN978-4-7608-2311-6　C3011

印刷　藤原印刷／製本　一色製本
Printed in Japan